普通高等教育土木工程专业"十四五"创新教材

建设法规与案例

JIANSHE FAGUI YU ANLI

主　编 ⊙ 郭钟群

副主编 ⊙ 汪小平　秦艳华

中南大学出版社
WWW.csupress.com.cn
·长沙·

图书在版编目(CIP)数据

建设法规与案例 / 郭钟群主编. —长沙：中南大
学出版社，2024.10
 ISBN 978-7-5487-5849-5

Ⅰ. ①建… Ⅱ. ①郭… Ⅲ. ①建筑法－中国－教材
Ⅳ. ①D922.297

中国国家版本馆 CIP 数据核字(2024)第 098637 号

建设法规与案例

郭钟群　主编

□出　版　人	林绵优
□责任编辑	刘颖维
□封面设计	李芳丽
□责任印制	李月腾
□出版发行	中南大学出版社

社址：长沙市麓山南路　　　　邮编：410083
发行科电话：0731-88876770　　传真：0731-88710482

□印　　　装　长沙印通印刷有限公司

□开　　本　787 mm×1092 mm　1/16　□印张 16.25　□字数 412 千字
□版　　次　2024 年 10 月第 1 版　□印次 2024 年 10 月第 1 次印刷
□书　　号　ISBN 978-7-5487-5849-5
□定　　价　68.00 元

内容简介

　　本教材阐述了我国建设工程领域中常见的法律法规知识，结合目前我国现行的法律法规条文和相关工程案例，系统介绍和解读了建设工程法律体系、工程建设程序法律制度、建设工程招标投标法律制度、建设工程勘察设计法律制度、建设工程监理法律制度、建设工程质量管理法律制度、建设工程安全生产法律制度、建设工程合同管理法律制度、建设工程纠纷法律解决途径及诉讼制度、建设工程环境保护与节能法律制度等内容。

　　本教材可作为高等院校土木工程、建筑环境与能源应用工程、城乡规划、建筑学、给排水科学与工程、工程管理等专业的教材，也可作为广大建设工程从业人员和管理人员的培训教材和参考书。

编委会

前言 / Foreword

　　建设工程行业作为国民经济的重要支柱产业，对于推动国家经济发展和改善人民生活水平具有重要意义。为了规范建设工程行业的管理，保障工程质量和安全，维护国家和人民群众的利益，全国人民代表大会及其常务委员会、各级政府及其相关部门制定了一系列建设工程法规。通过学习建设工程法规，本专业学生能系统掌握建设法律、法规基本知识，培养工程建设法律意识，具备运用所学建设法律、法规基本理论解决工程建设中实际问题的基本能力，熟悉工程建设领域法规和标准，做新时代德法兼修的工程人，为建设工程行业的健康发展贡献力量。

　　本教材的编写主要遵循以下原则：

　　①系统性：本教材全面涵盖了建设工程法规的基本内容，包括建设工程法律法规体系、工程建设程序法律制度、建设工程招标投标法律制度、建设工程勘察设计法律制度、建设工程监理法律制度、建设工程质量管理法律制度、建设工程安全生产法律制度、建设工程合同管理法律制度等方面，力求为学生提供一个完整的建设工程法规知识体系。

　　②实用性：本教材注重法规知识的实际应用，结合案例分析，帮助学生深入理解法规条文的内涵和实际操作要求，提高运用法规解决实际问题的能力。本书还兼顾了注册建造师、注册监理工程师等职业资格考试的要求，设置了相关例题，有助于应试者顺利通过职业资格考试。

　　③时效性：本教材基于最新的法律法规，紧密结合国家最新的法律法规和政策动态，如由于《中华人民共和国民法典》的颁布实施，《中华人民共和国民法通则》《中华人民共和国担保法》《中华人民共和国合同法》《中华人民共和国物权法》等法律同时废止，我们及时更新和完善教材内容，确保学生掌握的是最新的建设工程法规知识。

④易读性：本教材面向的对象主要是学生，而非法律界的专业人士，因此，采用通俗易懂的语言及简明扼要的法律条文汇编，力求使学生在轻松阅读的过程中掌握法规知识，提高建设法规的学习效果。

本教材第一主编单位是江西理工大学，由江西理工大学郭钟群担任主编，汪小平、秦艳华担任副主编，全书由郭钟群拟定编写大纲和统稿。

在编写过程中，我们充分借鉴了国内外相关教材和研究成果，查阅了大量的参考资料，旨在做到内容全面、准确、实用。但由于时间和水平所限，书中难免存在不足之处，敬请广大读者和同行批评指正，以便我们不断改进和完善。

作　者

2024 年 6 月

目录 /
Contents

第一章
建设工程法规基本知识

🔊 学习目标

1. 了解法的表现形式和立法机关。
2. 熟悉我国建设工程法律体系的基本框架。
3. 掌握建设工程法规的概念及作用。
4. 掌握建设工程法律关系的主体、客体和内容。
5. 熟悉我国建设工程的法人制度、代理制度、物权制度、债权制度、知识产权制度、担保制度和保险制度等与建设工程相关的基本民事法律制度。
6. 了解建设工程民事责任、行政责任和刑事责任的种类及其承担方式。

第一节　建设工程法律体系

一、我国法律体系的基本框架

1. 法律体系

法律体系(法学中有时也称为"法的体系"),通常是指一个国家全部现行法律规范分类组合为不同的法律部门而形成的有机联系的统一整体。

法律体系主要特征:

第一,法律体系是一个国家全部现行法律构成的整体。

第二,法律体系是一个由法律部门分类组合而形成的呈体系化的有机整体。

第三,法律体系的理想化要求是门类齐全、结构严密、内在协调。

第四,法律体系是客观法则和主观属性的有机统一。

中国特色社会主义法律体系,是以宪法为统帅,以法律为主干,以行政法规、地方性法规为重要组成部分,由宪法相关法、民法、商法、行政法、经济法、社会法、刑法、诉讼与非诉讼程序法等多个法律部门组成的有机统一整体。

2.法律体系的基本框架

我国法律体系的基本框架由宪法及宪法相关法、民法、商法、行政法、经济法、社会法、刑法、诉讼法与非诉讼法等构成。

宪法是中国特色社会主义法律体系的统帅。宪法是国家的根本法，在中国特色社会主义法律体系中居于统帅地位，是国家长治久安、民族团结、经济发展、社会进步的根本保障。在中国，各族人民、一切国家机关和武装力量、各政党和各社会团体、各企业事业组织，都必须以宪法为根本的活动准则，并负有维护宪法尊严、保证宪法实施的职责。

法律是中国特色社会主义法律体系的主干。中国宪法规定，全国人大及其常委会行使国家立法权。全国人大及其常委会制定的法律，是中国特色社会主义法律体系的主干，解决的是国家发展中带有根本性、全局性、稳定性和长期性的问题，是国家法制的基础，行政法规和地方性法规不得与法律相抵触。

立法法规定了全国人大及其常委会的专属立法权。全国人民代表大会制定和修改刑事、民事、国家机构的和其他的基本法律；全国人民代表大会常务委员会制定和修改除应当由全国人民代表大会制定的法律以外的其他法律，在全国人民代表大会闭会期间，可以对全国人民代表大会制定的法律进行部分补充和修改，但不得同该法律的基本原则相抵触。立法法还规定，对国家主权的事项，国家机构的产生、组织和职权，民族区域自治制度、特别行政区制度、基层群众自治制度，犯罪和刑罚，对公民政治权利的剥夺、限制人身自由的强制措施和处罚，对非国有财产的征收，民事基本制度，基本经济制度以及财政、税收、海关、金融和外贸的基本制度，诉讼和仲裁制度等事项，只能制定法律。

全国人大及其常委会制定的法律，确立了国家经济建设、政治建设、文化建设、社会建设以及生态文明建设各个方面重要的基本的法律制度，构成了中国特色社会主义法律体系的主干，也为行政法规、地方性法规的制定提供了重要依据。

行政法规是中国特色社会主义法律体系的重要组成部分。国务院根据宪法和法律，制定行政法规。这是国务院履行宪法和法律赋予的职责的重要形式。行政法规可以就执行法律的规定和履行国务院行政管理职权的事项作出规定，同时对应当由全国人大及其常委会制定法律的事项，国务院可以根据全国人大及其常委会的授权决定先制定行政法规。行政法规在中国特色社会主义法律体系中具有重要地位，是将法律规定的相关制度具体化，是对法律的细化和补充。

国务院适应经济社会发展和行政管理的实际需要，按照法定权限和法定程序制定了大量行政法规，包括行政管理的各个领域，涉及国家经济、政治、文化、社会事务等各个方面，对于实施宪法和法律，保障改革开放和社会主义现代化建设，促进经济社会全面协调可持续发展，推进各级人民政府依法行政，发挥了重要作用。

地方性法规是中国特色社会主义法律体系的又一重要组成部分。根据宪法和法律，省、自治区、直辖市和较大的市的人大及其常委会可以制定地方性法规。这是人民依法参与国家事务管理、促进地方经济社会发展的重要途径和形式。省、自治区、直辖市的人大及其常委会根据本行政区域的具体情况和实际需要，在不同宪法、法律、行政法规相抵触的前提下，可以制定地方性法规。

地方人大及其常委会积极行使地方立法职权，从地方经济社会发展实际出发，制定了大量地方性法规,对保证宪法、法律和行政法规在本行政区域内的有效实施,促进改革开放和社会主义现代化建设,发挥了重要作用。

3. 建设工程法律体系

建设工程法律体系是国家法律体系的重要组成部分。建设工程法律体系,是指把已经制定的和需要制定的建设工程方面的法律、行政法规、部门规章与地方性法规、地方规章有机结合起来形成的一个相互联系、相互补充、相互协调的完整统一的体系。

二、建设工程法规

1. 建设工程法规的概念

建设工程法规是指国家立法机关或其授权的行政机关制定的,旨在调整国家及其有关机构、企事业单位、社会团体、公民之间,在建设活动中或建设行政管理活动中发生的各种社会关系的法律、法规的统称。

2. 建设工程法规的作用

（1）规范指导建设行为

人们所进行的各种具体行为必须遵循一定的准则。只有在法律规定的范围内进行的行为才能得到国家的承认与保护,也才能实现行业人员预期的目标。从事各种具体的建设活动所应遵循的行为规范,即建设工程法规。建设工程法规在规范指导建设行为方面的具体表现如下。

①有些建设行为必须做。如《中华人民共和国建筑法》第五十八条规定:"建筑施工企业必须按照工程设计图纸和施工技术标准施工,不得偷工减料。"

②有些行为禁止做。如《中华人民共和国招标投标法》第三十二条规定:"投标人不得相互串通投标报价,不得排挤其他投标人的公平竞争,损害招标人或者其他投标人的合法权益。投标人不得与招标人串通投标,损害国家利益、社会公共利益或者他人的合法权益。禁止投标人以向招标人或者评标委员会成员行贿的手段谋取中标。"

③授权某些建设行为,即授权人们有权选择某种建筑行为。如《中华人民共和国建筑法》第二十四条规定:"提倡对建筑工程实行总承包,禁止将建筑工程肢解发包。建筑工程的发包单位可以将建筑工程的勘察、设计、施工、设备采购一并发包给一个工程总承包单位,也可以将建筑工程勘察、设计、施工、设备采购的一项或者多项发包给一个工程总承包单位;但是,不得将应当由一个承包单位完成的建筑工程肢解成若干部分发包给几个承包单位。"

（2）保护合法建设行为

例如,建筑行业相关的法规颁布之后,建设行政主管单位对建筑行业的监管得以加强。具体如《中华人民共和国招标投标法》颁布之后,我国的建筑招标、投标活动开始步入正轨,相关活动更加公平。该法的实施促使建筑行业的交易带有竞争性质,不仅在某种程度上减少了通过贿赂等行为得到土地的现象,而且加强了建设行业各单位的市场准入管控,对建筑单位和从业人员进入行业进行了明确的规定,如《建筑业企业资质管理规定》。这些法律规定不仅可以让建筑行业的整体水平得到提升，也让原本一些法律空白地带得到有效补充，使建筑行业的健康发展顺利实现。

（3）处罚违法建设行为

例如，《中华人民共和国建筑法》等相关建筑法律法规的出台，让建筑行业的发展面临全新的局面，从禁止、授权、强制等角度对建筑活动提出了新的要求。在此种情况下，建筑活动的各个环节都在法律的指导下进行。建筑法规本身也对这些活动起到良好的引导作用，让合法的行为得到保护，不合法的行为受到惩罚。建筑法规通过处罚违法建设行为，保证建筑工程质量和安全，从而保护人民群众利益；规范和保障建筑各方主体的权益；规范和监督建设单位的行为，防止出现"黑白合同"等违法行为；能有效解决拖欠工程款和农民工工资问题。

3．建设工程法规的表现形式

法的形式是指法律创制方式和外部表现形式，它包括四层含义：法律规范创制机关的性质及级别、法律规范的外部表现形式、法律规范的效力等级、法律规范的地域效力。

我国的法是制定法形式，一般以条文形式发布，法的形式具体可分为七类：宪法、法律、行政法规、部门规章、地方性法规（自治条例和单行条例）、地方规章和国际条约。法的创建机关及表现形式见表1-1。

表1-1　法的创建机关及表现形式

法的形式	创制机关	具体表现形式
宪法	全国人民代表大会	宪法
法律	全国人民代表大会及其常务委员会	××法（主席令公布）
行政法规	国务院	××条例（总理公布）
部门规章	国务院各部、委员会、中国人民银行、审计署和具有行政管理职能的直属机构	××规定/办法/实施细则等（部门首长公布）
地方性法规（自治条例和单行条例）	省、自治区、直辖市人民代表大会及其常务委员会	××地方××条例（人大主席团或常委会公布）
	设区的市的人民代表大会及其常务委员会	
地方规章	省、自治区、直辖市和设区的市、自治州的人民政府	××地方××规定/办法/实施细则（省长或市长令）
国际条约	国与国之间	××公约、条约、协议、宪章、盟约

建设工程法规的表现形式主要由建设法律、建设行政法规、建设部门规章、地方性建设法规、地方性建设规章五个层次组成，采用梯形结构形式。

（1）建设法律

建设法律是指由全国人民代表大会和全国人民代表大会常务委员会制定颁布的规范性法律文件，即狭义的法律。建设法律由国家主席签署主席令予以公布。常用的建设法律有《中华人民共和国建筑法》《中华人民共和国城乡规划法》《中华人民共和国民法典》《中华人民共和国行政许可法》等。

（2）建设行政法规

建设行政法规是国家最高行政机关国务院根据宪法和法律就有关执行法律和履行行政管理职权的问题，以及依据全国人民代表大会及其常务委员会特别授权所制定的规范性文件的总称。因此，国务院根据宪法和建设法律，制定建设行政法规。

建设行政法规由国务院总理签署国务院令公布。

常用的建设行政法规有《建设工程安全生产管理条例》《建设工程质量管理条例》等。

（3）建设部门规章

部门规章是指国务院各部、委员会、中国人民银行、审计署和具有行政管理职能的直属机构根据法律和国务院的行政法规、决定、命令在本部门的权限范围内制定的规章。

建设部门规章常用名称是"规定""办法"和"实施细则"等。例如，中华人民共和国住房和城乡建设部发布的《房屋建筑和市政基础设施工程质量监督管理规定》《房屋建筑工程和市政基础设施工程竣工验收备案管理暂行办法》《中华人民共和国注册建筑师条例实施细则》等。

涉及两个以上国务院部门职权范围的事项，应当提请国务院制定行政法规或者由国务院有关部门联合制定规章，例如，2013 年九部委联合发布的《关于废止和修改部分招标投标规章和规范性文件的决定》（九部委第 23 号令）。

（4）地方性建设法规

地方性建设法规由省、自治区、直辖市和设区的市人民代表大会及其常务委员会，根据本行政区域的具体情况和实际需要，在不与宪法、法律、行政法规相抵触的前提下制定，由大会主席团或者常务委员会用公告公布施行的文件。地方性建设法规在本行政区域内有效，其效力低于宪法、法律和行政法规。

地方性法规大部分称作条例，有的为法律在地方的实施细则，部分为具有法规属性的文件，如决议、决定等。地方性法规是除宪法、法律、行政法规外在地方具有最高法律属性和国家约束力的行为规范。地方性法规具有地方性，只在本辖区内有效，地方性建设法规如《北京市招标投标条例》《山东省城市建设管理条例》《江西省建筑管理条例》《江西省消防条例》等。

（5）地方性建设规章

地方性建设规章是省、自治区、直辖市和较大的市的人民政府根据法律、行政法规和本省、自治区、直辖市的地方性法规所制定的法律规范性文件。

建设部门规章和地方性建设规章都属于行政规章。行政规章是由国家行政机关依照行政职权所制定、发布的针对某一类事件、行为或者某一类人员的行政管理的规范性文件。

第二节　建设工程法律关系

法律关系是指由法律规范所确认的人与人之间以权利和义务为内容的社会关系。建设工程法律关系是指由建设工程法律规范所确认的，在建设活动管理和建设协作过程中所产生的权利、义务关系。

法律关系由三个要素构成：主体、客体和内容。法律关系主体是指法律关系的参与者，可以是自然人、法人或其他组织。法律关系内容是指参与者所享有的权利和承担的义务，这些权利和义务由法律规定并受到法律保护。法律关系客体是指权利和义务所指向的对象，可以是财产、行为或精神财富等。

不同的法律关系有着不同的特征，构成其特征的条件是不同的法律关系的主体及其所依据的法律规范。建筑活动涉及面广，内容复杂，法律关系主体广泛，所依据的法律规范多样，由此决定了建设工程法律关系具有如下特征：

①建设工程法律关系不是单一的，建设法律制度涉及行政的、民事的及技术等方面的法律法规，因而具有明显的综合性。

②建筑业的活动涉及国民经济和人民生活的方方面面，建设工程法律关系是一种涉及面广、内容复杂的权利和义务关系。

③建设工程法律关系是受国家计划制约的，在建设管理、建设协作过程中形成的以权利和义务为内容的法律关系。

④建设行业的法律调整是以行政管理法律法规为主的，建设行政关系决定、制约、影响着有计划因素的建设协作关系。

一、建设工程法律关系主体

建设工程法律关系主体：参与、管理或监督建设活动，受建设工程法律规范调整，在法律上享有权利、承担义务的自然人、法人或其他组织。建设工程法律关系主体主要是指国家机关、社会组织、自然人。

1. 国家机关

（1）国家权力机关

国家权力机关是指全国人民代表大会及其常务委员会和地方各级人民代表大会及其常务委员会。国家权力机关参加建设工程法律关系的职能是审查批准国家建设计划，审查批准国家预决算，制定和颁布建设法规，监督、检查国家各项建设法规的执行。

（2）国家行政机关

国家行政机关是依照国家宪法和法律设立的依法行使国家行政职权、组织管理国家行政事务的机关。国家行政机关分为国家计划机关、国家建设主管机关、国家建设监督机关、国家建设各项业务主管机关。

（3）国家司法机关

国家司法机关包括审判机关、检察机关和公安机关等。国家司法机关不以管理者身份成为建设工程法律关系的主体，而是建设工程法律关系监督和保护的重要机关。

2. 社会组织

作为法律关系主体的社会组织一般应为法人。法人是指具有民事权利能力和民事行为能力，依法享有民事权利和承担民事义务的组织。常见的社会组织有以下几种：

①建设单位，主要是指工程建设的投资方，一般称为建设单位或甲方。根据国际惯例，

一般也称为业主或发包方。

②施工单位,勘察、设计单位,预拌混凝土搅拌站,等等,主要是指工程建设的承担方,根据国际惯例,一般也称为承包方。

③中介机构,具有相应的建筑活动服务资质,在建筑市场受发包方、承包方或政府管理机构的委托,对工程建设进行估算、测量、咨询代理、监理、招投标、法律咨询等高智能服务并取得服务费的机构。常见的中介机构有工程监理公司、招标代理机构、工程造价咨询机构、质量检查监督认证机构、律师事务所、合同纠纷的仲裁调解机构等。

3.自然人

自然人,一般是指签劳动合同的人。自然人也是工程建设工程法律关系的主体之一。建筑行业的工作人员(如项目经理、专业技术人员、建筑工人等)同企业签订劳动合同,因生产事故发生争议时,自然人便成为建设法律工程关系的主体。

二、建设工程法律关系客体

建设工程法律关系客体是指参加法律关系的主体享有的权利和承担的义务所共同指向的对象。建设工程法律关系客体是确立权利和义务关系性质及具体内容的客观依据,如果没有客体,权利和义务就失去了目标,难以落实,法律关系主体的活动也就失去了意义。

建设工程法律关系客体一般可以分为财、物、行为和非物质财富四类。

1.表现为财的客体

法律意义上的财是指资金及各种有价证券。在建设工程中,法律关系中表现为财的客体主要是建设资金,如基本建设贷款合同的标的,即一定数量的货币。

2.表现为物的客体

法律意义上的物是指可为人们控制和支配的并具有经济价值的生产资料和消费资料。在建设工程法律关系中表现为物的客体主要是建筑材料、建筑设备、建筑物等。

3.表现为行为的客体

法律意义上的行为是指人的有意识的活动。在建设工程法律关系中表现为行为的客体主要完成了一定物化的结果和非物化的结果。物化的结果指的是义务人的行为完成一定的物化产品,如房屋的工程项目等。非物化的结果指的是义务人的行为没有完成物化实体,而仅表现为一定的行为过程,最终产生了权利人所期望的法律效果,如对企业员工的培训行为等。

4.表现为非物质财富的客体

法律意义上的非物质财富是指人们脑力劳动的成果或智力方面的创作,也称智力成果。在建设工程法律关系中,表现为设计单位的设计图纸、专利、商业秘密等。

三、建设工程法律关系内容

建设工程法律关系的内容即建设工程法律关系的主体对他方享有的权利和承担的义务。其内容要由相关的法律或合同来确定，它是连接主体的纽带，如开发权、所有权、经营权及保证工程质量的经济义务和法律责任。

我国建设法规中大部分规定是关于建设工程法律关系的内容。

1. 权利

权利是指法律关系主体在法定范围内有权进行各种活动。权利主体可要求其他主体做出一定的行为或抑制一定的行为，以实现自己的权利，因其他主体的行为而使权利不能实现时有权要求国家机关加以保护并予以制裁。

2. 义务

义务是指法律关系主体必须按法律规定或约定承担应负的责任。义务和权利是相互对应的，相应权利主体、义务主体如果不履行或不适当履行，就要承担相应的法律责任。

四、建设工程法律关系的产生、变更、终止及其原因

1. 建设工程法律关系的产生

建设工程法律关系的产生是指建设工程法律关系主体之间形成了一定的权利和义务关系。某建设单位和施工单位签订了建筑工程承包合同，主体双方产生了相应的权利和义务，此时就产生了受建设法规调整的建设工程法律关系。

2. 建设工程法律关系的变更

建设工程法律关系的变更是指主体变更、客体变更和内容变更。

（1）主体变更

主体变更是指建设工程法律关系主体数目增多或减少，也可以是主体本身改变。例如，总承包商将所承揽的工程进行了分包，就导致了主体数目增加。主体本身改变也称为合同转让，由另一个新主体代替了原主体，从而享有权利和承担义务。

（2）客体变更

客体变更是指建设工程法律关系中权利、义务所指向的事物发生变化。客体变更可以是范围变更，也可以是性质变更。客体范围变更表现为客体的规模、数量发生了变化。

（3）内容变更

建设工程法律关系主体与客体的变更，必然导致相应的权利和义务的变更，即内容变更。

3.建设工程法律关系的终止

建设工程法律关系的终止是指建设工程法律关系主体之间的权利和义务不复存在，彼此丧失了约束力。建设工程法律关系的终止分为自然终止、协议终止和违约终止。

4.建设工程法律关系的产生、变更、终止的原因

建设工程法律关系只有在一定的情况下才能产生，同样这种法律关系的变更和终止也是由一定情况决定的。这种引起法律关系产生、变更和终止的情况，即人们通常所称的法律事实。建设工程法律事实，即建设工程法律关系产生、变更和终止的原因。建设工程法律事实按是否包含当事人的意志分为事件和行为两类。

（1）事件

事件是指不以当事人意志为转移而产生的法律事实，包括两类事件：自然事件（如地震、海啸、台风、洪水等）和社会事件（如战争、疫情、恐怖活动等）。

（2）行为

行为是指人的有意识的活动，包括积极的作为和消极的不作为，两者都能引起建设工程法律关系的产生、变更和终止。行为一般表现为合法行为、违法行为、行政行为和司法行为等。

第三节　建设工程基本民事法律制度

法律制度是指一个国家或地区的所有法律原则和规则的总称。法律制度包含很多的法规和政策。从广义上说，法律制度是指政治法律制度、经济法律制度、家庭法律制度和文化法律制度等。从狭义上讲，法律制度是指调整某一特定关系、规范某一特定行为的法律规范的总和。本节主要讲的是狭义的法律制度。在同一部门法中，还有许多具体的法律制度，如在建设工程法律制度中有质量责任制度、安全生产制度、许可制度、招标投标制度等。

2020年5月28日，十三届全国人大三次会议通过《中华人民共和国民法典》（以下简称《民法典》）。这是新中国第一部以"法典"命名的法律，是新时代我国社会主义法治建设的重大成果。我国民法典共7编、1260条，对我国各类民事法律规范进行全面系统的编订纂修。《民法典》第一条规定："为了保护民事主体的合法权益，调整民事关系，维护社会和经济秩序，适应中国特色社会主义发展要求，弘扬社会主义核心价值观，根据宪法，制定本法。"

本节主要介绍建设工程中相关的基本民事法律制度，如建设工程法人制度、建设工程代理制度、建设工程物权制度、建设工程债权制度、建设工程知识产权制度、建设工程担保制度、建设工程保险制度等。其他有关的法律制度在后面的章节中详细介绍。

一、建设工程法人制度

1.《民法典》关于法人的规定

（1）法人的定义

法人是具有民事权利能力和民事行为能力，依法独立享有民事权利和承担民事义务的组织。

（2）法人应当具备的条件

①法人应当依法成立。法人不能自然产生，法人的产生必须经过法定的程序。法人成立的具体条件和程序，依照法律、行政法规的规定。设立法人，法律、行政法规规定须经有关机关批准的，依照其规定。

②法人应当有自己的名称、组织机构、住所、财产或者经费。法人的名称是其拥有独立于其他法人的标志，也是其商誉的载体；组织机构是指对内管理法人事务，对外代表法人进行民事活动的机构；住所为法人主要办事机构所在地；财产或者经费是指法人应有必要的财产或者经费。以上是作为法人的社会组织能够独立参加经济活动、享有民事权利和承担民事义务的物质基础，也是其承担民事责任的物质保障。法律上要求法人的财产或者经费应与法人的经营范围或者设立目的相适应，否则不予承认。

③法人以其全部财产独立承担民事责任。法人在民事活动中能承担债务，并且给其他主体造成损失时能承担赔偿责任。法人的民事权利能力和民事行为能力，从法人成立时产生，到法人终止时消灭。

④有法定代表人。依照法律或者法人章程的规定，代表法人从事民事活动的负责人，为法人的法定代表人。法定代表人以法人名义从事的民事活动，其法律后果由法人承担。法定代表人因执行职务造成他人损害的，由法人承担民事责任。法人承担民事责任后，依照法律或者法人章程的规定，可以向有过错的法定代表人追偿。

（3）法人的分类

法人分为营利法人、非营利法人和特别法人。

①营利法人。营利法人是以取得利润并分配给股东等出资人为目的成立的法人。营利法人包括有限责任公司、股份有限公司和其他企业法人等。依法设立的营利法人，由登记机关发给营利法人营业执照。营业执照签发日期为营利法人的成立日期。

②非营利法人。非营利法人是为公益目的或者其他非营利目的成立，不向出资人、设立人或者会员分配所取得利润的法人。非营利法人包括事业单位、社会团体、基金会、社会服务机构等。具备法人条件，为适应经济社会发展需要，提供公益服务设立的事业单位，经依法登记成立，取得事业单位法人资格；依法不需要办理法人登记的，从成立之日起，具有事业单位法人资格。具备法人条件，基于会员共同意愿，为公益目的或者会员共同利益等非营利目的的设立的社会团体，经依法登记成立，取得社会团体法人资格；依法不需要办理法人登记的，从成立之日起，具有社会团体法人资格。

③特别法人。特别法人主要是指机关法人、农村集体经济组织法人、城镇农村的合作经济组织法人、基层群众性自治组织法人等。

非法人组织是不具有法人资格，但是能够依法以自己的名义从事民事活动的组织。非法人组织包括个人独资企业、合伙企业、不具有法人资格的专业服务机构等。非法人组织应当依照法律的规定登记。设立非法人组织，法律、行政法规规定须经有关机关批准的，依照其规定。

2.法人在建设工程中的地位

在建设工程中，大多数建设活动主体是法人。施工单位，勘察、设计单位，监理单位，都是具有法人资格的组织。建设单位可以有法人资格，也可以没有法人资格。

法人在建设工程中的地位，表现在其具有民事权利能力和民事行为能力。依法独立享有民事权利和承担民事义务，方能承担民事责任。在法人制度产生以前，只有自然人才具有民事权利能力和民事行为能力。随着社会生产活动的扩大和专业化水平的提高，许多社会活动必须由自然人合作完成。因此，法人是出于需要，由法律将其拟制为自然人以确定团体利益的归属，即所谓"拟制人"。法人是社会组织在法律上的人格化，是法律意义上的"人"，而不是实实在在的生命体。

3.法人在建设工程中的作用

（1）法人是建设工程中的基本主体

在计划经济时期，从事建设活动的各企事业单位实际上是行政机关的附属，不是独立的。但在市场经济中，每个法人都是独立的，可以独立开展建设活动。

法人制度有利于企业或者事业单位根据市场经济的客观要求，打破地区、部门和所有制的界限，发展各种形式的横向经济联合，在平等、自愿、互利的基础上建立新的经济实体。实行法人制度，一方面可以保证企业在民事活动中以独立的"人格"享有平等的法律地位，不再受行政主管部门的不适当干涉；另一方面作为法人的企业也不得以自己的某种优势去干涉其他法人的经济活动，或者进行不等价的交换。这样，企业可以发挥各自优势，进行正当竞争，按照社会化大生产的要求，加快市场经济的发展。

（2）确立了建设领域国有企业所有权和经营权的分离

建设领域曾经是以国有企业为主体的。确认企业的法人地位，明确法人的独立财产责任并建立相应的法人破产制度，这就真正在法律上使企业由国家行政部门的附属物变成了自主经营、自负盈亏的商品生产者和经营者，从而进一步促使企业加强经济核算和科学管理，增强企业在市场竞争中的活力，为我国市场经济的发展和工程建设的顺利实施创造更好的条件。

4.企业法人与项目经理部的法律关系

（1）项目经理部是施工企业为了完成某项建设工程施工任务而设立的组织

项目经理部是由一个项目经理与技术、生产、材料、成本等管理人员组成的项目管理班子，是一次性的具有弹性的现场生产组织机构。项目经理部不具备法人资格，而是施工企业根据建设工程施工项目而组建的非常设的下属机构。项目经理根据企业法人的授权，组织和领导本项目经理部的全面工作。

（2）项目经理是企业法人授权在建设工程施工项目上的管理者

企业法人的法定代表人，其职务行为可以代表企业法人。由于施工企业同时会有数个、数十个甚至更多的建设工程施工项目在组织实施，导致企业法定代表人不可能成为所有施工项目的直接负责人。因此，每个施工项目必须有一个经企业法人授权的项目经理。施工企业的项目经理是受企业法人的委派，对建设工程施工项目全面负责的项目管理者，是施工企业内部的一种岗位职务。对于大中型施工项目，施工企业应当在施工现场设立项目经理部；小型施工项目，可以由施工企业根据实际情况选择适当的管理方式。

（3）项目经理部行为的法律后果由企业法人承担

项目经理部不具备独立的法人资格，无法独立承担民事责任，所以项目经理部行为的法律后果将由企业法人承担。

二、建设工程代理制度

1.代理及其法律特征

（1）代理

《民法典》规定，代理是指公民、法人可以通过代理人实施民事法律行为。代理人在代理权限内，以被代理人的名义实施民事法律行为。被代理人对代理人的代理行为，承担民事责任。代理涉及三方当事人，即被代理人、代理人和代理关系所涉及的第三人。

（2）代理的法律特征

代理的法律特征包括：

①代理人必须在代理权限范围内实施代理行为。

②代理人应该以被代理人的名义对外实施代理行为。

③代理行为必须是具有法律意义的行为。

④代理行为的法律后果归属于被代理人。

2.代理的种类

《民法典》第一百六十三条规定："代理包括委托代理和法定代理。"

①委托代理是指委托代理人按照被代理人的委托行使代理权。因委托代理中，被代理人是以意思表示的方法将代理权授予代理人的，故委托代理又称为"意见代理"或"任意代理"。

②法定代理是指法定代理人依照法律的规定行使代理权。无民事行为能力人、限制民事行为能力人的监护人是其法定代理人。

3.建设工程代理的设立和终止

（1）建设工程代理的设立

建设工程涉及代理的行为较多，如工程招标代理、材料设备采购代理、诉讼代理等。建设活动不同于一般的活动，其代理行为不仅要依法实施，有些还要受到法律的限制。

建设工程代理行为多是民事法律行为的委托代理。民事法律行为的委托代理，可以用书面形式，也可以用口头形式。法律规定用书面形式的，应当用书面形式。

不得委托代理的建设工程活动主要有以下两个方面：①依照法律规定、按照双方当事人约定或者民事法律行为的性质，应当由本人实施的民事法律行为，不得代理；②建设工程的承包活动不得委托代理。《中华人民共和国建筑法》第二十四条规定："禁止承包单位将其承包的全部建筑工程转包给他人，禁止承包单位将其承包的全部建筑工程肢解以后以分包的名义分别转包给他人，施工总承包的，建筑工程主体结构的施工必须由总承包单位自行完成。"

(2)建设工程代理的终止

《民法典》第一百七十三条规定："有下列情形之一的，委托代理终止：(一)代理期限届满或者代理事务完成；(二)被代理人取消委托或者代理人辞去委托；(三)代理人丧失民事行为能力；(四)代理人或者被代理人死亡；(五)作为被代理人或者代理人的法人、非法人组织终止。"

《民法典》第一百七十五条规定："有下列情形之一的，法定代理终止：①被代理人取得或者恢复完全民事行为能力；②代理人丧失民事行为能力；③代理人或者被代理人死亡；④法律规定的其他情形。"

4.代理人和被代理人的权利、义务及法律责任

(1)代理人在代理权限内以被代理人的名义实施代理行为

《民法典》规定，代理人在代理权限内，以被代理人的名义实施民事法律行为。被代理人对代理人的代理行为承担民事责任。这是代理人与被代理人基本权利和义务的规定，即代理人必须取得代理权，并依据代理权限，以被代理人的名义实施民事法律行为；被代理人要对代理人的代理行为承担民事责任。

(2)委托第三人代理的，应当事先取得被代理人的同意

转委托代理经被代理人同意或者追认的，被代理人可以就代理事务直接指示转委托的第三人、代理人仅就第三人的选任及对第三人的指示承担责任。

转委托代理未经被代理人同意或者追认的，代理人应当对转委托的第三人的行为承担责任；但是，在紧急情况下代理人为了维护被代理人的利益需要转委托第三人代理的除外。

(3)无权代理

没有代理权、超越代理权或者代理权终止后的行为，只有经过被代理人的追认，被代理人才承担民事责任。未经追认的行为，由行为人承担民事责任。本人知道他人以本人名义实施民事行为而不作否认表示的，视为同意。

(4)表见代理

表见代理是指行为人虽无权代理，但由于行为人的某些行为，足以使善意第三人相信其有代理权，而与善意第三人进行的、由本人承担法律后果的代理行为。

表见代理除须符合代理的一般条件外，还须具备以下特别构成要件：①须存在足以使相对人相信行为人具有代理权的事实或理由；②须本人存在过失；③须相对人为主观善意，这是构成表见代理的主观要件。

(5)代理不当或违法代理行为应承担的法律责任

①委托书授权不明应承担的法律责任。委托书授权不明的，被代理人应当向第三人承担民事责任，代理人负连带责任。

②损害被代理人利益应承担的法律责任。代理人不履行职责而给被代理人造成损害的，

应当承担民事责任。代理人和第三人串通,损害被代理人的利益的,由代理人和第三人负连带责任。

③第三人或相对人故意行为应承担的法律责任。第三人或相对人知道行为人没有代理权、超越代理权或者代理权已终止还与行为人实施民事行为给他人造成损害的,由第三人和行为人负连带责任。

④违法代理行为应承担的法律责任。代理人知道被委托代理的事项违法仍然进行代理活动的,或者被代理人知道代理人的代理行为违法不表示反对的,由被代理人和代理人负连带责任。

三、建设工程物权制度

1.物权和物权的法律特征

物权是指权利人依法对特定的物享有直接支配和排他的权利,包括所有权、用益物权和担保物权。所有民事主体,如法人、法人以外的其他组织、自然人都能够成为物权权利人。物权的客体一般是物,包括不动产和动产。不动产是指土地以及房屋、树木等地上定着物。动产是指不动产以外的物。

物权的法律特征表现在物权是支配权、绝对权、财产权和具有排他性。

2.物权的种类

物权包括所有权、用益物权和担保物权。

(1)所有权

所有权人对自己的不动产或者动产,依法享有占有、使用、收益和处分的权利。它是一种财产权,又称财产所有权。所有权是物权中最重要也最完全的一种权利,包括占有权、使用权、收益权和处分权。

①占有权是指对财产实际掌握、控制的权能。

②使用权是指对财产的实际利用和运用的权能。

③收益权是指收取由原物产生出来的新增经济价值的权能。原物新增的经济价值,包括由原物直接派生出来的果实、由原物所产生出来的租金和利息、对原物直接利用而产生的利润等。

④处分权是指依法对财产进行处置,决定财产在事实上或法律上命运的权能。

所有权包括国家所有权、集体所有权和私人所有权。

法律规定专属于国家所有的不动产和动产,任何组织或者个人不能取得所有权。

(2)用益物权

用益物权是用益物权人对他人所有的不动产或者动产,依法享有占有、使用和收益的权利。用益物权包括土地承包经营权、建设用地使用权、宅基地使用权和地役权。

(3)担保物权

担保物权是权利人在债务人不履行到期债务或者发生当事人约定的实现担保物权的情形,依法享有就担保财产优先受偿的权利。债权人在借贷、买卖等民事活动中,为保障实现其债权，需要担保的，可以依照《民法典》和其他法律的规定设立担保物权。

3. 与土地相关的物权

与土地相关的物权包括土地所有权、建设用地使用权、地役权。

（1）土地所有权

土地所有权是国家或农民集体依法对归其所有的土地享有的具有支配性和绝对性的权利。土地所有权是一项专有权。

我国土地实行社会主义公有制，即全民所有（国家所有）制和劳动群众集体所有制，其他任何单位或个人都不享有土地所有权。城市的土地，属于国家所有。无居民海岛、矿藏、水流、海域属于国家所有。农村和城市郊区的土地，除由法律规定属于国家所有的以外，属于农民集体所有；宅基地和自留地、自留山，属于农民集体所有。

国家实行土地用途管制制度，土地用途分为农用地、建设用地和未利用地三大类，严格控制用途转用。

土地承包经营权是土地承包经营权人依法对其承包经营的耕地、林地、草地等享有占有、使用和收益的权利，土地承包经营权人有权从事种植业、林业、畜牧业等农业生产。耕地的承包期为30年。草地的承包期为30年至50年。林地的承包期为30年至70年。规定的承包期限届满，由土地承包经营权人依照农村土地承包的法律规定继续承包。

（2）建设用地使用权

建设用地使用权是建设用地使用权人依法对国家所有的土地享有占有、使用和收益的权利，建设用地使用权人有权利用该土地建造建筑物、构筑物及其附属设施。建设用地使用权可以在土地的地表、地上或者地下分别设立。

建设用地使用权人应当合理利用土地，不得改变土地用途；需要改变土地用途的，应当依法经有关行政主管部门批准。

建设用地使用权只能存在于国家所有的土地上，不包括集体所有的农村土地。

设立建设用地使用权，可以采取出让或者划拨等方式。工业、商业、旅游、娱乐和商品住宅等经营性用地以及同一土地有两个以上意向用地者的，应当采取招标、拍卖等公开竞价的方式出让。严格限制以划拨方式设立建设用地使用权。

通过招标、拍卖、协议等出让方式设立建设用地使用权的，当事人应当采用书面形式订立建设用地使用权出让合同。

建设用地使用权人有权将建设用地使用权转让、互换、出资、赠予或者抵押，但法律另有规定的除外。

住宅建设用地期限届满，自动续期；非住宅建设用地期限届满，依照法律规定办理。

（3）地役权

地役权是指地役权人为提高自己不动产的效益而按照合同约定利用他人的不动产的权利。从性质上说，地役权是按照当事人的约定设立的用益物权。

四、建设工程债权制度

1.债的概念和内容

《民法典》规定，债是按照合同的约定或者依照法律的规定，在当事人之间产生的特定的权利和义务关系。

债的内容是指债的主体双方间的权利与义务，即债权人享有的权利(债权)和债务人负担的义务(债务)。享有权利的人是债权人，负有义务的人是债务人。

2.建设工程债的产生根据

建设工程债的产生是指特定当事人之间债权债务关系的产生。引起债产生的一定的法律事实，就是债产生的根据。

建设工程债产生的根据主要有合同、侵权、无因管理和不当得利四种。其中，《民法典》将无因管理和不当得利列为准合同。

(1)合同

合同是指民事主体之间关于设立、变更和终止民事关系的协议。合同是引起债权债务关系发生的最主要、最普遍的根据。合同产生的债称为合同之债。

(2)侵权

侵权是指公民或法人没有法律依据而侵害他人的财产权或人身权的行为。因侵权行为而产生的债，称为侵权之债。例如，施工现场的噪声就产生了侵权之债。

(3)无因管理

无因管理是指既未受人之托也不负有法律规定的义务，而是自觉为他人管理事务的行为。无因管理行为一经发生，便会在管理人和事务被管理人之间产生债权债务关系，事务被管理人负有赔偿管理人在管理过程中所支付的合理的费用及直接损失的义务。无因管理产生的债称为无因管理之债。《民法典》规定，管理人没有法定的或者约定的义务，为避免他人利益受损失而管理他人事务的，可以请求受益人偿还因管理事务而支出的必要费用；管理人因管理事务受到损失的，可以请求受益人给予适当补偿。

(4)不当得利

不当得利是指没有法律上或合同上的根据，有损于他人利益而自身取得利益的行为。它可能表现为得利人财产的增加，致使他人不应减少的财产减少了；也可能表现为得利人应支付的费用没有支付，致使他人应当增加的财产没有增加。不当得利一旦发生，不当得利人负有返还的义务。不当得利产生的债称为不当得利之债。

3.建设工程债的常见种类

(1)施工合同债

施工合同债是发生在建设单位和施工单位之间的债。施工合同的义务主要是完成施工任务和支付工程款。对于完成施工任务，建设单位是债权人，施工单位是债务人；对于支付工程款，建设单位是债务人，施工单位是债权人。

（2）买卖合同债

在建设工程活动中，会产生大量的买卖合同，主要是材料设备买卖合同。材料设备的买方有可能是建设单位，也可能是施工单位。他们会与材料设备供应商产生买卖合同债。

（3）侵权之债

在侵权之债中，最常见的是施工单位在施工活动中产生的侵权，如施工噪声或者废水废弃物排放等，可能对工地附近的居民构成侵权。此时，居民是债权人，施工单位或者建设单位是债务人。

五、建设工程知识产权制度

知识产权指权利人对其智力劳动所创作的成果享有的财产权利。《民法典》第一百二十三条第二款规定："知识产权是权利人依法就下列客体享有的专有的权利：（一）作品；（二）发明、实用新型、外观设计；（三）商标；（四）地理标志；（五）商业秘密；（六）集成电路布图设计；（七）植物新品种；（八）法律规定的其他客体。"

知识产权的法律特征：人身权和财产权的双重性质、专有性、地域性和期限性。

1.建设工程知识产权的常见种类

在建设工程中常见的知识产权主要有专利权、商标权、著作权等。

（1）专利权

专利权是指权利人在法律规定的期限内，对其发明创造所享有的制造、使用和销售的专有权。

专利法保护的对象就是专利权的客体，各国规定各不相同。《中华人民共和国专利法》（2020年修正）保护的是发明创造专利权，并规定发明创造是指发明、实用新型和外观设计。

①发明。发明是指产品、方法或者其改进所提出的新的技术方案。这是专利权保护的最主要对象。发明应当具备以下条件：必须是一种能够解决特定技术问题做出的创造性构思；必须是具体的技术方案；必须是利用自然规律的结果。

②实用新型。实用新型是指对产品的形状、构造或者两者结合所提出的适于实用的新的技术方案。它与发明相似，都是一种新的技术方案，但发明专利的创造性水平要高于实用新型。因此，实用新型被称为"小发明"。

③外观设计。外观设计是指对产品的形状、图案或者其结合以及色彩与形状、图案的结合所做出的富有美感并适于工业应用的新设计。外观设计必须具备以下条件：形状、图案、色彩或者其结合的设计；对产品的外表所做的设计；具有美感；适合于工业上应用的新设计。

最新规定发明专利权的期限为20年，实用新型专利权的期限为10年，外观设计专利权的期限为15年，均自申请日起计算。

（2）商标权

商标是指企业、事业单位和个体工商业者，为了使其生产经营的商品或者提供的服务项目有别于他人的商品或者服务项目，用具有显著特征的文字、图形、字母、数字、三维标志、颜色组合和声音等，或上述要素的组合来表示的标志。商标可以分为商品商标和服务商标两大类。

商标权是指企业、事业单位和个体工商业者对其注册的商标依法享有的专用权。

《中华人民共和国商标法》规定，自然人、法人或者其他组织对其生产、制造、加工、拣选或者经销的商品，需要取得商标专用权的，应当向商标局申请商品商标注册。自然人、法人或者其他组织对其提供的服务项目，需要取得商标专用权的，应当向商标局申请服务商标注册。

注册商标的有效期为10年，自核准注册之日起计算。每次续展注册的有效期为10年。

（3）著作权

著作权又称版权，是指文学、艺术和科学作品的作者及其相关主体依法对作品所享有的人身权利和财产权利。

著作权法保护的对象是作品，即文学、艺术和科学领域内具有独创性并能以某种有形形式复制的智力成果。根据《中华人民共和国著作权法》及其实施条例，作品的种类很多，其中，在工程建设领域较为常见的作品如下：

①文字作品。对于施工单位而言，施工单位编制的投标文件等文字作品、项目经理完成的工作报告等，都享有著作权。建设单位编制的招标文件等文字作品也享有著作权。

②建筑作品。建筑作品是指以建筑物或者构筑物形式表现的有审美意义的作品。

③图形作品。图形作品是指为施工、生产绘制的工程设计图、产品设计图以及反映地理现象、说明事物原理或者结构的地图、示意图等作品。

④模型作品。模型作品是指为展示、试验或者观测等用途，根据物体的形式和结构，按照一定比例制成的立体作品。

著作权的主体是指从事文学、艺术、科学等领域的创作活动而创作出的作品的作者及其他享有著作权的公民、法人或者其他组织。在特定情况下，国家也可以成为著作权的主体。

在建设工程活动中，单位作品、一般职务作品和特殊职务作品的归属情况如下：

①单位作品。由法人或者其他组织主持，代表法人或者其他组织意志创作，并由法人或者其他组织承担责任的作品，法人或者其他组织视为作者。如招标文件、投标文件往往就是单位作品。单位作品的著作权完全归单位所有。

②一般职务作品。一般职务作品指除单位作品外，公民为完成法人或其他组织的工作任务（指公民在该法人或者该组织中应当履行的职责）所创作的作品。这类作品著作权归作者所有，法人或者其他组织在其业务范围内可以优先使用；作品完成两年内，未经单位同意，作者不得许可第三人或者其他组织以与单位使用的相同方式使用该作品，如果单位同意，作者因此获得的报酬，应当按约定的比例与单位分配。

③特殊职务作品。特殊职务作品主要是利用法人或者其他组织的物质技术条件创作并由法人或者其他组织承担责任的工程设计图、产品设计图、地图、计算机软件等职务作品。其著作权由法人或者其他组织享有，完成人一般享有署名权。

著作权的保护期，由于权利内容以及主体的不同而有所不同。作者的署名权、修改权、保护作品完整权的保护期不受限制。公民的作品，其发表权、使用权和获得报酬权的保护期，为作者终生及其死后50年；如果是合作作品，截至最后死亡的作者死亡后第50年的12月31日。法人或者其他组织的作品、著作权（署名权除外）由法人或者其他组织享有的职务作品，发表权、使用权和获得报酬权的保护期为50年，截至作品首次发表后第50年的12月31日，但作品自创作完成后50年内未发表的，不再受著作权法保护。

2.计算机软件的法律保护

（1）计算机软件的概念

《中华人民共和国计算机软件保护条例》规定，计算机软件是指计算机程序及其有关文档。

计算机程序是指为了得到某种结果而可以由计算机等具有信息处理能力的装置执行的代码化指令序列，或者可以被自动转换成代码化指令序列的符号化指令序列或者符号化语句序列。同一计算机程序的源程序和目标程序为同一作品。文档是指用来描述程序的内容、组成、设计、功能规格、开发情况、测试结果及使用方法的文字资料和图表等，如程序设计说明书、流程图、用户手册等。

（2）软件著作权的归属

软件著作权属于软件开发者，《中华人民共和国计算机软件保护条例》另有规定的除外。如无相反证明，在软件上署名的自然人、法人或者其他组织为开发者。

由两个以上的自然人、法人或者其他组织合作开发的软件，其著作权的归属由合作开发者签订书面合同约定。接受他人委托开发的软件，其著作权的归属由委托人与受托人签订书面合同约定；无书面合同或者合同未作明确约定的，其著作权由受托人享有。由国家机关下达任务开发的软件，著作权的归属与行使由项目任务书或者合同规定；项目任务书或者合同中未作明确规定的，软件著作权由接受任务的法人或者其他组织享有。

（3）计算机软件著作权的保护期限

自然人的软件著作权，保护期为自然人终生及其死亡后50年，截至自然人死亡后第50年的12月31日。法人或者其他组织的软件著作权，保护期为50年，截至软件首次发表后第50年的12月31日。

3.建设工程知识产权侵权的法律责任

建设工程知识产权侵权的法律责任主要体现在以下几方面：建设工程知识产权侵权的民事责任、建设工程知识产权侵权的行政责任、建设工程知识产权侵权的刑事责任。具体可划分为如下几种：①专利权的行政责任、刑事责任；②商标权的行政责任、刑事责任；③著作权的行政责任、刑事责任。这些都有对应的处罚规定。

六、建设工程担保制度

担保是指法律为确保特定的债权人实现债权，以债务人或第三人的信用或者特定财产来督促债务人履行债务的制度。

《民法典》规定，担保方式为保证、抵押、质押、留置和定金。

1.保证

保证是指保证人和债权人约定，当债务人不履行债务时，保证人按照约定履行债务或者承担责任的行为。

（1）保证合同

保证人与债权人应当以书面形式订立保证合同。保证人与债权人可以就单个主合同分别订立保证合同，也可以协议在最高债权额限度内就一定期间连续发生的借款合同或者某项商品交易合同订立一个保证合同。

（2）保证方式

保证方式有一般保证和连带责任保证两种。一般保证是指当事人在保证合同中约定债务人不能履行债务时由保证人承担保证责任。连带责任保证是指当事人在保证合同中约定保证人与债务人对债务承担连带责任。连带责任保证的债务人在主合同规定的债务履行期届满没有履行债务的，债权人可以要求债务人履行债务，也可以要求保证人在其保证范围内承担保证责任。

当事人在保证合同中对保证方式没有约定或者约定不明确的，按一般保证承担责任。

（3）保证人资格

具有代为清偿债务能力的法人、其他组织或者公民，可以作为保证人。但是，以下组织不能作为保证人：①国家机关；②学校、幼儿园、医院等以公益为目的的事业单位、社会团体；③企业法人的分支机构、职能部门。但企业法人的分支机构有法人书面授权的，可以在授权范围内提供保证。

任何单位和个人不得强令银行等金融机构或者企业为他人提供保证；银行等金融机构或者企业对强令其为他人提供保证的保证行为，有权拒绝。

（4）建设工程施工常用的担保种类

这里的担保是指资金的保证。主要担保种类有施工投标保证金、施工合同履约保证金、工程款支付担保等。

2. 抵押

（1）抵押的概念

《民法典》规定，抵押是指为担保债务的履行，债务人或者第三人不转移财产的占有，将该财产抵押给债权人的，债务人不履行到期债务或者发生当事人约定的实现抵押权的情形，债权人有权就该财产优先受偿。前款规定的债务人或者第三人为抵押人，债权人为抵押权人，提供担保的财产为抵押财产。

（2）抵押权

一般抵押权是指经当事人书面协议，企业、个体工商户、农业生产经营者可以将现有的及将有的生产设备、原材料、半成品、产品抵押，债务人不履行到期债务或者发生当事人约定的实现抵押权的情形，债权人有权就实现抵押权时的财产优先受偿。

可以作为抵押物的财产有：①建筑物和其他土地附着物；②建设用地使用权；③海域使用权；④生产设备、原材料、半成品、产品；⑤正在建造的建筑物、船舶、航空器；⑥交通运输工具；⑦法律、行政法规未禁止抵押的其他财产。抵押人可以将前款所列财产一并抵押。

不得抵押的财产有：①土地所有权；②宅基地、自留地、自留山等集体所有的土地使用权，但是法律规定可以抵押的除外；③学校、幼儿园、医疗机构等为公益目的成立的非营利法人的教育设施、医疗卫生设施和其他公益设施；④所有权、使用权不明或者有争议的财产；⑤依法被查封、扣押、监管的财产；⑥法律、行政法规规定不得抵押的其他财产。

以动产抵押的，抵押权自抵押合同生效时设立；未经登记，不得对抗善意第三人。

（3）抵押的效力

抵押担保的范围包括主债权及利息、违约金、损害赔偿金和实现抵押权的费用。当事人也可以在抵押合同中约定抵押担保的范围。

抵押人有义务妥善保管抵押物并保证其价值。

3. 质押

（1）质押的概念

质押是指债务人或者第三人将其动产移交债权人占有，将该动产作为债权的担保。债务人不履行债务时，债权人有权依照规定以该动产折价或者以拍卖、变卖该动产的价款优先受偿。

将动产或权利用于质押担保的债务人或者第三人就是出质人。债权人就是质权人。交付的动产或权利就是质物。质权是一种约定的担保物权，以转移占有为特征。

（2）质押的分类

质押分为动产质押和权利质押。

动产质押是指为担保债务的履行，债务人或者第三人将其动产出质给债权人占有的，债务人不履行到期债务或者发生当事人约定的实现质权的情形，债权人有权就该动产优先受偿。

权利质押一般是将权利凭证交付质押人的担保。可以质押的权利包括：①汇票、本票、支票；②债券、存款单；③仓单、提单；④依法可以转让的基金份额、股权；⑤依法可以转让的注册商标专用权、专利权、著作权等知识产权中的财产权；⑥现有的及将有的应收账款；⑦法律、行政法规规定可以出质的其他财产权利。

4. 留置

债务人不履行到期债务，债权人可以留置已经合法占有的债务人的动产，并有权就该动产优先受偿。前款规定的债权人为留置权人，占有的动产为留置财产。

由于留置是一种比较强烈的担保方式，必须依法行使，不能通过合同约定产生留置权。《民法典》规定，留置权人与债务人应当约定留置财产后的债务履行期限；没有约定或者约定不明确的，留置权人应当给债务人60日以上履行债务的期限，但是鲜活易腐等不易保管的动产除外。债务人逾期未履行的，留置权人可以与债务人协议以留置财产折价，也可以就拍卖、变卖留置财产所得的价款优先受偿。留置财产折价或者变卖的，应当参照市场价格。

留置权人负有妥善保管留置物的义务；因保管不善致使留置物毁损、灭失的，留置权人应当承担赔偿责任。

5. 定金

当事人可以约定一方向对方给付定金作为债权的担保。债务人履行债务后，定金应当抵作价款或者收回。给付定金的一方不履行约定的债务的，无权要求返还定金；收受定金的一方不履行约定的债务的，应当双倍返还定金。

定金应当以书面形式约定。当事人在定金合同中应当约定交付定金的期限。定金合同是实践合同，从实际交付定金之日起生效。定金的数额由当事人约定，但不得超过主合同标的额的20%。超过20%的部分为预付款项，预付款项不产生定金效力。

七、建设工程保险制度

1. 保险定义

根据《中华人民共和国保险法》，保险是指投保人根据合同约定，向保险人支付保险费，保险人对于合同约定的可能发生的事故因其发生所造成的财产损失承担赔偿保险金责任，或者当被保险人死亡、伤残、疾病或者达到合同约定的年龄、期限等条件时承担给付保险金责任的商业保险行为。

2. 保险合同及其分类

保险合同是投保人与保险人约定保险权利和义务关系的协议。投保人是指与保险人订立保险合同，并按照合同约定负有支付保险费义务的人。保险人是指与投保人订立保险合同，并按照合同约定承担赔偿或者给付保险金责任的保险公司。

保险合同分为财产保险合同和人身保险合同两种。

3. 建设工程保险

建设工程活动涉及的险种较多。建设工程保险属于商业险种，主要包括建筑工程一切险、安装工程一切险，还有工伤保险、建筑职工意外伤害险等。

（1）建筑工程一切险

建筑工程一切险是承保各类民用、工业和公用事业建筑工程项目，包括道路、桥梁、水坝、港口等，在建造过程中因自然灾害或意外事故而引起的一切损失的险种。因在建工程抗灾能力差，危险程度高，一旦发生损失，不仅会对工程本身造成巨大的物质财富损失，甚至可能殃及邻近人员与财物。许多保险公司已经开设这一险种。

建筑工程一切险往往还加保第三者责任险。第三者责任险是指在保险有效期内因在施工工地上发生意外事故造成施工工地及邻近地区的第三者人身伤亡或财产损失，依法应由被保险人承担的经济赔偿责任。

①投保人与被保险人。《建设工程施工合同（示范文本）》（GF—2017—0201）中规定，工程开工前，发包人应当为建设工程办理保险，支付保险费用。

建筑工程一切险的被保险人范围较宽，所有在工程进行期间，对该项工程承担一定风险的有关各方（即具有可保利益的各方），均可作为被保险人。如果被保险人不止一家，则各家接受赔偿的权利以不超过其对保险标的的可保利益为限。被保险人具体包括：业主或工程所有人；承包商或者分包商；技术顾问，包括业主聘用的建筑师、工程师及其他专业顾问。

②保险责任范围。保险人对下列原因造成的损失和费用，负责赔偿：自然事件，指地震、海啸、雷电、飓风、台风、龙卷风、风暴、暴雨、洪水、水灾、冻灾、冰雹、地崩、山崩、雪崩、火山爆发、地面下陷下沉及其他人力不可抗拒的破坏力强大的自然现象；意外事故，指不可预料的以及被保险人无法控制并造成物质损失或人身伤亡的突发性事件包括火灾和爆炸。

③第三者责任险。建筑工程一切险如果加保第三者责任险,保险人对下列原因造成的损失和费用,负责赔偿:a.在保险期限内,因发生与所保工程直接相关的意外事故引起工地内及邻近区域的第三者人身伤亡、疾病或财产损失;b.被保险人因上述原因支付的诉讼费用以及事先经保险人书面同意而支付的其他费用。

④赔偿金额。保险人对每次事故引起的赔偿金额以法院或政府有关部门根据现行法律裁定的应由被保险人偿付的金额为准,但在任何情况下,均不得超过保险单明细表中对应列明的每次事故赔偿限额。在保险期限内,保险人经济赔偿的最高赔偿责任不得超过本保险单明细表中列明的累计赔偿限额。

⑤保险期限。建筑工程一切险的保险责任自保险工程在工地动工或用于保险工程的材料、设备运抵工地之时起始,至工程所有人对部分或全部工程签发完工验收证书或验收合格,或工程所有人实际占用或使用或接收该部分或全部工程之时终止,以先发生者为准。

但在任何情况下,保险期限的起始或终止不得超出保险单明细表中列明的保险生效日或终止日。

(2)安装工程一切险

安装工程一切险是承保安装机器、设备、储油罐、钢结构工程、起重机、吊车,以及包含机械工程因素的各种安装工程的险种。由于科学技术日益进步,现代工业的机器设备已进入电子计算机操控的时代,机器设备工艺精密、构造复杂,价格十分昂贵。在安装、调试机器设备的过程中遇到自然灾害和意外事故都会造成巨大的经济损失。安装工程一切险可以保障机器设备在安装、调试过程中,被保险人可能遭受的损失能够得到经济补偿。

安装工程一切险往往还加保第三者责任险。安装工程一切险的第三者责任险,负责被保险人在保险期限内,因发生意外事故,造成在工地及邻近地区的第三者人身伤亡、疾病或财产损失,依法应由被保险人赔偿的经济损失,以及因此而支付的诉讼费用和经保险人书面同意支付的其他费用。

①保险责任范围。安装工程一切险保险责任范围的具体内容与建筑工程一切险基本相同,包括对因自然灾害、意外事故造成的损失和费用负责赔偿。

②保险期限。安装工程一切险的保险责任自保险工程在工地动工或用于保险工程的材料、设备运抵工地之时起始,至工程所有人对部分或全部工程签发完工验收证书或验收合格,或工程所有人实际占有或使用或接收该部分或全部工程之时终止,以先发生者为准。但在任何情况下,安装期保险期限的起始或终止不得超出保险单明细表中列明的安装期保险生效日或终止日。

安装工程一切险的保险期内,一般应包括一个试车考核期。试车考核期的长短一般根据安装工程合同中的约定确定,但不得超出安装工程保险单明细表中列明的试车和考核期限。安装工程一切险对考核期的保险责任一般不超过3个月,若超过3个月,应另行加收保险费。安装工程一切险对于旧机器设备不负考核期的保险责任,也不承担其维修期保险责任。

(3)工伤保险

建筑施工企业应当依法为职工参加工伤保险缴纳工伤保险费。

(4)建筑职工意外伤害险

《中华人民共和国建筑法》《建设工程安全生产管理条例》均对施工单位为施工现场从事危险作业的人员办理意外伤害保险做了规定。

第四节 建设工程的法律责任

建设工程法律责任是指从事建设的法律关系的主体违反建设法律制度，根据法律规定必须承担的法律后果。

建设工程法律责任按性质分，主要有建设工程民事责任、建设工程行政责任和建设工程刑事责任。

一、建设工程的民事责任

民事责任是指由于违反民事法律、违约或者《民法典》规定所应承担的一种法律责任。

民事责任主要是财产责任，如《民法典》规定的损害赔偿、支付违约金等，但也不限于财产责任，还有消除影响、恢复名誉、赔礼道歉等。

1. 民事责任的种类

民事责任可以分为违约责任和侵权责任两类。

（1）违约责任

违约责任是指合同当事人违反法律规定或合同约定的义务而应承担的责任。违约责任的承担方式有继续履行、采取补救措施、赔偿损失和支付违约金。

（2）侵权责任

侵权责任是指行为人因过错侵害他人的财产、人身而依法应当承担的责任，以及虽没有过错但造成了损害而依法应当承担的责任。

2. 承担民事责任的方式

《民法典》第一百七十九条规定："承担民事责任的方式主要有：①停止侵害；②排除妨碍；③消除危险；④返还财产；⑤恢复原状；⑥修理、重作、更换；⑦继续履行；⑧赔偿损失；⑨支付违约金；⑩消除影响、恢复名誉；⑪赔礼道歉。"

以上承担侵权责任的方式，可以单独适用，也可以合并适用。

3. 建设工程民事责任的主要承担方式

（1）返还财产

在建设工程施工合同无效、被撤销后，应当返还财产。执行返还财产的方式是折价返还，即承包人已经施工完成的工程，发包人按照折价返还的规则支付工程价款。返还财产主要有两种方式：一是参照无效合同中的约定价款；二是按当地市场价、定额量据实结算。

（2）修理

施工合同的承包人对施工中出现质量问题的建设工程或者竣工验收不合格的建设工程应当负责返修。

（3）赔偿损失

赔偿损失是指合同当事人由于不履行合同义务或者履行合同义务不符合约定，给对方造成财产上的损失时，由违约方依法或依照合同约定应承担的损害赔偿责任。

（4）支付违约金

违约金是指按照当事人的约定或者法律规定，一方当事人违约的，应向另一方当事人支付的金钱。

二、建设工程的行政责任

行政责任是指因违反行政法规定或行政管理规定，但尚未构成犯罪的行为依法应当受到的法律制裁。行政责任主要包括行政处罚和行政处分。

1. 行政处罚

行政处罚是指国家行政机关及其他依法可以实施行政处罚权的组织，对违反经济、行政管理法律、法规、规章，尚不构成犯罪的公民、法人及其他组织实施的一种法律制裁。

根据《中华人民共和国行政处罚法》（以下简称《行政处罚法》）第九条，行政处罚的种类包括：①警告、通报批评；②罚款、没收违法所得、没收非法财物；③暂扣许可证件、降低资质等级、吊销许可证件；④限制开展生产经营活动、责令停产停业、责令关闭、限制从业；⑤行政拘留；⑥法律、行政法规规定的其他行政处罚。

在建设工程领域，法律、行政法规所设定的行政处罚主要有：警告、罚款、没收违法所得、责令限期改正、责令停业整顿、取消一定期限内参加依法必须进行招标的项目的投标资格、责令停止施工、降低资质等级、吊销资质证书（同时吊销营业执照）、责令停止执业、吊销执业资格证书或其他许可证等。

2. 行政处分

行政处分是指国家机关、企事业单位对所属的国家工作人员违法失职行为尚不构成犯罪，依据法律、法规所规定的权限而给予的一种惩戒。

行政处分的种类有：①警告；②记过；③记大过；④降级；⑤撤职；⑥开除。

国家机关工作人员在建设工程质量监督管理工作中玩忽职守、滥用职权、徇私舞弊，构成犯罪的，依法追究刑事责任；尚不构成犯罪的，依法给予行政处分。

三、建设工程领域的刑事责任

刑事责任是指犯罪主体因违反刑法，实施了犯罪行为所应承担的法律责任。刑事责任是法律责任中最严厉的一种，刑事责任的承担方式主要是刑罚，也包括一些非刑罚的处罚方法。

1. 刑罚种类

《中华人民共和国刑法》（以下简称《刑法》）规定，刑罚分为主刑和附加刑。主刑只能单独适用,不能附加适用。一个罪只能适用一个主刑,不能同时适用两个以上主刑。附加刑(从刑)是指补充主刑的刑罚。附加刑可以附加主刑适用,也可以独立适用。

(1)主刑种类

《刑法》规定,主刑的种类有管制、拘役、有期徒刑、无期徒刑和死刑。

(2)附加刑种类

《刑法》规定,附加刑有罚金、剥夺政治权利、没收财产。附加刑也可以独立适用。对于犯罪的外国人,可以独立适用或者附加适用驱逐出境。

2.建设工程领域的刑事责任

在建设工程领域,常见的刑事责任有如下几种。

(1)重大责任事故罪

《刑法》规定,在生产、作业中违反有关安全管理的规定,因而发生重大伤亡事故或者造成其他严重后果的,处3年以下有期徒刑或者拘役;情节特别恶劣的,处3年以上7年以下有期徒刑。

强令他人违章冒险作业,因而发生重大伤亡事故或者造成其他严重后果的,处5年以下有期徒刑或者拘役;情节特别恶劣的,处5年以上有期徒刑。

(2)重大劳动安全事故罪

《刑法》规定,安全生产设施或者安全生产条件不符合国家规定,因而发生重大伤亡事故或者造成其他严重后果的,对直接负责的主管人员和其他直接责任人员,处3年以下有期徒刑或者拘役;情节特别恶劣的,处3年以上7年以下有期徒刑。

根据《最高人民法院、最高人民检察院关于办理危害生产安全刑事案件适用法律若干问题的解释》,实施《刑法》第一百三十二条、第一百三十四条第一款、第一百三十五条、第一百三十五条之一、第一百三十六条、第一百三十九条规定的行为,因而发生安全事故,且有下列情形之一的,应当认定为"造成严重后果"或者"发生重大伤亡事故或者造成其他严重后果",对相关责任人员,处3年以下有期徒刑或者拘役:①造成死亡1人以上,或者重伤3人以上的;②造成直接经济损失一百万元以上的;③其他造成严重后果或者重大安全事故的情形。

(3)工程重大安全事故罪

《刑法》规定,建设单位、设计单位、施工单位、工程监理单位违反国家规定,降低工程质量标准,造成重大安全事故的,对直接责任人员处5年以下有期徒刑或者拘役,并处罚金;后果特别严重的,处5年以上10年以下有期徒刑,并处罚金。

练习题

1.【单选题】根据我国法的形式,下列规范性文件属于行政法规的是(   )。

A.《中华人民共和国建筑法》   B.《建设工程质量管理条例》

C.《招标公告发布暂行办法》   D.《安徽省建设工程造价管理办法》

2.【单选题】下列国家机关中,有权制定地方性法规的是(   )。

A.省、自治区、直辖市的人民代表大会及其常务委员会

B. 省、自治区、直辖市的人民政府

C. 省级人民政府所在地的市级人民政府

D. 国务院各部委

3. 【单选题】对于下列规范性文件效力的比较，正确的选项是(　　)。

A. 宪法>法律>部门规章>行政法规

B. 法律>行政法规>部门规章>地方性法规

C. 国际条约>宪法>行政规章>地方性法规

D. 宪法>法律>行政法规>部门规章

4. 【单选题】某施工企业在某工程项目的建设中，经项目经理签字的材料款，未能按时给材料供应商，则对此承担法律责任的主体是(　　)。

A. 施工企业　　　　B. 项目经理　　　　C. 材料供应商　　　　D. 项目经理部

5. 【单选题·真题】工程建设中使用的计算机软件是(　　)保护的客体，受知识产权保护。

A. 专利权　　　　B. 商标权　　　　C. 著作权　　　　D. 发明权

6. 【单选题·真题】关于法人应当具备的条件的说法，正确的是(　　)。

A. 须经有关机关批准　　　　　　　　B. 有技术负责人

C. 承担有限民事责任　　　　　　　　D. 应当有自己的名称和组织机构

7. 【单选题·真题】根据《民法典》，法人分为(　　)。

A. 企业法人和非企业法人　　　　　　B. 机关法人、企业法人和社团法人

C. 一般法人和特别法人　　　　　　　D. 营利法人、非营利法人和特别法人

8. 【单选题·真题】关于委托代理终止情形的说法，正确的是(　　)。

A. 被代理人恢复了民事行为能力　　　B. 被代理人取得了民事行为能力

C. 指定单位取消指定　　　　　　　　D. 代理期间届满或者代理事务完成

9. 【单选题·真题】关于建设工程中代理的说法，正确的是(　　)。

A. 建设工程合同诉讼只能委托律师代理

B. 建设工程中的代理主要是法定代理

C. 建设工程中应由本人实施的民事法律行为，不得代理

D. 建设工程中为被代理人的利益，代理人可直接转托他人代理

10. 【多选题】下列建设工程活动中，可以委托代理的有(　　)。

A. 工程招标　　　　B. 设备采购　　　　C. 工程承包

D. 请律师代为诉讼　　　　　　　　　　E. 材料采购

11. 【单选题·真题】下列权利中，属于用益物权的是(　　)。

A. 船舶抵押权　　B. 房屋租赁权　　　C. 土地所有权　　　　D. 建设用地使用权

12. 【单选题·真题】关于物权的说法，正确的是(　　)。

A. 同一物的担保物权人与所有权人应当为同一人

B. 用益物权人可以是该物的所有权人

C. 未经农村土地承包经营者同意，土地所有人不得在该地块设立地役权

D. 物权的变动只能基于合同关系

13. 【单选题·真题】根据《民法典》，住宅建设用地使用权期限届满的(　　)。

A.依法办理手续后续期 　　　　　　　　B.自动消灭

C.自动续期 　　　　　　　　　　　　　D.由主管部门注销

14.【多选题·真题】关于建设用地使用权的说法,正确的有(　　)。

A.建设用地使用权只可以在地上设立

B.建设用地使用权因出让合同生效而设立

C.住宅建设用地使用权期满自动续期

D.建设用地使用权只能存在于国家所有的土地

E.设立建设用地使用权可以采取出让或划拨的方式

15.【多选题·真题】下列行为构成侵权之债的有(　　)。

A.建设行政主管部门未及时颁发施工许可证

B.路人帮助把受伤工人送至医院

C.建筑物上坠落物品造成他人伤害,难以确定责任人

D.拆除屋顶广告时将住户窗户损坏

E.建设单位未将工程款及时足额支付给施工企业

16.【单选题】没有法律根据而获得利益并使他人的利益受到损害,在得利益者与受损害者之间的债称为(　　)之债。

A.侵权 　　　　B.合同 　　　　　C.无因管理 　　　　D.不当得利

17.【单选题·真题】下列事项中,属于专利权保护对象的是(　　)。

A.施工企业的名称或标志 　　　　　　B.施工企业编制的投标文件

C.施工企业编制的施工方案 　　　　　D.施工企业发明的新技术

18.【单选题】发明专利权的期限是(　　)年,自专利申请日起计算,期限届满,专利权终止。

A.4 　　　　　B.5 　　　　　　　C.10 　　　　　　　D.20

19.【单选题】授予专利权的发明和实用新型应具备的条件不包括(　　)。

A.新颖性 　　　　B.创造性 　　　　C.适于工业应用 　　　　D.实用性

20.【单选题·真题】某建设单位出具银行保函作为工程款支付担保,则保证人应为(　　)。

A.监理单位 　　　　B.银行 　　　　　C.建设单位 　　　　D.施工企业

21.【单选题·真题】根据《民法典》,下列财产不可以抵押的是(　　)。

A.生产设备 　　　　　　　　　　　　B.建设用地使用权

C.正在建设的建筑物 　　　　　　　　D.集体所有的宅基地

22.【多选题·真题】甲公司将其有权处分的在建工程抵押给银行,银行同时要求甲公司提供保证担保,甲公司在保证合同中约定和保证人对债务承担连带责任。借款到期后,甲公司无力偿还银行贷款,则该银行有权(　　)。

A.直接变卖该工程 　　　　　　　　　B.直接与甲公司协议以工程折价受偿

C.直接转移占有该工程 　　　　　　　D.直接要求保证人代为清偿债务

E.向法院起诉拍卖该工程后优先受偿

23.【单选题】在保险合同订立后,按照保险合同负有支付保险费义务的是(　　)。

A.受益人 　　　　B.投保人 　　　　C.被保险人 　　　　D.保险人

24.【单选题·真题】某材料供应商由于自身原因,没有按合同约定及时提供原材料,给工程建设项目造成了经济损失,该供应商应承担(　　)。

A. 行政处分　　　　B. 违约责任　　　　C. 行政处罚　　　　D. 交纳罚金

25.【单选题·真题】下列法律后果中,属于民事责任承担方式的是(　　)。

A. 解除合同　　　　B. 继续履行　　　　C. 罚款　　　　D. 合同无效

26.【单选题】根据《中华人民共和国行政处罚法》,下列属于行政处罚的是(　　)。

A. 管制　　　　B. 撤职　　　　C. 罚金　　　　D. 罚款

27.【单选题】下列法律责任中,属于刑事处罚的是(　　)。

A. 处分　　　　B. 暂扣执照　　　　C. 恢复原状　　　　D. 罚金

28.【多选题】按照保险利益原则,当事人投保无效的行为是(　　)。

A. 赵某为自己购买的一注足球彩票投保

B. 钱某为自己即将出生的孩子购买人寿险

C. 孙某为自己屋后的一棵国家一级保护古树投保

D. 李某为自己和妻子的婚姻关系投保

E. 沈某为自己的朋友投保

29.【多选题】建筑工程的保修期限应当按照(　　)的原则来确定。

A. 保证建筑物合理寿命年限内正常使用

B. 保证建筑物在产权年限内正常使用

C. 维护使用者合法权益

D. 维护施工单位合法权益

E. 安全第一,预防为主

思考题

1. 常用的建设法律有哪些?

2. 建设工程法律关系的三要素是什么?

3. 法人应当具备的条件有哪些?

4. 法人如何分类?

5. 什么是表见代理?表见代理的后果由谁承担?

6. 简述建设工程知识产权的常见种类。

案例分析题

案例一　某建筑公司与某学校签订一教学楼施工合同,明确施工单位要保质保量保工期完成学校的教学楼施工任务。工程竣工后承包方向学校提交了竣工报告。学校为不影响学生上课,还没组织验收就直接投入了使用。使用过程中校方发现教学楼存在质量问题,要求施工单位修理。施工单位认为工程未经验收,学校提前使用出现质量问题,施工单位不应再承担责任。本案中的建设法律关系三要素分别是什么?应如何具体地分析该工程质量问题的责任及责任的承担方式?

案例二 某机械厂与某施工单位签订了价款为3000万元的固定总价建设工程承包合同，明确施工单位要保质保量保工期完成机械厂厂房施工任务。施工单位按照图纸施工竣工后，向机械厂提交了竣工报告。经组织验收合格后，该厂房投入了使用。该机械厂也按约支付了工程款。

问题：

(1)本案例中的建设工程法律关系主体是什么？

(2)本案例中的建设工程法律关系客体是什么？

(3)本案例中的建设工程法律关系内容是什么？

(4)本案例中的建设工程法律关系属于哪一种终止？

案例三 某建设单位委托某设计院进行一个建设工程项目的设计工作，合同中没有约定工程设计图的归属。设计院委派张某等完成了这一设计任务。该项目完成后，建设单位没有经过设计院同意，将该设计图纸用于另一类似项目。但由于地质条件的差别，工程出现质量问题，给建设单位造成了一定的损失。

问题：

(1)建设单位未经设计院同意，能否将该设计图纸用于另一类似项目，为什么？

(2)建设单位应当向设计院还是向张某等设计人员主张赔偿？这一赔偿请求能否获得支持，为什么？

第二章

解读《中华人民共和国建筑法》

🔊 学习目标

1. 熟悉《中华人民共和国建筑法》。
2. 熟悉工程建设许可制度。
3. 了解工程建设基本制度。
4. 了解《中华人民共和国建筑法》在工程实践中的应用。

第一节 认识《中华人民共和国建筑法》

一、《中华人民共和国建筑法》概述

《中华人民共和国建筑法》(以下简称《建筑法》)于1997年11月1日由中华人民共和国第八届全国人民代表大会常务委员会第二十八次会议审议通过,自1998年3月1日起施行,根据2011年4月22日第十一届全国人民代表大会常务委员会第二十次会议《关于修改〈中华人民共和国建筑法〉的决定》第一次修正,根据2019年4月23日第十三届全国人民代表大会常务委员会第十次会议《关于修改〈中华人民共和国建筑法〉等八部法律的决定》第二次修正。

该法共八章八十五条,内容主要包括建筑许可、建筑工程发包与承包、建筑工程监理、建筑安全生产管理、建筑工程质量管理及法律责任等。

总则里面所指的建筑市场是指以建筑工程项目的建设单位或称业主(发包方)和从事建筑工程的勘察、设计、施工、监理等业务活动的法人或自然人(承包方)以及有关的中介机构为市场主体,以建筑工程项目的勘察、设计、施工等建筑活动的工作成果或者以工程监理的监理服务为市场交易客体的建筑工程项目承发包交易活动的统称。《建筑法》第二条规定:"本法所称建筑活动,是指各类房屋建筑及其附属设施的建造和与其配套的线路、管道、设备的安装活动。"

二、《建筑法》的主要内容

本法总则共六条，主要讲述了本法的立法宗旨、适用范围、对全国建筑活动实施统一监督管理的行政主管机关等。

立法的目的是加强对建筑活动的监督管理，维护建筑市场秩序，保证建筑工程的质量和安全，促进建筑业健康发展。在中华人民共和国境内从事建筑活动，实施对建筑活动的监督管理，应当遵守本法。国务院建设行政主管部门对全国的建筑活动实施统一监督管理。

从事建筑活动应当遵守法律、法规，不得损害社会公共利益和他人的合法权益。任何单位和个人都不得妨碍和阻挠依法进行的建筑活动。建筑活动应当确保建筑工程质量和安全，符合国家的建筑工程安全标准。国家扶持建筑业的发展，支持建筑科学技术研究，提高房屋建筑设计水平，鼓励节约能源和保护环境，提倡采用先进技术、先进设备、先进工艺、新型建筑材料和现代管理方式。

第二节 工程施工建筑许可制度

在《建筑法》中设立和实施建筑工程施工许可制度，就是通过对建筑工程施工所应具备的基本条件的审查，避免不具备条件的建筑工程盲目开工而给相关当事人造成损失并造成社会财富的浪费，保证建筑工程开工后的顺利建设，达到事前控制的目的。建筑许可制度共八条规定，分为建筑工程施工许可和从业资格两个方面。

一、建筑工程施工许可

关于建筑工程施工许可的规定有五条，包括对有关建筑工程实行施工许可证制度和依法应当申请领取施工许可证的建筑工程的范围、领取施工许可证应当具备的条件、施工许可证的有效期、施工中止与恢复、不能按期施工的处理。

施工许可证是指建筑工程开始施工前，建设单位向建设行政主管部门申请领取的可以施工的证明。按照国务院规定的权限和程序批准开工报告的建筑工程，不再领取施工许可证。国务院建设行政主管部门确定的限额以下的小型工程，也不再领取施工许可证。申请领取施工许可证应当具备下列条件：

①已经办理该建筑工程用地批准手续。

②依法应当办理建设工程规划许可证的，已经取得建设工程规划许可证。

③需要拆迁的，其拆迁进度符合施工要求。

④已经确定建筑施工企业。

⑤有满足施工需要的资金安排、施工图纸及技术资料。

⑥有保证工程质量和安全的具体措施。

建设行政主管部门应当自收到申请之日起七日内，对符合条件的申请颁发施工许可证。

建筑工程施工许可证只能在一定期限内有效，具体包括以下三种情况：

①施工许可证的有效期限为三个月，建设单位在领取施工许可证之日起三个月内应当开工。

②建设单位因故不能按期开工的，经原发证机关审查通过，可以延期开工，但最多只能延期两次，每次不能超过三个月。

③建设单位在施工许可证有效期内没有开工，又没有申请延期，或者说延期两次后仍没有开工的，施工许可证作废。

二、从业资格

从事建筑活动的建筑施工企业、勘察单位、设计单位和工程监理单位，应当具备一定的条件：

①符合国家规定的注册资本。

②有与其从事的建筑活动相适应的具有法定执业资格的专业技术人员。

③有从事相关建筑活动所应有的技术装备。

④法律、行政法规规定的其他条件。

从事建筑活动的建筑施工企业、勘察单位、设计单位和工程监理单位，按照其拥有的条件划分为不同的资质等级，经资质审查合格，取得相应等级的资质证书后，方可在其资质等级许可的范围内从事建筑活动。

从事建筑活动的专业技术人员，应当依法取得执业资格证书，并在执业资格证书许可的范围内从事建筑活动。

对于有关从事建筑活动的单位和技术人员如何分级，以及各项资质等级条件的具体标准，本法未做具体规定，由国务院或国务院授权的有关主管部门依据本法规定的原则做出具体规定。

第三节　建筑工程发包与承包

建筑工程发包与承包在《建筑法》中占有重要的地位，共三节十五条，主要对建筑工程发包与承包活动的基本原则及发包与承包活动应遵守的具体行为规范做了规定，包括一般规定、发包、承包三部分内容。

一、一般规定

建筑工程的发包单位与承包单位应当依法订立书面合同，明确双方的权利和义务。发包单位和承包单位应当全面履行合同约定的义务。不按照合同约定履行义务的，依法承担违约责任。

建筑工程发包与承包的招标投标活动，应当遵循公开、公正、平等竞争的原则，择优选择承包单位。

发包单位及其工作人员在建筑工程发包中不得收受贿赂、回扣或者索取其他好处。承包单位及其工作人员不得利用向发包单位及其工作人员行贿、提供回扣或者给予其他好处等不正当手段承揽工程。

建筑工程造价应当按照国家有关规定，由发包单位与承包单位在合同中约定。公开招标发包的，其造价的约定须遵守招标投标法律的规定。发包单位应当按照合同的约定，及时拨付工程款项。

二、发包

对于发包主要通过七条法规进行约束，这七条法规分别就建筑工程发包的相关问题做了规定，确立了建筑工程发包活动应当遵守的基本行为规范。

建筑工程依法实行招标发包，对不适于招标发包的可以直接发包。

建筑工程实行公开招标的发包单位应当依照法定程序和方式，发布招标公告，提供载有招标工程的主要技术要求、主要的合同条款、评标的标准和方法以及开标、评标、定标的程序等内容的招标文件。开标应当在招标文件规定的时间、地点公开进行。开标后应当按照招标文件规定的评标标准和程序对标书进行评价、比较，在具备相应资质条件的投标者中，择优选定中标者。

建筑工程招标的开标、评标、定标由建设单位依法组织实施，并接受有关行政主管部门的监督。

建筑工程实行招标发包的，发包单位应当将建筑工程发包给依法中标的承包单位。建筑工程实行直接发包的，发包单位应当将建筑工程发包给具有相应资质条件的承包单位。

政府及其所属部门不得滥用行政权力，限定发包单位将招标发包的建筑工程发包给指定的承包单位。

提倡对建筑工程实行总承包，禁止将建筑工程肢解发包。建筑工程的发包单位可以将建筑工程的勘察、设计、施工、设备采购—并发包给一个工程总承包单位，也可以将建筑工程勘察、设计、施工、设备采购的一项或者多项发包给一个工程总承包单位；但是，不得将应当由一个承包单位完成的建筑工程肢解成若干部分发包给几个承包单位。

按照合同约定，建筑材料、建筑构配件和设备由工程承包单位采购的，发包单位不得指定承包单位购入用于工程的建筑材料、建筑构配件和设备或者指定生产厂、供应商。

三、承包

承包部分用四条法规分别就建筑工程承包的以下问题做了规定，确立了建筑工程承包活动应当遵守的基本行为规范。

承包建筑工程的单位应当持有依法取得的资质证书，并在其资质等级许可的业务范围内承揽工程。禁止建筑施工企业超越本企业资质等级许可的业务范围或者以任何形式用其他建筑施工企业的名义承揽工程。禁止建筑施工企业以任何形式允许其他单位或者个人使用本企业的资质证书、营业执照，以本企业的名义承揽工程。

大型建筑工程或者结构复杂的建筑工程，可以由两个以上的承包单位联合共同承包。共同承包的各方对承包合同的履行承担连带责任。两个以上不同资质等级的单位实行联合共同承包的，应当按照资质等级低的单位的业务许可范围承揽工程。

禁止承包单位将其承包的全部建筑工程转包给他人，禁止承包单位将其承包的全部建筑工程肢解以后以分包的名义分别转包给他人。

建筑工程总承包单位可以将承包工程中的部分工程发包给具有相应资质条件的分包单位；但是，除总承包合同中约定的分包外，必须经建设单位认可。施工总承包的，建筑工程主体结构的施工必须由总承包单位自行完成。建筑工程总承包单位按照总承包合同的约定对建设单位负责；分包单位按照分包合同的约定对总承包单位负责。总承包单位和分包单位就分包工程对建设单位承担连带责任。禁止总承包单位将工程分包给不具备相应资质条件的单位。禁止分包单位将其承包的工程再分包。

因此，从事建筑活动的企业或单位必须是合格的主体，按照法定条件确定其在业务上的权利能力，鼓励合格者之间的竞争，禁止用不正当的、欺诈的手段冒充合格的企业或单位，比如，以"挂靠""联营"的手段，使无资质的充当有资质的，低等级的充当高等级的，从而以虚假的从业资格承揽工程；又比如，以转借、转让甚至伪造资质证书的，允许非法者使用合法名义的，甚至明目张胆地进行欺诈，破坏了建筑市场的秩序。所以，无论是建筑施工企业、勘察单位、设计单位、工程监理单位，还是建设单位、有关部门，都应当遵守关于建筑从业资格的法律规定，重视以法律手段夯实建筑业发展的基础。

第四节　建筑工程监理制度

《建筑法》是第一部对建筑工程监理做出系统规定的法律。《建筑法》制定后即正式确定了建筑工程监理的法律地位，成为一项法定的制度。《建筑法》中"建筑工程监理制度"部分共用了六条法规分别对建筑工程监理过程中遇到的常见情况做了规定。

国家推行建筑工程监理制度。国务院可以规定实行强制监理的建筑工程的范围。

实行监理的建筑工程，由建设单位委托具有相应资质条件的工程监理单位监理。建设单位与其委托的工程监理单位应当订立书面委托监理合同。

建筑工程监理应当依照法律、行政法规及有关的技术标准、设计文件和建筑工程承包合同，对承包单位在施工质量、建设工期和建设资金使用等方面，代表建设单位实施监督。工程监理人员认为工程施工不符合工程设计要求、施工技术标准和合同约定的，有权要求建筑施工企业改正。工程监理人员发现工程设计不符合建筑工程质量标准或者合同约定的质量要求的，应当报告建设单位要求设计单位改正。

实施建筑工程监理前，建设单位应当将委托的工程监理单位、监理的内容及监理权限，书面通知被监理的建筑施工企业。

工程监理单位应当在其资质等级许可的监理范围内，承担工程监理业务。工程监理单位应当根据建设单位的委托，客观、公正地执行监理任务。工程监理单位与被监理工程的承包单位以及建筑材料、建筑构配件和设备供应单位不得有隶属关系或者其他利害关系。工程监理单位不得转让工程监理业务。

工程监理单位不按照委托监理合同的约定履行监理义务，对应当监督检查的项目不检查或者不按照规定检查，给建设单位造成损失的，应当承担相应的赔偿责任。工程监理单位与承包单位串通，为承包单位谋取非法利益，给建设单位造成损失的，应当与承包单位承担连带赔偿责任。

第五节　建筑安全生产管理

建筑安全生产管理是指为保证建筑生产安全所进行的计划、组织、指挥、协调和控制等一系列管理活动，目的在于保护职工在生产过程中的安全与健康，保证国家和人民的财产不受损失，保证建筑生产任务的顺利完成。建筑安全生产管理包括：建设行政主管部门对于建筑活动过程中安全生产的行业管理；劳动行政主管部门对建筑活动过程中安全生产的综合性监督管理；从事建筑活动的主体(包括建筑施工企业、建筑勘察单位、设计单位和工程监理单位)为保证建筑生产活动的安全生产所进行的自我管理。建筑生产活动多为露天、高处作业，不安全因素较多，有些工作危险性较大，是事故多发的行业。因此，为依法加强建筑安全生产管理，预防和减少建筑业事故的发生，保障建筑行业职工及他人的人身安全和财产安全，《建筑法》对建筑生产安全问题用了十六条法规做了专门的规定。

建筑安全生产管理必须坚持安全第一、预防为主的方针，建立健全安全生产的责任制度和群防群治制度。

建筑施工企业在编制施工组织设计时，应当根据建筑工程的特点制定相应的安全技术措施；对专业性较强的工程项目，应当编制专项安全施工组织设计，并采取安全技术措施。建筑施工企业应当在施工现场采取维护安全、防范危险、预防火灾等措施；有条件的，应当对施工现场实行封闭管理。施工现场对毗邻的建筑物、构筑物和特殊作业环境可能造成损害的，建筑施工企业应当采取安全防护措施。

建设单位应当向建筑施工企业提供与施工现场相关的地下管线资料，建筑施工企业应当采取措施加以保护。

建筑施工企业应当遵守有关环境保护和安全生产的法律、法规的规定，采取控制和处理施工现场的各种粉尘、废气、废水、固体废物，以及噪声、振动对环境的污染和危害的措施。有下列情形之一的，建设单位应当按照国家有关规定办理申请批准手续：①需要临时占用规划批准范围以外场地的；②可能损坏道路、管线、电力、邮电通信等公共设施的；③需要临时停水、停电、中断道路交通的；④需要进行爆破作业的；⑤法律、法规规定需要办理报批手续的其他情形。

建筑施工企业必须依法加强对建筑安全生产的管理，执行安全生产责任制度，采取有效措施，防止伤亡和其他安全生产事故的发生。建筑施工企业的法定代表人对本企业的安全生产负责。施工现场安全由建筑施工企业负责。实行施工总承包的，由总承包单位负责。分包单位向总承包单位负责，服从总承包单位对施工现场的安全生产管理。

建筑施工企业应当建立健全劳动安全生产教育培训制度，加强对职工安全生产的教育培训；未经安全生产教育培训的人员，不得上岗作业。

建筑施工企业和作业人员在施工过程中，应当遵守有关安全生产的法律、法规和建筑行业安全规章、规程，不得违章指挥或者违章作业。作业人员有权对影响人身健康的作业程序和作业条件提出改进意见，有权获得安全生产所需的防护用品。作业人员对危及生命安全和人身健康的行为有权提出批评、检举和控告。

建筑施工企业应当依法为职工参加工伤保险缴纳工伤保险费。鼓励企业为从事危险作业的职工办理意外伤害保险，支付保险费。

施工中发生事故时，建筑施工企业应当采取紧急措施减少人员伤亡和事故损失，并按照国家有关规定及时向有关部门报告。

第六节　建筑工程质量管理

建筑工程质量管理是《建筑法》的重点内容，《建筑法》在这部分用了十二条法规分别对加强建筑工程质量管理、确保工程质量的基本制度、从事建筑活动各方面应当履行的保证工程质量的基本义务和责任做了明确的、有较强针对性的规定。

国家对从事建筑活动的单位推行质量体系认证制度。从事建筑活动的单位根据自愿原则可以向国务院产品质量监督管理部门或者国务院产品质量监督管理部门授权的部门认可的认证机构申请质量体系认证。经认证合格的，由认证机构颁发质量体系认证证书。

建设单位不得以任何理由，要求建筑设计单位或者建筑施工企业在工程设计或者施工作业中，违反法律、行政法规和建筑工程质量、安全标准，降低工程质量。建筑设计单位和建筑施工企业对建设单位违反前款规定提出的降低工程质量的要求，应当予以拒绝。

建筑工程的勘察、设计单位必须对其勘察、设计的质量负责。勘察、设计文件应当符合有关法律、行政法规的规定和建筑工程质量、安全标准、建筑工程勘察、设计技术规范及合同的约定。设计文件选用的建筑材料、建筑构配件和设备，应当注明其规格、型号、性能等技术指标，其质量要求必须符合国家规定的标准。

建筑设计单位对设计文件选用的建筑材料、建筑构配件和设备，不得指定生产厂、供应商。

建筑施工企业对工程的施工质量负责。建筑施工企业必须按照工程设计图纸和施工技术标准施工，不得偷工减料。工程设计的修改由原设计单位负责，建筑施工企业不得擅自修改工程设计。

建筑施工企业必须按照工程设计要求、施工技术标准和合同的约定，对建筑材料、建筑构配件和设备进行检验，不合格的不得使用。

建筑物在合理使用寿命内，必须确保地基基础工程和主体结构的质量。建筑工程竣工时，屋顶、墙面不得留有渗漏、开裂等质量缺陷；对已发现的质量缺陷，建筑施工企业应当修复。

交付竣工验收的建筑工程，必须符合规定的建筑工程质量标准，有完整的工程技术经济资料和经签署的工程保修书，并具备国家规定的其他竣工条件。建筑工程竣工经验收合格后，方可交付使用；未经验收或者验收不合格的，不得交付使用。

建筑工程实行质量保修制度。建筑工程的保修范围应当包括地基基础工程、主体结构工程、屋面防水工程和其他土建工程，以及电气管线、上下水管线的安装工程，供热、供冷系统工程等项目；保修的期限应当按照保证建筑物合理寿命年限内正常使用、维护使用者合法权益的原则确定。具体的保修范围和最低保修期限由国务院规定。

第七节 《中华人民共和国建筑法》的法律责任

法律责任是指当事人因违反了法律规定的义务所应承担的法律后果。这一部分共十七条，分别对各个建筑活动主体的违法行为应承担的行政责任、民事责任做了规定，对其中构成犯罪的行为，重申了要依法追究刑事责任。

建设单位违反本法规定，未取得施工许可证或者开工报告未经批准擅自施工的，责令改正，对不符合开工条件的责令停止施工，可以处以罚款。

建设单位违反本法规定，要求建筑设计单位或者建筑施工企业违反建筑工程质量、安全标准，降低工程质量的，责令改正，可以处以罚款；构成犯罪的，依法追究刑事责任。发包单位将工程发包给不具有相应资质条件的承包单位的，或者违反本法规定将建筑工程肢解发包的，责令改正，处以罚款。

承包单位超越本单位资质等级承揽工程的，责令停止违法行为，处以罚款，可以责令停业整顿，降低资质等级；情节严重的，吊销资质证书；有违法所得的，予以没收。未取得资质证书承揽工程的，予以取缔，并处罚款；有违法所得的，予以没收。以欺骗手段取得资质证书的，吊销资质证书，处以罚款；构成犯罪的，依法追究刑事责任。承包单位将承包的工程转包的，或者违反本法规定进行分包的，责令改正，没收违法所得，并处罚款，可以责令停业整顿，降低资质等级；情节严重的，吊销资质证书。承包单位有前款规定的违法行为，对因转包工程或者违法分包的工程不符合规定的质量标准造成的损失，与接受转包或者分包的单位承担连带赔偿责任。

在工程发包与承包中索贿、受贿、行贿，构成犯罪的，依法追究刑事责任；不构成犯罪的，分别处以罚款，没收贿赂的财物，对直接负责的主管人员和其他直接责任人员给予处分。对在工程承包中行贿的承包单位，除依照前款规定处罚外，可以责令停业整顿，降低资质等级或者吊销资质证书。

建筑设计单位不按照建筑工程质量、安全标准进行设计的，责令改正，处以罚款；造成工程质量事故的，责令停业整顿，降低资质等级或者吊销资质证书，没收违法所得，并处罚款；造成损失的，承担赔偿责任；构成犯罪的，依法追究刑事责任。

工程监理单位与建设单位或者建筑施工企业串通，弄虚作假、降低工程质量的，责令改正，处以罚款，降低资质等级或者吊销资质证书；有违法所得的，予以没收；造成损失的，承担连带赔偿责任；构成犯罪的，依法追究刑事责任。工程监理单位转让监理业务的，责令改正，没收违法所得，可以责令停业整顿，降低资质等级；情节严重的，吊销资质证书。

建筑施工企业转让、出借资质证书或者以其他方式允许他人以本企业的名义承揽工程的，责令改正，没收违法所得，并处罚款，可以责令停业整顿，降低资质等级；情节严重的，吊销资质证书。对因该项承揽工程不符合规定的质量标准造成的损失，建筑施工企业与使用本企业名义的单位或者个人承担连带赔偿责任。建筑施工企业违反本法规定，对建筑安全事故隐患不采取措施予以消除的，责令改正，可以处以罚款；情节严重的，责令停业整顿，降低资质等级或者吊销资质证书；构成犯罪的，依法追究刑事责任。建筑施工企业的管理人员违章指挥、强令职工冒险作业，因而发生重大伤亡事故或者造成其他严重后果的，依法追究刑事责任。建筑施工企业在施工中偷工减料的，使用不合格的建筑材料、建筑构配件和设备的，或者有其他不按照工程设计图纸或者施工技术标准施工的行为的，责令改正，处以罚款；情节严重的，责令停业整顿，降低资质等级或者吊销资质证书；造成建筑工程质量不符合规定的质量标准的，负责返工、修理，并赔偿因此造成的损失；构成犯罪的，依法追究刑事责任。建筑施工企业违反本法规定，不履行保修义务或者拖延履行保修义务的，责令改正，可以处以罚款，并对在保修期内因屋顶、墙面渗漏、开裂等质量缺陷造成的损失，承担赔偿责任。

政府及其所属部门的工作人员违反本法规定，限定发包单位将招标发包的工程发包给指定的承包单位的，由上级机关责令改正；构成犯罪的，依法追究刑事责任。负责颁发建筑工程施工许可证的部门及其工作人员对不符合施工条件的建筑工程颁发施工许可证的，负责工程质量监督检查或者竣工验收的部门及其工作人员对不合格的建筑工程出具质量合格文件或者按合格工程验收的，由上级机关责令改正，对责任人员给予行政处分；构成犯罪的，依法追究刑事责任；造成损失的，由该部门承担相应的赔偿责任。违反本法规定，对不具备相应资质等级条件的单位颁发该等级资质证书的，由其上级机关责令收回所发的资质证书，对直接负责的主管人员和其他直接责任人员给予行政处分；构成犯罪的，依法追究刑事责任。

本法规定的责令停业整顿、降低资质等级和吊销资质证书的行政处罚，由颁发资质证书的机关决定；其他行政处罚，由建设行政主管部门或者有关部门依照法律和国务院规定的职权范围决定。依照本法规定被吊销资质证书的，由工商行政管理部门吊销其营业执照。

✦ 练习题

1.【单选题·真题】根据《建筑法》及相关法规，建设单位应当办理施工许可证的工程是（　　）。

A. 国务院批准开工报告的工程

B. 城镇市政基础设施工程

C. 建筑面积 $200\ m^2$ 以上的农民自建低层住宅

D. 工程投资额在 20 万元以上的工程

2.【单选题·真题】关于施工许可的说法，正确的是（　　）。

A. 省级人民政府建设主管部门对小型工程限额的调整，应当报国务院建设主管部门备案

B. 农民自建低层住宅的应当申请领取施工许可证

C. 限额以下小型工程应当申请领取施工许可证

D. 施工分包合同签订后，申请领取施工许可证

3.【单选题·真题】根据《建筑业企业资质管理规定》，关于施工企业资质证书的说法，正确的是（　　）。

A. 资质许可机关未在企业资质证书有效期届满前做出是否准予延续资质证书决定的，视为不准予延续

B. 企业发生合并、分离、重组以及改制等事项，可以直接承继原施工企业资质

C. 资质证书有效期届满，未依法申请延续的，资质许可机关应当撤回其资质证书

D. 项目未取得施工许可证，施工企业擅自施工的，资质许可机关不予批准该施工企业的

资质升级申请和增项申请

4.【单选题·真题】债务人将其建设用地使用权转让的,使用期限由(   ),但不得超过建设用地使用权剩余期限。

A. 法律直接规定　B. 当事人约定　　　C. 抵押人决定　　　D. 债权人决定

5.【单选题·真题】下列建设项目中,属于依法应当进行公开招标范围的是(   )。

A. 涉及国家安全、国家秘密的项目　　　B. 使用各级财政预算资金的项目

C. 使用企业事业单位自有资金的项目　　D. 使用上市公司资金的项目

6.【单选题·真题】根据《建筑法》总承包单位和分包单位就分包工程对建设单位承担(   )。

A. 按份责任　　　B. 集体责任　　　　C. 同等责任　　　　D. 连带责任

7.【多选题·真题】关于总承包模式下各单位质量责任的说法,正确的有(   )。

A. 施工总承包单位对其采购的材料质量负责

B. 施工总承包单位对施工质量负责

C. 分包单位就分包工程质量向施工总承包单位负责

D. 分包单位与施工总承包单位就分包质量向建设单位承担连带责任

E. 施工总承包单位应当对施工图设计文件质量负责

8.【单选题·真题】工程监理单位应依法承担工程监理业务,下列工程监理单位的行为正确的是(   )。

A. 将本单位资质借给其他工程监理单位承担工程监理业务

B. 以其他工程监理单位名义承担工程监理业务

C. 在本单位资质等级许可的范围内承担工程监理业务

D. 将已中标的工程监理业务转让给具备相同资质的其他工程监理单位

9.【多选题·真题】下列各项权利中,属于施工作业人员安全生产权利的有(   )。

A. 检举权　　　B. 接受安全教育培训的权利　　　C. 危险报告权

D. 控告权　　　E. 批评权

10.【单选题】根据《建筑法》,施工企业在施工中使用不合格的建筑材料、建筑构配件和设备,情节尚不严重的,应当给予的处罚是(   )。

A. 吊销资质证书　　　　　　　B. 责令改正、处以罚款

C. 责令停业整顿　　　　　　　D. 降低资质等级

11.【单选题·真题】两家施工企业协商后同时参加一个项目的投标,给建设单位造成重大损失,则该两家施工企业直接责任人应承担的刑事责任是(   )。

A. 徇私舞弊罪　　　　　　　　B. 玩忽职守罪

C. 串通投标罪　　　　　　　　D. 重大责任事故罪

✦ 思考题

1. 申请领取施工许可证的条件有哪些?

2. 对从事建筑活动主体从业资格有哪些要求?

3. 工程招标、投标的基本要求和禁止性规定有哪些?

4. 建筑工程发包、承包的禁止性规定有哪些？

5. 监理单位违反规定有哪些处罚？

6. 建筑施工企业应如何做好环境保护工作？

7. 建筑工程竣工验收及交付使用应具备哪些条件？

✦ 案例分析题

案例一　甲电讯公司因建办公楼与乙建筑承包公司签订了工程总承包合同。其后，经甲同意，乙分别与丙建筑设计院和丁建筑公司签订了工程勘察设计合同和工程施工合同。勘察设计合同约定由丙对甲的办公楼及其附属工程提供的设计图纸进行施工，工程竣工时依据国家有关验收规定及设计图纸进行质量验收。合同签订后，丙按时将设计文件和有关资料交付给丁，丁依据设计图纸进行质量验收。工程竣工后，甲会同有关质量监督部门对工程进行验收，发现工程存在严重质量问题，是由于设计不符合规范所致。原来丙未对现场进行仔细勘察即自行进行设计导致设计不合理，给甲带来了重大损失。丙以与甲没有合同关系为由拒绝承担责任，乙又以自己不是设计人为由推卸责任，甲遂以丙为被告向法院起诉。

问题： 本案中的主要责任由哪家公司承担？哪家公司承担连带责任？请说明理由。

案例二　2007 年 4 月，甲方与自称是某建筑集团第六分公司的乙方签订《建设工程施工合同》，约定：经甲方同意，技错费及赶工费用按实际发生进入结算价款。2008 年 1 月双方又签订《终止协议》，该协议约定："技错费及赶工费另行协商，如不能达成协议，此纠纷交由某仲裁委员会仲裁。"2008 年 5 月乙方根据《终止协议》中的仲裁条款就技错费、赶工费问题向协议约定的仲裁委员会申请仲裁。甲方则在仲裁庭首次开庭前向法院申请确认该仲裁条款无效。甲方认为：乙方在签订《建设工程施工合同》及《终止协议》时并未依法注册成立，因此根本不具有签订仲裁条款的主体资格。乙方辩称：2002 年 9 月某建筑集团申请成立了第六分公司；而且早在 2004 年，某建筑集团就为乙方出具了授权其在该地区承揽工程的委托书，因此上述《建设工程施工合同》及《终止协议》有效，仲裁条款当然有效。本案的仲裁条款是否具有法律效益？请说明理由。

案例三　某国家机关新建一栋办公楼，建筑面积 50000 m²，通过招投标手续，确定了由某建筑公司进行施工，并及时签署了施工合同。双方签订施工合同后，该建筑公司又进行了劳务招标，最终确定江苏某劳务公司为中标单位，并与其签订了劳务分包合同，在合同中明确了双方的权利和义务。该工程由本市某监理单位实施监理任务。该建筑公司为了承揽该项施工任务，采取了低报价策略而获得中标，在施工中，为了降低成本，施工单位采用了一个小砖厂的价格便宜的砖，在砖进场前未向管理单位申报。在施工过程中，屋面带挂板大挑檐悬挑部分根部突然断裂。建设单位未按规定办理工程质量监督手续。经事故调查、原因分析，发现造成该质量事故的主要原因是施工队伍素质差，致使受力钢筋反向、构件厚度控制不严。

问题：

(1) 该建筑公司对砖的选择和进场的做法是否正确？如果不正确，施工单位应如何做？

（2）施工单位的现场质量检查的内容有哪些？

（3）施工单位为了降低成本，对材料的选择应如何去做才能保证质量？

（4）对该起质量事故该市监理单位是否应承担责任？原因是什么？

案例四 某化工厂位于城市市区与郊区交界处，随着经济社会的发展，为扩大再生产，厂区领导管理层决定在同一厂区建设第二个大型厂房。该市按照城市总体及局部详细的规划，已经批准该化工厂扩大建设的用地。厂房建设指挥部经察看第一个厂房的勘察成果及第二个厂区的地质状况商讨决定，不做勘察，将四年前为第一个厂房所做的勘察成果提供给设计院作为设计依据，这样不仅节省了投资，也加快了工程进度。设计院根据指挥部的要求和设计资料、规范等文件进行设计。建设单位将该工程的施工任务委托给李某所带的施工队进行施工。经过紧张施工，厂房在 2009 年 2 月份竣工完成，4 月份投入使用。厂房建成后使用一年就发现北墙地基沉陷明显，北墙墙体多处开裂。根据质量保修书的规定，化工厂厂房建设指挥部与李某交涉，李某认为不是自身原因造成的，不予返修。该化工厂厂房建设指挥部一纸诉状将李某告上法庭，请求判定李某按照施工质量保修的有关规定承担质量责任。李某不服，最终该案件进行了开庭审理。假如你是该案例的审判法官，请就以下问题做出判定。

问题：

（1）本案中的质量责任应当由谁承担？请说明依据。

（2）建设单位的做法存在哪些不妥？请说明理由。

第三章

解读《中华人民共和国城乡规划法》

🔊 学习目标

1. 了解《中华人民共和国城乡规划法》。
2. 了解城乡规划行政许可规定。
3. 能够在实践中遵守《中华人民共和国城乡规划法》。

第一节　认识《中华人民共和国城乡规划法》

一、《中华人民共和国城乡规划法》概述

1989 年 12 月第七届全国人民代表大会常务委员会第十一次会议审议通过了《中华人民共和国城市规划法》(以下简称《城市规划法》)，1993 年 6 月国务院颁布了《村庄和集镇规划建设管理条例》。在这"一法一条例"的总体框架下，经过近 30 年的不断努力，我国基本形成了比较完善的城乡规划法规体系。

2007 年 10 月 28 日第十届全国人民代表大会常务委员会第三十次会议通过并于 2008 年 1 月 1 日起施行的《中华人民共和国城乡规划法》(以下简称《城乡规划法》)将调整对象"城市规划"变更为"城乡规划"，将原来的城乡二元法律体系转变为城乡统筹的法律体系。另外，根据 2015 年 4 月 24 日第十二届全国人民代表大会常务委员会第十四次会议《关于修改〈中华人民共和国港口法〉等七部法律的决定》第一次修正，根据 2019 年 4 月 23 日第十三届全国人民代表大会常务委员会第十次会议《关于修改〈中华人民共和国建筑法〉等八部法律的决定》第二次修正。现行的《城乡规划法》共七章七十条，对城乡规划的制定、实施、修改、监督检查和法律责任做了规定。

二、总则主要内容

总则共包括十一条规定，除规定了《城乡规划法》的立法目的、适用范围、城乡规划和规

划区的概念外，还明确了制定和实施城乡规划的原则和要求，城乡规划与国民经济和社会发展规划、土地利用总体规划的关系，城乡规划编制和管理经费来源，单位和个人对于经依法批准的城乡规划的知情权、查询权和对违反城乡规划行为的举报和控告权，鼓励采用先进的科学技术以增强城乡规划的科学性和提高城乡规划实施及监管的效能，完善城乡规划管理体制等。

立法的目的是加强城乡规划管理，协调城乡空间布局，改善人居环境，促进城乡经济社会全面协调可持续发展。制定和实施城乡规划，在规划区内进行建设活动，都必须遵守本法。国务院城乡规划主管部门负责全国的城乡规划管理工作。县级以上地方人民政府城乡规划主管部门负责本行政区域内的城乡规划管理工作。

本法所称城乡规划，包括城镇体系规划、城市规划、镇规划、乡规划和村庄规划。城市规划、镇规划分为总体规划和详细规划。详细规划分为控制性详细规划和修建性详细规划。本法所称规划区，是指城市、镇和村庄的建成区，以及因城乡建设和发展需要必须实行规划控制的区域。规划区的具体范围由有关人民政府在组织编制的城市总体规划、镇总体规划、乡规划和村庄规划中，根据城乡经济社会发展水平和统筹城乡发展的需要划定。

制定和实施城乡规划，应当遵循城乡统筹、合理布局、节约土地、集约发展和先规划后建设的原则，改善生态环境，促进资源、能源节约和综合利用，保护耕地等自然资源和历史文化遗产，保持地方特色、民族特色和传统风貌，防止污染和其他公害，并符合区域人口发展、国防建设、防灾减灾和公共卫生、公共安全的需要。在规划区内进行建设活动，应当遵守土地管理、自然资源和环境保护等法律、法规的规定。

城市总体规划、镇总体规划及乡规划和村庄规划的编制，应当依据国民经济和社会发展规划，并与土地利用总体规划相衔接。

经依法批准的城乡规划，是城乡建设和规划管理的依据，未经法定程序不得修改。

城乡规划组织编制机关应当及时公布经依法批准的城乡规划。但是，法律、行政法规规定不得公开的内容除外。

第二节　各类城乡规划的制定

城乡规划共包括十六条，规定了全国城镇体系规划、省域城镇体系规划的编制和审批程序，城市、镇的总体规划的编制和审批程序，城市、镇的总体规划的内容、强制性内容和期限，城市、镇的控制性详细规划的编制、审批和备案程序及修建性详细规划的编制，乡规划、村庄规划的编制和审批程序，乡规划、村庄规划编制的原则和主要内容，城乡规划编制单位的资质条件，编制城乡规划的标准和基础资料，城乡规划草案的公告、公开征求意见及专家和有关部门审查等。

一、城镇体系规划的制定

国务院城乡规划主管部门会同国务院有关部门组织编制全国城镇体系规划，用于指导省域城镇体系规划、城市总体规划的编制。全国城镇体系规划由国务院城乡规划主管部门报国务院审批。

省、自治区人民政府组织编制省域城镇体系规划，报国务院审批。省域城镇体系规划的内容应当包括：城镇空间布局和规模控制，重大基础设施的布局，为保护生态环境、资源等需要严格控制的区域。

二、城镇总体规划的编制

城市人民政府组织编制城市总体规划。直辖市的城市总体规划由直辖市人民政府报国务院审批。省、自治区人民政府所在地的城市以及国务院确定的城市的总体规划，由省、自治区人民政府审查同意后，报国务院审批。其他城市的总体规划，由城市人民政府报省、自治区人民政府审批。

县人民政府组织编制县人民政府所在地镇的总体规划，报上一级人民政府审批。其他镇的总体规划由镇人民政府组织编制，报上一级人民政府审批。

省、自治区人民政府组织编制的省域城镇体系规划，城市、县人民政府组织编制的总体规划，在报上一级人民政府审批前，应当先经本级人民代表大会常务委员会审议，常务委员会组成人员的审议意见交由本级人民政府研究处理。镇人民政府组织编制的镇总体规划，在报上一级人民政府审批前，应当先经镇人民代表大会审议，代表的审议意见交由本级人民政府研究处理。规划的组织编制机关报送审批省域城镇体系规划、城市总体规划或者镇总体规划，应当将本级人民代表大会常务委员会组成人员或者镇人民代表大会代表的审议意见和根据审议意见修改规划的情况一并报送。

城市总体规划、镇总体规划的内容应当包括：城市、镇的发展布局，功能分区，用地布局，综合交通体系，禁止、限制和适宜建设的地域范围，各类专项规划等。规划区范围、规划区内建设用地规模、基础设施和公共服务设施用地、水源地和水系、基本农田和绿化用地、环境保护、自然与历史文化遗产保护以及防灾减灾等内容，应当作为城市总体规划、镇总体规划的强制性内容。城市总体规划、镇总体规划的规划期限一般为二十年。城市总体规划还应当对城市更长远的发展做出预测性安排。

三、城镇详细规划的编制

城市人民政府城乡规划主管部门根据城市总体规划的要求，组织编制城市的控制性详细规划，经本级人民政府批准后，报本级人民代表大会常务委员会和上一级人民政府备案。

镇人民政府根据镇总体规划的要求，组织编制镇的控制性详细规划，报上一级人民政府审批。县人民政府所在地镇的控制性详细规划，由县人民政府城乡规划主管部门根据镇总体规划的要求组织编制，经县人民政府批准后，报本级人民代表大会常务委员会和上一级人民政府备案。

城市、县人民政府城乡规划主管部门和镇人民政府可以组织编制重要地块的修建性详细规划。修建性详细规划应当符合控制性详细规划。

四、乡村规划的编制

乡规划、村庄规划应当从农村实际出发，尊重村民意愿，体现地方和农村特色。乡规划、村庄规划的内容应当包括：规划区范围，住宅、道路、供水、排水、供电、垃圾收集、畜禽养殖场所等农村生产、生活服务设施、公益事业等各项建设的用地布局、建设要求，以及对耕地等自然资源和历史文化遗产保护、防灾减灾等的具体安排。乡规划还应当包括本行政区域内的村庄发展布局。

乡、镇人民政府组织编制乡规划、村庄规划，报上一级人民政府审批。村庄规划在报送审批前，应当经村民会议或者村民代表会议讨论同意。

五、城乡规划编制机关

城乡规划组织编制机关应当委托具有相应资质等级的单位承担城乡规划的具体编制工作。从事城乡规划编制工作应当具备下列条件，并经国务院城乡规划主管部门或者省、自治区、直辖市人民政府城乡规划主管部门依法审查合格，取得相应等级的资质证书后，方可在资质等级许可的范围内从事城乡规划编制工作：①有法人资格；②有规定数量的经相关行业协会注册的规划师；③有规定数量的相关专业技术人员；④有相应的技术装备；⑤有健全的技术、质量、财务管理制度。编制城乡规划必须遵守国家有关标准。

六、相关名词解释

所谓城镇体系规划，是指一定地域范围内，以区域生产力合理布局和城镇职能分工为依据，确定不同人口规模等级和职能分工的城镇的分布和发展规划。

所谓城市规划，是指对城市的空间和实体发展进行的预先考虑，其对象偏重于城市的物质形态部分，涉及城市中产业的区域布局、建筑物的区域布局、道路及运输设施的设置、城市工程的安排等。

所谓总体规划，是在一定区域内，根据国家社会经济可持续发展的要求和当地自然、经济、社会条件，对土地的开发、利用、治理、保护在空间上、时间上所做的总体安排和布局。

所谓详细规划，是以总体规划或者分区规划为依据，详细规定建设用地的各项控制指标和其他管理要求，或者直接对建设做出具体的安排和规划设计。

所谓控制性详细规划，是以城市总体规划或分区规划为依据，确定建设地区的土地使用性质、使用强度的控制指标、道路和工程管线控制性位置及空间环境控制的规划要求。

所谓修建性详细规划，是以城市总体规划、分区规划或控制性详细规划为依据，制定用以指导各项建筑和工程设施的设计和施工的规划设计。

第三节　城乡规划的实施

城乡规划的实施共包括十八条规定，规定了城乡规划实施的原则，城市新区的开发和建设与旧城区的改建，历史文化名城、名镇、名村及风景名胜区的保护，城市地下空间的开发和利用，选址意见书、建设用地规划许可证、建设工程规划许可证、乡村建设规划许可证的核发及不得在城乡规划确定的建设用地范围以外做出规划许可，建设单位变更规划条件的批准程序，临时建设的批准程序，城乡规划主管部门对建设工程是否符合规划条件进行核实及建设单位在竣工验收后报送有关资料等。

一、规划实施的原则和要求

城市的建设和发展，应当优先安排基础设施及公共服务设施的建设，妥善处理新区开发与旧区改建的关系，统筹兼顾进城务工人员生活和周边农村经济社会发展、村民生产与生活的需要。镇的建设和发展，应当结合农村经济社会发展和产业结构调整，优先安排供水、排水、供电、供气、道路、通信、广播电视等基础设施和学校、卫生院、文化站、幼儿园、福利院等公共服务设施的建设，为周边村民提供服务。乡、村庄的建设和发展，应当因地制宜、节约用地，发挥村民自治组织的作用，引导村民合理进行建设，改善农村生产、生活条件。

城市新区的开发和建设，应当合理确定建设规模和时序，充分利用现有市政基础设施和公共服务设施，严格保护自然资源和生态环境，体现地方特色。在城市总体规划、镇总体规划确定的建设用地范围以外，不得设立各类开发区和城市新区。

旧城区的改建，应当保护历史文化遗产和传统风貌，合理确定拆迁和建设规模，有计划地对危房集中、基础设施落后等地段进行改建。历史文化名城、名镇、名村的保护及受保护建筑物的维护和使用，应当遵守有关法律、行政法规和国务院的规定。

城乡建设和发展，应当依法保护和合理利用风景名胜资源，统筹安排风景名胜区及周边乡、镇、村庄的建设。风景名胜区的规划、建设和管理，应当遵守有关法律、行政法规和国务院的规定。

城市地下空间的开发和利用，应当与经济和技术发展水平相适应，遵循统筹安排、综合开发、合理利用的原则，充分考虑防灾减灾、人民防空和通信等需要，并符合城市规划，履行规划审批手续。

城市、县、镇人民政府应当根据城市总体规划、镇总体规划、土地利用总体规划和年度计划及国民经济和社会发展规划，制定近期建设规划，报总体规划审批机关备案。近期建设规划应当以重要基础设施、公共服务设施和中低收入居民住房建设以及生态环境保护为重点内容，明确近期建设的时序、发展方向和空间布局。近期建设规划的规划期限为五年。

城乡规划确定的铁路、公路、港口、机场、道路、绿地、输配电设施及输电线路走廊、通信设施、广播电视设施、管道设施、河道、水库、水源地、自然保护区、防汛通道、消防通道、核电站、垃圾填埋场及焚烧厂、污水处理厂和公共服务设施的用地及其他需要依法保护的用地，禁止擅自改变用途。

二、各项行政许可规定

1. 选址意见书

按照国家规定需要有关部门批准或者核准的建设项目,以划拨方式提供国有土地使用权的,建设单位在报送有关部门批准或者核准前,应当向城乡规划主管部门申请核发选址意见书。前款规定以外的建设项目不需要申请选址意见书。

2. 建设用地规划许可证

在城市、镇规划区内以划拨方式提供国有土地使用权的建设项目,经有关部门批准、核准、备案后,建设单位应当向城市、县人民政府城乡规划主管部门提出建设用地规划许可申请,由城市、县人民政府城乡规划主管部门依据控制性详细规划核定建设用地的位置、面积、允许建设的范围,核发建设用地规划许可证。建设单位在取得建设用地规划许可证后,方可向县级以上地方人民政府土地主管部门申请用地,经县级以上人民政府审批后,由土地主管部门划拨土地。

在城市、镇规划区内以出让方式提供国有土地使用权的,在国有土地使用权出让前,城市、县人民政府城乡规划主管部门应当依据控制性详细规划,提出出让地块的位置、使用性质、开发强度等规划条件,作为国有土地使用权出让合同的组成部分。未确定规划条件的地块,不得出让国有土地使用权。以出让方式取得国有土地使用权的建设项目,建设单位在取得建设项目的批准、核准、备案文件和签订国有土地使用权出让合同后,向城市、县人民政府城乡规划主管部门领取建设用地规划许可证。城市、县人民政府城乡规划主管部门不得在建设用地规划许可证中,擅自改变作为国有土地使用权出让合同组成部分的规划条件。

3. 建设工程规划许可证

在城市、镇规划区内进行建筑物、构筑物、道路、管线和其他工程建设的,建设单位或者个人应当向城市、县人民政府城乡规划主管部门或者省、自治区、直辖市人民政府确定的镇人民政府申请办理建设工程规划许可证。申请办理建设工程规划许可证,应当提交使用土地的有关证明文件、建设工程设计方案等材料。需要建设单位编制修建性详细规划的建设项目,还应当提交修建性详细规划。对符合控制性详细规划和规划条件的,由城市、县人民政府城乡规划主管部门或者省、自治区、直辖市人民政府确定的镇人民政府核发建设工程规划许可证。城市、县人民政府城乡规划主管部门或者省、自治区、直辖市人民政府确定的镇人民政府应当依法将经审定的修建性详细规划、建设工程设计方案的总平面图予以公布。

4. 乡村建设规划许可证

在乡、村庄规划区内进行乡镇企业、乡村公共设施和公益事业建设的,建设单位或者个人应当向乡、镇人民政府提出申请,由乡、镇人民政府报城市、县人民政府城乡规划主管部门核发乡村建设规划许可证。在乡、村庄规划区内使用原有宅基地进行农村村民住宅建设的规划管理办法,由省、自治区、直辖市制定。在乡、村庄规划区内进行乡镇企业、乡村公共设施和公益事业建设及农村村民住宅建设，不得占用农用地；确需占用农用地的，应当依照《中华人民共和国土地管理法》有关规定办理农用地转用审批手续后，由城市、县人民政府城乡规划主管部门核发乡村建设规划许可证。建设单位或者个人在取得乡村建设规划许可证后，方可办理用地审批手续。

三、临时建设和竣工验收的规定

在城市、镇规划区内进行临时建设的，应当经城市、县人民政府城乡规划主管部门批准。临时建设影响近期建设规划或者控制性详细规划的实施以及交通、市容、安全等的，不得批准。临时建设须在批准的使用期限内自行拆除。

县级以上地方人民政府城乡规划主管部门按照国务院规定对建设工程是否符合规划条件予以核实。未经核实或者经核实不符合规划条件的，建设单位不得组织竣工验收。建设单位应当在竣工验收后六个月内向城乡规划主管部门报送有关竣工验收资料。

四、相关名词解释

所谓建设项目选址意见书，是城乡规划行政主管部门依法核发的有关建设项目的选址和布局的法律凭证。

所谓建设用地规划许可证，是建设单位向土地管理部门申请征用、划拨土地前，经城乡规划行政主管部门确认建设项目位置和范围符合城乡规划的法定凭证，是建设单位用地的法律凭证。

所谓建设工程规划许可证，是指在城市、镇规划区内进行建筑物、构筑物、道路、管线和其他工程建设的建设单位或者个人依照规定，向城市、县人民政府城乡规划主管部门或者省、自治区、直辖市人民政府确定的镇人民政府申请领取的建设工程的法律凭证。

所谓乡村建设规划许可证，是指为了确保乡、村庄规划区内的建设用地符合规划的要求，维护乡镇企业、乡村公共设施和公益事业建设的建设单位或者个人按照规划使用土地的合法权益，建设单位或者个人依照法定程序向乡、镇人民政府提出申请，由乡、镇人民政府报城市、县人民政府城乡规划主管部门核发的，由建设单位或者个人使用土地的法律凭证。

第四节　城乡规划的修改

城乡规划的修改共包括五条规定，规定了城乡规划的实施评估，城乡规划修改的权限和程序，城市、镇的总体规划强制性内容修改的权限、程序，近期建设规划的修改备案，控制性详细规划的修改程序，修改规划给被许可人的合法权益造成损失的补偿，修建性详细规划、建设工程设计方案的总平面图的修改及因修改给利害关系人合法权益造成损失的补偿等。

一、规划评估的规定

省域城镇体系规划、城市总体规划、镇总体规划的组织编制机关，应当组织有关部门和专家定期对规划实施情况进行评估，并采取论证会、听证会或者其他方式征求公众意见。组织编制机关应当向本级人民代表大会常务委员会、镇人民代表大会和原审批机关提出评估报告并附具征求意见的情况。

二、规划修改的规定

有下列情形之一的，组织编制机关方可按照规定的权限和程序修改省域城镇体系规划、城市总体规划、镇总体规划：①上级人民政府制定的城乡规划发生变更，提出修改规划要求的；②行政区划调整确需修改规划的；③因国务院批准重大建设工程确需修改规划的；④经评估确需修改规划的；⑤城乡规划的审批机关认为应当修改规划的其他情形。修改省域城镇体系规划、城市总体规划、镇总体规划前，组织编制机关应当对原规划的实施情况进行总结，并向原审批机关报告；修改涉及城市总体规划、镇总体规划强制性内容的，应当先向原审批机关提出专题报告，经同意后，方可编制修改方案。修改后的省域城镇体系规划、城市总体规划、镇总体规划，应当依照本法规定的审批程序报批。

修改控制性详细规划的，组织编制机关应当对修改的必要性进行论证，征求规划地段内利害关系人的意见，并向原审批机关提出专题报告，经原审批机关同意后，方可编制修改方案。修改后的控制性详细规划，应当依照本法规定的审批程序报批。控制性详细规划修改涉及城市总体规划、镇总体规划的强制性内容的，应当先修改总体规划。修改乡规划、村庄规划的，应当依照本法规定的审批程序报批。

在选址意见书、建设用地规划许可证、建设工程规划许可证或者乡村建设规划许可证发放后，因依法修改城乡规划给被许可人合法权益造成损失的，应当依法给予补偿。经依法审定的修建性详细规划、建设工程设计方案的总平面图不得随意修改；确需修改的，城乡规划主管部门应当采取听证会等形式，听取利害关系人的意见；因修改给利害关系人合法权益造成损失的，应当依法给予补偿。

✦ 练习题

1.【单选题·真题】在城市规划区内以划拨方式提供国有土地使用权的建设工程，建设单位在办理用地批准手续前，必须先取得该工程的(　　　)。

A.施工许可证　　　　　　　　　　B.建设工程规划许可证

C.质量安全报建手续　　　　　　　D.建设用地规划许可证

2.【单选题】根据《中华人民共和国城乡规划法》和行政法学知识判断下列说法中错误的是(　　　)。

A.《中华人民共和国城乡规划法》中规定的行政法律关系主体是城乡规划行政主管部门

B.县级以上城乡规划行政主管部门行政的法律空间范围是其所辖行政区域

C.《中华人民共和国城乡规划法》中规定的行政主体是城乡规划行政主管部门

D.《中华人民共和国城乡规划法》中规定的行政相对方的建设行为的法律空间范围是指城乡规划区

思考题

1.《中华人民共和国城乡规划法》和《中华人民共和国城市规划法》最大的不同是什么？

2.镇人民政府能不能直接办理建设工程规划许可证？

3.出让国有土地使用权是不是必须有规划条件？

4.城乡规划能不能修改？

5.建设单位能不能变更规划条件？确需变更怎么办？

6.组织编制机关在什么情况下方可按照规定的权限和程序修改城市总体规划、镇总体规划？修改前组织编制机关应当做哪些工作？

案例分析题

案例一 某城市有13万人口，两年前经市政府批准选定在城市东区某路东侧建设城市广场，广场面积5万平方米，建设场址为一处低丘小山。该广场区位有些偏，但不涉及拆迁问题，因此很快开工建设。然而，在平整土地过程中，发现该低丘内部为花岗岩，建设成本比原先预计的高两倍，需要加大投资。由于资金准备不到位，再加上周边项目建设无法跟上，广场建设被迫停工。相关部门经过认真分析，广泛调查研究，发现这个广场存在的关键问题是选址不当，当即决定另行选址建设。

问题：试分析此事件中的不当行为与不妥之处。

案例二 某市有一引资宾馆工程，有关领导部门特别重视该项建设。投资方坚持要占用该市总体规划中心地区的一块规划绿地。有关领导自引资开始至选址、设计方案均迁就投资方要求。市城乡规划行政主管部门曾提出过不同意见，建议另行选址，但未被采纳，也就未坚持。之后，投资方依据设计方案擅自开工，市城乡规划行政主管部门未予以制止。省城乡规划行政主管部门在监督检查中发现此事，立即责成市城乡规划行政主管部门依法查处。当该地块两栋住宅已封顶，商业办公楼已建设到地下一层部分时，市规划巡查执法部门在检查中发现了该项目的有关建设情况，责令建设单位立即停工，听候处理。

问题：

(1)该工程为什么受到查处？

(2)省、市城乡规划行政主管部门该如何处理这件事？

案例三 某公司拟在城市规划区内建设一栋3万平方米的办公楼，并已取得了建设工程规划许可证。该公司在委托一家甲级设计单位进行施工图设计时，要求对设计方案进行调整，并增加了建筑面积4000平方米。该设计单位负责人曾多次向该公司催要规划部门的批准文件，但一直没有得到。两年后工程竣工，在验收时被规划部门认定为违法建设。

51

问题：该项目为什么被认定为违法建设？请结合以上情况依法提出处理意见。

案例四 某房地产公司于2004年未经有关部门批准违法在城区开发一处住宅楼，某局于2010年以《在城区进行建设未经批准》违反《中华人民共和国城乡规划法》(以下简称《城乡规划法》)第四十条第一款："在城市、镇规划区内进行建筑物、构筑物、道路、管线和其他工程建设的，建设单位或者个人应当向城市、县人民政府城乡规划主管部门或者省、自治区、直辖市人民政府确定的镇人民政府申请办理建设工程规划许可证"的规定，根据《城乡规划法》第六十四条："未取得建设工程规划许可证或者未按照建设工程规划许可证的规定进行建设的，由县级以上地方人民政府城乡规划主管部门责令停止建设；尚可采取改正措施消除对规划实施的影响的，限期改正，处建设工程造价百分之五以上百分之十以下的罚款"的规定，对该房地产公司处以罚款处罚。

问题：上述处罚合理吗？请说明理由。

第四章

解读《中华人民共和国城市房地产管理法》

📢 学习目标

1. 熟悉《中华人民共和国城市房地产管理法》。
2. 熟悉土地使用权的管理。
3. 了解房地产交易的规定。
4. 能够在实践中遵守《中华人民共和国城市房地产管理法》。

第一节　认识《中华人民共和国城市房地产管理法》

一、《中华人民共和国城市房地产管理法》概述

《中华人民共和国城市房地产管理法》（以下简称《房地产管理法》）于1994年7月5日第八届全国人民代表大会常务委员会第八次会议审议通过，根据2007年8月30日第十届全国人民代表大会常务委员会第二十九次会议《关于修改〈中华人民共和国城市房地产管理法〉的决定》第一次修正，根据2009年8月27日第十一届全国人民代表大会常务委员会第十次会议《关于修改部分法律的决定》第二次修正，根据2019年8月26日第十三届全国人民代表大会常务委员会第十二次会议《关于修改〈中华人民共和国土地管理法〉〈中华人民共和国城市房地产管理法〉的决定》第三次修正。

现行《中华人民共和国城市房地产管理法》共七章七十二条，包括总则、土地使用权出让、房地产开发、房地产转让、房地产抵押、房屋租赁、中介服务机构、房地产权属登记管理以及法律责任等方面的内容。该法明确了房地产权利人的权利和义务，规范了房地产市场的交易行为，为保障房地产市场的健康发展提供了法律依据。同时，该法还规定了违反相关规定的法律责任，为维护市场秩序提供了有效的法律保障。

除《房地产管理法》外，以房地产关系为调整对象的法律、法规还有很多，如《城市房地产开发经营管理条例》《城市房地产转让管理规定》等。

二、总则主要内容

总则共包括七条规定,明确了立法目的、适用范围及行政主管部门,同时对我国房地产相关制度做了说明。

立法的目的是加强对城市房地产的管理,维护房地产市场秩序,保障房地产权利人的合法权益,促进房地产业的健康发展。在中华人民共和国城市规划区国有土地(以下简称国有土地)范围内取得房地产开发用地的土地使用权,从事房地产开发、房地产交易,实施房地产管理,应当遵守本法。国务院建设行政主管部门、土地管理部门依照国务院规定的职权划分,各司其职,密切配合管理全国房地产工作。县级以上地方人民政府房产管理、土地管理部门的机构设置及其职权由省、自治区、直辖市人民政府确定。

相关的房地产制度如下:国家依法实行国有土地有偿、有限期使用制度,但是国家在本法规定的范围内划拨国有土地使用权的除外。国家根据社会、经济发展水平,扶持发展居民住宅建设,逐步改善居民的居住条件。房地产权利人应当遵守法律和行政法规,依法纳税。房地产权利人的合法权益受法律保护,任何单位和个人不得侵犯。为了公共利益的需要,国家可以征收国有土地上单位和个人的房屋,并依法给予拆迁补偿,维护被征收人的合法权益;征收个人住宅的,还应当保障被征收人的居住条件。具体办法由国务院规定。

第二节　土地使用权

一、土地使用权出让

土地使用权出让是指国家将国有土地使用权(以下简称土地使用权)在一定年限内出让给土地使用者,由土地使用者向国家支付土地使用权出让金的行为。城市规划区内的集体所有的土地,经依法征收转为国有土地后,该国有土地的使用权方可有偿出让,但法律另有规定的除外。土地使用权出让,必须符合土地利用总体规划、城市规划和年度建设用地计划。县级以上地方人民政府出让土地使用权用于房地产开发的,须根据省级以上人民政府下达的控制指标拟订年度出让土地使用权总面积方案,按照国务院规定,报国务院或者省级人民政府批准。

出让的每幅地块、用途、年限和其他条件,由市、县人民政府土地管理部门会同城市规划、建设、房产管理部门共同拟订方案,按照国务院规定,报经有批准权的人民政府批准后,由市、县人民政府土地管理部门实施。

土地使用权出让,可以采取拍卖、招标或者双方协议的方式。商业、旅游、娱乐和豪华住宅用地,有条件的,必须采取拍卖、招标方式;没有条件,不能采取拍卖、招标方式的,可以采取双方协议的方式。采取双方协议方式出让土地使用权的出让金不得低于按国家规定所确定的最低价。土地使用权出让最高年限由国务院规定。

土地使用权出让,应当签订书面出让合同。土地使用权出让合同由市、县人民政府土地管理部门与土地使用者签订。土地使用者必须按照出让合同约定，支付土地使用权出让金；未按照出让合同约定支付土地使用权出让金的，土地管理部门有权解除合同，并可以请求违约赔偿。土地使用者按照出让合同约定支付土地使用权出让金的，市、县人民政府土地管理部门必须按照出让合同约定，提供出让的土地；未按照出让合同约定提供出让的土地的，土地使用者有权解除合同，由土地管理部门返还土地使用权出让金，土地使用者可以请求违约赔偿。

土地使用者需要改变土地使用权出让合同约定的土地用途的，必须取得出让方和市、县人民政府城市规划行政主管部门的同意，签订土地使用权出让合同变更协议或者重新签订土地使用权出让合同，相应调整土地使用权出让金。土地使用权出让金应当全部上缴财政，列入预算，用于城市基础设施建设和土地开发。土地使用权出让金上缴和使用的具体办法由国务院规定。

国家对土地使用者依法取得的土地使用权，在出让合同约定的使用年限届满前不收回；在特殊情况下，根据社会公共利益的需要，可以依照法律程序提前收回，并根据土地使用者使用土地的实际年限和开发土地的实际情况给予相应的补偿。

土地使用权出让合同约定的使用年限届满，土地使用者需要继续使用土地的，应当最迟于届满前一年申请续期，除根据社会公共利益需要收回该幅土地的外，应当予以批准。经批准准予续期的，应当重新签订土地使用权出让合同，依照规定支付土地使用权出让金。土地使用权出让合同约定的使用年限届满，土地使用者未申请续期或者虽申请续期但依照前款规定未获批准的，土地使用权由国家无偿收回。

二、土地使用权划拨

土地使用权划拨是指县级以上人民政府依法批准，在土地使用者缴纳补偿、安置等费用后将该幅土地交付其使用，或者将土地使用权无偿交付给土地使用者使用的行为。依照本法规定以划拨方式取得土地使用权的，除法律、行政法规另有规定外，没有使用期限的限制。

下列建设用地的土地使用权，确属必需的，可以由县级以上人民政府依法批准划拨：①国家机关用地和军事用地；②城市基础设施用地和公益事业用地；③国家重点扶持的能源、交通、水利等项目用地；④法律、行政法规规定的其他用地。

第三节 房地产开发

房地产开发共包括七条规定，主要对房地产开发必须遵守的方针、原则、时间要求，房地产开发企业设立程序、必须具备的条件等做了规定。

房地产开发的基本原则是必须严格执行城市规划，按照经济效益、社会效益、环境效益相统一的原则，实行全面规划、合理布局、综合开发、配套建设。

以出让方式取得土地使用权进行房地产开发的，必须按照土地使用权出让合同约定的土地用途、动工开发期限开发土地。超过出让合同约定的动工开发日期满一年未动工开发的，可以征收相当于土地使用权出让金百分之二十以下的土地闲置费；满二年未动工开发的可以无偿收回土地使用权；但是，因不可抗力或者政府、政府有关部门的行为或者动工开发必需的前期工作造成动工开发迟延的除外。

房地产开发项目的设计、施工，必须符合国家的有关标准和规范。房地产开发项目竣工，经验收合格后，方可交付使用。依法取得的土地使用权，可以依照本法和有关法律行政法规的规定，作价入股，合资、合作开发经营房地产。

房地产开发企业是以营利为目的，从事房地产开发和经营的企业。设立房地产开发企业，应当具备下列条件：①有自己的名称和组织机构；②有固定的经营场所；③有符合国务院规定的注册资本；④有足够的专业技术人员；⑤法律、行政法规规定的其他条件。设立房地产开发企业，应当向工商行政管理部门申请设立登记。工商行政管理部门对符合本法规定条件的，应当予以登记，发给营业执照；对不符合本法规定条件的，不予登记。设立有限责任公司、股份有限公司，从事房地产开发经营的，还应当执行公司法的有关规定。房地产开发企业在领取营业执照后的一个月内，应当到登记机关所在地的县级以上地方人民政府规定的部门备案。

第四节　房地产交易规定

房地产交易共包括五个小节二十五条规定，对一般规定，房地产的转让、抵押，房屋租赁，中介服务机构等做了规定。

一、一般规定

房地产转让、抵押时，房屋的所有权和该房屋占用范围内的土地使用权同时转让、抵押。基准地价标定地价和各类房屋的重置价格应当定期确定并公布。

国家实行房地产价格评估制度。房地产价格评估，应当遵循公正、公平、公开的原则，按照国家规定的技术标准和评估程序，以基准地价、标定地价和各类房屋的重置价格为基础，参照当地的市场价格进行评估。

国家实行房地产成交价格申报制度。房地产权利人转让房地产，应当向县级以上地方人民政府规定的部门如实申报成交价，不得瞒报或者作不实的申报。

二、房地产转让

房地产转让是指房地产权利人通过买卖、赠予或者其他合法方式将其房地产转移给他人的行为。

下列情况下房地产不得转让：①以出让方式取得土地使用权的，不符合本法第三十八条规定的条件的；②司法机关和行政机关依法裁定、决定查封或者以其他形式限制房地产权利的；③依法收回土地使用权的；④共有房地产未经其他共有人书面同意的；⑤权属有争议的；⑥未依法登记领取权属证书的；⑦法律、行政法规规定禁止转让的其他情形。

以出让方式取得土地使用权的，转让房地产时，应当符合下列条件：①按照出让合同约定已经支付全部土地使用权出让金,并取得土地使用权证书;②按照出让合同约定进行投资开发,属于房屋建设工程的,完成开发投资总额的25%以上,属于成片开发土地的,形成工业用地或者其他建设用地条件。转让房地产时房屋已经建成的,还应当持有房屋所有权证书。

以划拨方式取得土地使用权的,转让房地产时,应当按照国务院规定,报有批准权的人民政府审批。有批准权的人民政府准予转让的,应当由受让方办理土地使用权出让手续,并依照国家有关规定缴纳土地使用权出让金。以划拨方式取得土地使用权的,转让房地产报批时,有批准权的人民政府按照国务院规定决定可以不办理土地使用权出让手续的,转让方应当按照国务院规定将转让房地产所获收益中的土地收益上缴国家或者作其他处理。

房地产转让,应当签订书面转让合同,合同中应当载明土地使用权取得的方式。房地产转让时,土地使用权出让合同载明的权利、义务随之转移。

以出让方式取得土地使用权的,转让房地产后,其土地使用权的使用年限为原土地使用权出让合同约定的使用年限减去原土地使用者已经使用年限后的剩余年限。

以出让方式取得土地使用权的,转让房地产后,受让人改变原土地使用权出让合同约定的土地用途的必须取得原出让方和市、县人民政府城市规划行政主管部门的同意,签订土地使用权出让合同变更协议或者重新签订土地使用权出让合同,相应调整土地使用权出让金。

商品房预售,应当符合下列条件:①已交付全部土地使用权出让金,取得土地使用权证书;②持有建设工程规划许可证;③按提供预售的商品房计算,投入开发建设的资金达到工程建设总投资的百分之二十五以上,并已经确定施工进度和竣工交付日期;④已向县级以上人民政府房产管理部门办理预售登记,取得商品房预售许可证明。商品房预售人应当按照国家有关规定将预售合同报县级以上人民政府房产管理部门和土地管理部门登记备案。商品房预售所得款项,必须用于有关的工程建设。

三、房地产抵押

房地产抵押是指抵押人以其合法的房地产以不转移占有的方式向抵押权人提供债务履行担保的行为。债务人不履行债务时,抵押权人有权依法以抵押的房地产拍卖所得的价款优先受偿。

依法取得的房屋所有权连同该房屋占用范围内的土地使用权,可以设定抵押权。以出让方式取得的土地使用权,可以设定抵押权。

房地产抵押,应当凭土地使用权证书、房屋所有权证书办理。

房地产抵押,抵押人和抵押权人应当签订书面抵押合同。

设定房地产抵押权的土地使用权是以划拨方式取得的,依法拍卖该房地产后,应当从拍卖所得的价款中缴纳相当于应缴纳的土地使用权出让金的款额后,抵押权人方可优先受偿。

房地产抵押合同签订后,土地上新增的房屋不属于抵押财产。需要拍卖该抵押的房地产时,可以依法将土地上新增的房屋与抵押财产一同拍卖,但对拍卖新增房屋所得,抵押权人无权优先受偿。

四、房屋租赁

房屋租赁是指房屋所有权人作为出租人将其房屋出租给承租人使用,由承租人向出租人支付租金的行为。

房屋租赁时,出租人和承租人应当签订书面租赁合同,约定租赁期限、租赁用途、租赁价格、修缮责任等条款,以及双方的其他权利和义务,并向房产管理部门登记备案。

住宅用房的租赁,应当执行国家和房屋所在城市人民政府规定的租赁政策。租用房屋从事生产、经营活动的,由租赁双方协商议定租金和其他租赁条款。

以营利为目的,房屋所有权人将以划拨方式取得使用权的国有土地上建成的房屋出租的,应当将租金中所含土地收益上缴国家。具体办法由国务院规定。

五、中介服务机构

房地产中介服务机构包括房地产咨询机构、房地产价格评估机构、房地产经纪机构等。

房地产中介服务机构应当具备下列条件:①有自己的名称和组织机构;②有固定的服务场所;③有必要的财产和经费;④有足够数量的专业人员;⑤法律、行政法规规定的其他条件。设立房地产中介服务机构,应当向工商行政管理部门申请设立登记,领取营业执照后,方可开业。

第五节　房地产权属登记管理规定

一、房地产权属登记

房地产权属登记管理包括四条规定,明确国家实行土地使用权和房屋所有权登记发证制度,并规定了具体程序和方法。

以出让或者划拨方式取得土地使用权,应当向县级以上地方人民政府土地管理部门申请登记,经县级以上地方人民政府土地管理部门核实,由同级人民政府颁发土地使用权证书。

在依法取得的房地产开发用地上建成房屋的,应当凭土地使用权证书向县级以上地方人民政府房产管理部门申请登记,由县级以上地方人民政府房产管理部门核实并颁发房屋所有权证书。

房地产转让或者变更时,应当向县级以上地方人民政府房产管理部门申请房产变更登记,并凭变更后的房屋所有权证书向同级人民政府土地管理部门申请土地使用权变更登记,经同级人民政府土地管理部门核实,由同级人民政府更换或者更改土地使用权证书。

房地产抵押时,应当向县级以上地方人民政府规定的部门办理抵押登记。因处分抵押房地产而取得土地使用权和房屋所有权的,应当依照规定办理过户登记。

经省、自治区、直辖市人民政府确定,县级以上地方人民政府由一个部门统一负责房产管理和土地管理工作的，可以制作、颁发统一的房地产权证书，依照本法规定，将房屋的所有权和该房屋占用范围内的土地使用权的确认和变更，分别载入房地产权证书。

二、法律责任

擅自批准出让或者擅自出让土地使用权用于房地产开发的，由上级机关或者所在单位给予有关责任人员行政处分。

未取得营业执照擅自从事房地产开发业务的，由县级以上人民政府工商行政管理部门责令停止房地产开发业务活动，没收违法所得，可以并处罚款。

违反《房地产管理法》规定转让土地使用权的，由县级以上人民政府土地管理部门没收违法所得，可以并处罚款。

违反《房地产管理法》规定转让房地产的，由县级以上人民政府土地管理部门责令缴纳土地使用权出让金，没收违法所得，可以并处罚款。

违反《房地产管理法》规定预售商品房的，由县级以上人民政府房产管理部门责令停止预售活动，没收违法所得，可以并处罚款。

未取得营业执照擅自从事房地产中介服务业务的，由县级以上人民政府工商行政管理部门责令停止房地产中介服务业务活动，没收违法所得，可以并处罚款。

没有法律、法规的依据，向房地产开发企业收费的，上级机关应当责令退回所收取的钱款；情节严重的，由上级机关或者所在单位给予直接责任人员行政处分。

房产管理部门、土地管理部门工作人员玩忽职守、滥用职权，构成犯罪的，依法追究刑事责任；不构成犯罪的，给予行政处分。

房产管理部门、土地管理部门工作人员利用职务上的便利，索取他人财物，或者非法收受他人财物为他人谋取利益，构成犯罪的，依法追究刑事责任；不构成犯罪的，给予行政处分。

✦ 思考题

1. 我国《房地产管理法》的适用范围是什么？
2. 什么是土地使用权的出让？
3. 设立房地产开发企业，应当具备哪些条件？
4. 商品房预售需要符合哪些条件？
5. 房地产中介服务机构应当具备哪些条件？
6. 如何进行房地产权属登记管理？

✦ 案例分析题

案例一 某外商到某市投资开发房地产，在经依法批准成立甲公司并取得外商独资企业法人营业执照后，同该市土地管理局签订国有土地使用权出让合同。合同规定：甲公司受让国有土地30亩的使用权，出让金每亩10万元，共计300万元，在出让合同签订两个月内交清。该出让合同经政府批准。在出让合同规定的期限内，甲公司仅交付出让金50万元，即向市土地管理局申领国有土地使用证。

市土地管理局未认真审核，在甲公司的出让金未完全缴纳、不具备法定发证条件的情况下，报经市政府批准，给甲公司颁发了国有土地使用证。甲公司随后在该地块上投入30万元用于平整地面，并以国有土地使用权作价600万元转让给乙公司。

问题：试分析这一事件中的违法行为。

案例二 某市居民刘某向张某借10万元，张某要求刘某提供抵押，刘某便用自己居住的房屋所有权证作为抵押，同张某签订了抵押合同，期限一年，并把房屋所有权证交予张某。事过一年后，当张某要求刘某还借款时，由于刘某无力偿还，张某便提出向刘某索要刘某居住的房屋。

问题：

(1)张某能否将刘某居住的房屋卖掉，为什么？

(2)刘某是否可以挂失，并以此要求房产登记机关补发呢？

案例三 甲房地产开发公司于2006年6月与某市土地管理局签订该土地使用权出让合同，支付全部出让金后取得了该土地使用权证书并办理了所有审批手续。10月甲公司因为周转资金将该项目整体转让给乙公司，双方签订协议后去市土地管理局与房产局办理相关手续。但土地管理局审查后发现甲公司投资额不够(只达到总投资额的10%)，因此没有为其办理转让登记。此后，两公司商议先由乙公司继续建设该项目，日后再登记手续。2007年6月，乙公司开始出售建好的商品房，并与张某订立《房屋购买合同》。合同规定购房应付款总计12万元。全部房款交纳后，张某突然得知乙公司并未取得商品房销售许可证(我国规定商品房销售必须取得许可证)，遂要求与乙公司解除合同，乙公司不同意。张某与之发生争议，诉至法院。

问题：

(1)甲公司能否转让该项目？请说明理由。

(2)法院会判决张某与乙公司的纠纷败诉方将承担何种责任？

案例四 甲和乙系同学，关系较好。甲因个人投资原因急需用钱，遂将其购买的一套房产以市场价格转让给乙，并签订了房屋转让合同。由于甲和乙较熟，房屋转让合同签订后，甲就将房屋交给了乙，乙也搬到该房屋居住。但甲和乙一直未办理房屋过户登记手续。后来，甲由于资金紧缺，又将房屋转让给了丙，双方签订了房屋转让合同并办理了过户登记。丙准备收房时，发现房屋被乙占有，遂发现甲一房两卖的事实。甲和乙关系也因此恶化。

问题：

(1)本案例中转让了两次的房屋，是归乙所有，还是归丙所有？为什么？

(2)甲和乙签订的房屋转让合同是否有效？为什么？

案例五 2000年3月5日，甲公司与乙公司签订了一份房屋租赁合同，约定：甲公司将

A 广场的一栋大楼出租给乙公司，每月租金150万元，按月收租，租期二年，从2000年4月1日到2002年3月30日止。合同签订后双方到房地产管理部门办理了登记备案手续。乙公司交付了押金和租金后，甲公司将楼房交付乙公司使用。此后，乙公司按期交租。2000年9月，甲公司因欠丙公司2800万元，便将该楼房抵押给丙公司，双方订立了抵押合同，约定：如甲公司不能在2000年12月底还债，丙公司将对该房屋行使抵押权。但是一直到2000年12月，甲公司仍然无钱清偿对丙公司的债务，于是2001年1月，丙公司要求乙公司向其缴纳租金，乙公司拒绝。从2000年1月至2001年3月，乙公司以甲公司、丙公司之间存在的抵押合同纠纷尚未解决为由既拒绝向甲公司交租，又不向丙公司交租。2001年4月，甲公司、丙公司因抵押合同纠纷诉到法院。

问题：

(1)甲公司能否将已出租的房屋抵押给丙公司，是否需要取得乙公司的同意？为什么？

(2)如果甲公司与丙公司签订的抵押合同没有进行登记，甲公司与丙公司的抵押合同是否有效？为什么？

第五章
工程建设程序法律制度

学习目标

1. 熟悉工程建设基本程序的划分。
2. 掌握工程建设程序的步骤和内容。
3. 了解竣工验收的组织程序。

第一节　工程建设程序法规概述

一、工程建设

工程建设是指土木建筑工程、线路管道和设备安装、建筑装修装饰工程等工程项目的新建、扩建和改建，是形成固定资产的基本生产过程及与之相关联的其他建设工作的总称。工程建设的全过程是由一项项相互关联相互衔接的单个建筑活动组成的。工程建设为国民经济的发展和人民生活的改善提供了重要的物质技术基础，在国民经济中占有相当重要的地位，国家也十分重视运用法律的手段，通过制定工程建设管理法规，加强对工程建设的管理。

二、工程建设程序法规

工程建设程序是指工程建设全过程中各项工作都必须遵守的先后次序。工程建设程序法规是指调整工程建设程序活动中发生的各种社会关系的法律规范的总称。

工程建设具有投资额巨大，建设周期长，建设生产的过程中牵涉面广，内外的协作关系复杂，工作协调性要求高，工作场地不能转移，工作空间有限，后续工作无法提前进行等特点。因此工程建设就必然存在一个分阶段、按步骤、各项工作按序进行的客观规律，工程建设全过程都必须遵守这个先后次序。这种规律是不可违反的，如人为将工程建设的顺序颠倒，就会造成严重的资源浪费和经济损失。

工程建设项目完成后的成果将以建筑物或者构筑物的形式长期存在，成为城市或乡村面貌的一部分，其质量的好坏与人民的生命财产安全息息相关。所以说，工程建设活动是与社会公共利益密切相关的活动。为了维护社会公共利益，政府也必须在工程建设过程中，设置相应的审批环节，对各种工程建设行为进行监督管理。这些都是通过工程建设程序相关立法来实现的。

目前，我国尚无一部专门的工程建设程序法律，涉及工程建设程序的法律、规范主要是大量的部门规章和规范性文件，主要包括《关于基本建设程序的若干规定》(1978 年 4 月 22 日发布)、《国家计划委员会关于简化基本建设项目审批手续的通知》(1984 年 8 月 18 日施行)、《工程建设项目报建管理办法》(1994 年 8 月 13 日起施行)、《工程建设项目实施阶段程序管理暂行规定》(1995 年 7 月 29 日起施行)等规范性文件。

另外，《中华人民共和国土地管理法》《中华人民共和国城乡规划法》《中华人民共和国建筑法》《中华人民共和国招标投标法》等法律中，也有涉及工程建设程序的一些规定。

第二节　工程建设程序的划分

一、我国与外国的建设程序比较

每个国家的建筑体制和营造方式均有各自的特点，形成有自己特色的一套建设程序，但总的来说，在市场经济运行体制的国家，建设程序体系又有一些通用的方面。我国与美国、英国常规建设程序的比较见表 5-1。

表 5-1　常规建设程序的比较

中国常规建设程序	美国常规建设程序	英国常规建设程序	
1. 提出项目建议书	1. 设计前期工作	1. 立项	
2. 编制可行性研究报告	2. 场地分析	2. 可行性研究	
3. 进行项目评估	3. 方案设计	3. 设计大纲或草图规划	
4. 编制设计文件	4. 设计发展	4. 方案设计	
5. 施工前准备工作	5. 施工文件	5. 详细设计或施工图	
6. 组织施工	6. 招标或谈判	6. 生产信息	
7. 交付使用	7. 施工合同管理	7. 工程总表	
	8. 工程后期工作	8. 指标	
	9. 合同管理	项目计划	
		施工	
		竣工验收及工程反馈	

与我国的现状相比，国外的建筑师在建设程序中扮演着更为重要的角色。在国外的建设

程序中，建筑师是设计的总负责人，与业主签订设计协议并负责协调各个专业（结构、设备、绿化、估算等）的设计，专业设计师也由建筑师聘用或由业主征得建筑师同意后直接聘用。总建筑师还代表业主办理招投标以及施工合同管理、定期下工地视察工程进度及质量、签署分期付款证明书、签发设计变更通知、工程最终验收等方面的工作。

目前，我国通常由国家、省、市各级计划委员会和建设主管部门确定建设任务，业主控制建设流程管理、组织招投标活动以及在不同专业间进行协调调度，我国的建筑师通常是作为一个参与者参与到建设程序的某些步骤中。近年来，建筑市场上由企业和房地产公司开发的项目逐渐增多，也出现了建筑师参与到设计前期的情况。

二、我国工程建设程序

依据我国现行工程建设程序法规的规定，我国工程建设程序如表5-2所示。

表5-2　工程建设程序

工程建设的阶段划分	各阶段的环节划分
一、工程建设前期阶段	①投资意向
	②投资机会分析
	③项目建议书
	④可行性研究
	⑤审批立项
二、工程建设准备阶段	①规划
	②征地
	③拆迁
	④报建
	⑤招标投标
三、工程建设实施阶段	①勘察设计
	②施工准备
	③工程施工
	④生产准备
四、工程验收与保修阶段	①竣工验收
	②工程保修
五、终结阶段	①生产运营
	②投资后评价

从表5-2中可知，我国的工程建设程序共分为前期阶段、准备阶段、实施阶段、工程验收与保修阶段和终结阶段这五个阶段，每个阶段又包含若干环节。各阶段各环节的工作应当

按照顺利有序开展。当然，工程项目的性质和规模不同，同一阶段各环节的工作会有一些交叉，有些环节也可以省略，在具体执行时，可以根据项目的特点，在遵守工程建设程序的大前提下，灵活开展各项工作。

第三节　工程建设程序的步骤与内容

一、工程建设前期阶段

工程建设前期阶段即决策分析、审批立项的阶段。这一阶段主要是对工程项目投资的合理性进行考察和对工程项目进行选择。对投资者来讲，这是进行战略决策的阶段，它将在根本上决定其投资效益，控制投资风险。对于政府主管部门来讲，这是提高城乡建设水平、促进社会经济发展、杜绝低水平重复建设、控制社会资源浪费的关键环节。

1.投资意向

投资意向是投资主体发现社会存在合适的投资机会所产生的投资愿望。它是工程建设活动的起点，也是工程建设得以进行的必备条件。

2.投资机会分析

投资机会分析是投资主体对投资机会所进行的初步考察和分析，在认为机会合适、有良好的效益时，则可进行进一步的行动。

3.项目建议书

项目建议书是投资机会分析结果文字化后形成的书面文件，以方便投资决策者分析、抉择。项目建议书应对拟建工程的必要性、客观可行性、建设地点选择的可能性等做出分析论证。

项目建议书的内容主要有以下几条：

①建设项目提出的依据和背景、拟建地点的远期规划、行业及地区发展规划等相关资料。

②拟建规模和建设地点的初步设想论证。

③资源情况、建设条件可行性及协作可靠性。

④投资估算和资金筹措设想。

⑤设计、施工项目进程安排。

⑥经济效果和社会效益的分析和初估。

项目建议书由建设方或由建设方委托咨询机构编制。大中型和限额以上的投资项目，由行业归口的主管部门初审后，再由国家发展和改革委员会审批，小型项目的项目建议书按照隶属关系由主管部门或地方发展和改革委员会审批。

4. 可行性研究

项目建议书被批准之后便进入可行性研究阶段。可行性研究的任务是根据国民经济长期规划和地区规划、行业规划的要求，对建设项目在技术、工程和经济上是否合理和可行进行全面调查、分析、论证，做多方案比较、评价，预测建成后的经济效益和社会效益。

可行性研究报告的主要内容包括以下几点：

①项目建设的必要性和依据

②项目的需求预测、拟建规模、建设期。

③建设条件、场地情况分析。

④设计方案。

⑤环境影响、生产安全、劳动保护方面的评价。

⑥项目组织机构和人员培训方案。

⑦投资估算，资金筹措方式。

⑧社会效益、经济效益的评估。

业主应委托有资格的设计院或咨询公司编制可行性研究报告。作为项目投资决策后设计任务、银行贷款、合同、订货、审查及向规划部门申请建设执照的依据，可行性研究报告的编制必须在国家有关规划建设政策和法规的指导下完成，并经过有资格的咨询机构评估确认。

5. 审批立项

审批立项是有关部门对可行性研究报告的审查批准程序，审查通过后即予以立项，正式进入工程项目的建设准备阶段。

原国家计委于1983年2月2日颁布施行的《关于建设项目进行可行性研究的试行管理办法》对审批权做了具体的规定。大中型建设项目的可行性研究报告，由各主管部；各省、市、自治区或各全国性专业公司负责预审，报原国家计委审批，或由原国家计委委托有关单位审批。重大项目和特殊项目的可行性研究报告，由原国家计委会同有关部门预审，报国务院审批。小型项目的可行性研究报告，按隶属关系由各主管部，各省、市、自治区或各全国性专业公司审批。

改革开放以来，国家对原有的投资体制进行了一系列改革，打破了传统计划经济体制下高度集中的投资管理模式，初步形成了投资主体多元化、资金来源多渠道、投资方式多样化、项目建设市场化的新格局。当前中央致力于改革政府对企业投资的管理制度，按照"谁投资、谁决策、谁收益、谁承担风险"的原则，建立起市场引导投资、企业自主决策、银行独立审贷、融资方式多样、中介服务规范、宏观调控有效的新型投资体制。根据2004年7月16日颁布的《国务院关于投资体制改革的决定》（国发〔2004〕20号），对于政府投资项目实行审批制；企业不使用政府投资建设的项目，其重大项目和限制类项目实行核准制；其他项目无论规模大小均实行备案制。

二、工程建设准备阶段

1．规划

在规划区内建设的工程，必须符合城市规划或村庄、集镇规划的要求，要依法先后领取城乡规划主管部门核发的"选址意见书""建设用地规划许可证""建设工程规划许可证"，方能进行获取土地使用权、设计、施工等相应的建筑活动。

2．征地

我国的全部土地分为国家所有的土地和集体所有的土地。在国有的土地上进行工程建设的，可以采用出让、划拨或其他方式取得建设用地的使用权。在农民集体所有的土地上进行工程建设的，必须先由国家征用农民土地，然后再将土地使用权出让或划拨给建设单位或个人。

通过国家出让而取得土地使用权的，应向国家支付出让金，然后按合同规定的年限与要求进行工程建设。在规定时间内不予开发的，国家有权收回土地使用权。

3．拆迁安置和场地处理

根据《城市房屋拆迁管理条例》（1991 年 6 月 1 日起施行，2001 年修正）和《中华人民共和国物权法》（2007 年 10 月 1 日起施行）的规定，在对建设用地上的原有房屋和附属物进行拆迁时，拆迁人和被拆迁人应签订书面协议，被拆迁人应服从城市建设的需要，在规定的期限内完成搬迁，拆迁人对被拆迁人依法给予补偿，并对被拆迁房屋的使用人进行安置，保证被拆迁人原有生活水平不降低，长远生计有保障。对于违章建筑或超过批准期限的临时建筑的被拆迁人和使用人，则不予补偿和安置。

场地处理是指土地（生地）在通过初步开发后，使其达到具备上水、雨污水、电力、暖气、电信和道路通以及场地平整的条件，使建设单位可以进场后迅速开展工作，进行开发建设。

拆迁和场地处理的过程就是将建设用地由生地变成熟地的过程。

生地指未形成建设用地条件的土地；熟地指已具备一定的供水、排水、供电、通信、通气、道路等基础设施条件和完成地上建筑物、构筑物的拆迁，形成建设用地条件的土地。这个过程可以由开发商在拿到土地使用权后进行，也可以由政府在将土地投放市场之前进行初步开发，列入土地储备计划，进行统一管理。

4．报建

建设项目被批准立项后，建设单位或其代理机构必须持工程项目立项批准文件、银行出具的资信证明、建设用地的批准文件等资料，向当地建设行政主管部门或其授权机构进行报建。凡未报建的工程项目，不得办理招标手续和发放施工许可证，设计、施工单位不得承接该项目的设计施工任务。

5. 工程发包

建设单位或其代理机构在上述准备工作完成之后，需对拟建工程进行发包，以直接发包或者招投标的方式择优选定工程勘察设计单位、施工单位、监理单位或总承包单位。为了鼓励公平竞争、建立公正的竞争秩序，国家提倡招投标方式，并对许多工程强制进行招标投标。

三、工程建设实施阶段

1. 工程勘察设计

工程勘察是指为满足工程建设的规划、设计、施工、运营及综合治理等方面的需要，对地形、地质、水文条件等自然状况进行测绘、观察、分析研究和综合评价的工作。

工程设计是指运用工程技术理论和技术经济办法，按照现行技术标准，对新建、扩建、改建项目的工艺、土建、公用工程、环境工程等进行综合性设计及技术经济分析，并提供作为建设依据的设计文件和图纸的活动。它是整个工程建设的主导环节，对工程的质量和效益起着至关重要的作用。

设计与勘察是密不可分的，设计必须在进行工程勘察，取得足够的地质、水文等基础资料之后才能进行。

勘察设计任务书中确定的建设规模、工程地址、建设标准、规划定位、容积率、建筑限高等指标和内容，不能随便修改或者变更，如必须修改和变更时，应重新报批。

设计文件的编制按照规定分为数个阶段，包括总体设计、方案设计、初步设计、技术设计、施工图设计等，根据项目的规模和复杂程度的不同略有差别。每一个阶段的设计文件都要到相关部门(计划管理部门、规划管理部门、建设管理部门等)备案、评议和审批。

2. 施工准备

施工准备包括施工单位在技术物质上的准备和建设单位取得施工许可证两方面的内容。

施工单位在接到施工图后，必须做好细致的施工准备工作(包括技术、物质方面的准备)，以确保工程顺利进行。它包括熟悉和审查图纸，编制施工组织设计，向下属单位进行计划、技术、质量、安全、经济责任的交底，下达施工任务书，准备施工所需的设备材料等活动。

根据原建设部发布的《建筑工程施工许可证管理办法》(1999年12月1日起施行)，在具备下列条件后，建设单位方可按照国家相关规定向工程所在地县级以上人民政府建设行政主管部门申领施工许可证，未达到开工条件的，不予批准开工。

①已经办理该建筑工程用地批准手续。

②在城市规划区的建筑工程，已经取得建设工程规划许可证。

③施工场地已经基本具备施工条件，需要拆迁的，拆迁进度符合施工要求。

④已经确定施工企业。按照规定应该招标的工程没有招标，应该公开招标的工程没有公开招标，或者肢解发包工程，以及将工程发包给不具备相应资质条件的，所确定的施工企业无效。

⑤有满足施工需要的施工图纸及技术资料，施工图设计文件已按规定进行了审查。

⑥有保证工程质量和安全的具体措施。施工企业编制的施工组织设计中有根据建筑工程特点制定的相应质量、安全技术措施，专业性较强的工程项目编制的专项质量、安全施工组织设计，并按照规定办理了工程质量、安全监督手续。

⑦按照规定应该委托监理的工程已委托监理。

⑧建设资金已经落实。

⑨法律、行政规定的其他条件。

已取得施工许可证的，应自批准之日起三个月之内组织开工，因故不能按时开工的，可向发证机关申请延期，延期以两次为限，每次不超过三个月。既不能按时开工又不申请延期，或者超过延期时限的，已批准的施工许可证作废。

3.工程施工

工程施工是施工队伍具体地配置各种施工要素，将工程设计物化为建筑产品的过程，也是整个工程建设过程中投入劳动量最大，所费时间较长的工作。其管理水平的高低、工程质量的优劣对建设项目的质量和所产生的效益起着十分重要的作用。

工程施工管理具体包括施工调度、施工安全、文明施工、环境保护等几方面的内容。

①施工调度是进行施工管理，掌握施工情况，及时处理施工中存在的问题，严格控制工程的施工质量、进度和成本的重要环节。

②施工安全是指施工活动中，对职工身体、健康与安全、机械设备使用的安全及物资的安全等应有保障制度和所采取的措施。

③文明施工是指施工单位应推行现代管理方法，科学组织施工，保证施工活动整洁、有序、合理地进行。

④环境保护是指施工单位必须遵守国家有关环境保护的法律法规，采取措施控制各种粉尘、废气、噪声等对环境的污染和危害。

4.生产准备

生产准备指在工程施工接近结束的时候，为保证建设项目能及时投产使用所进行的准备活动。如招收和培训必要的生产人员，组织人员参加设备安装调试和工程验收，组建生产管理机构，制定规章制度，收集生产技术资料和样品，落实原材料、燃料、水电来源及其他配合条件。

四、工程验收与保修阶段

1.竣工验收

竣工验收是全面考核建设工作，检查是否符合设计要求和工程质量的重要环节，对促进建设项目(工程)及时投产，发挥投资效果，总结建设经验有重要作用。凡新建、扩建、改建的基本建设项目(工程)和技术改造项目，按批准的设计文件所规定的内容建成，符合验收标准的，必须及时组织验收，办理固定资产移交手续。

根据《房屋建筑工程和市政基础设施工程竣工验收暂行规定》(2000 年 6 月 30 日起施行),新建、扩建、改建的各类房屋建筑工程和市政基础设施工程必须符合以下要求方可进行竣工验收:

①完成工程设计和合同约定的各项内容。

②施工单位在工程完工后对工程质量进行了检查,确认工程质量符合有关法律、法规和工程建设强制性标准,符合设计文件及合同要求,并提出工程竣工报告,工程竣工报告应经项目经理和施工单位有关负责人审核签字。

③对于委托监理的工程项目,监理单位对工程进行了质量评估,具有完整的监理资料,提出工程质量评估报告,工程质量评估报告应经总监理工程师和监理单位有关负责人审核签字。

④勘察、设计单位对勘察、设计文件及施工过程中由设计单位签署的设计变更通知书进行了检查,并提出质量检查报告,质量检查报告应经该项目勘察、设计负责人和勘察、设计单位有关负责人审核签字。

⑤有完整的技术档案和施工管理资料。

⑥有工程使用的主要建筑材料、建筑构配件和设备的进场试验报告。

⑦建设单位已按合同约定支付工程款。

⑧有施工单位签署的工程质量保修书。

⑨城乡规划行政主管部门对工程是否符合规划设计要求进行检查,并出具认可文件。

⑩有公安、消防、环保等部门出具的认可文件或者准许使用文件。

⑪建设行政主管部门及其委托的工程质量监督机构等有关部门责令整改的问题全部整改完毕。

工程完工后,由施工单位向建设单位提交工程竣工报告,申请工程竣工验收。

建设单位收到工程竣工报告后,对符合竣工验收要求的工程,组织勘察、设计、施工、监理等单位和其他有关方面的专家组成验收组,制定验收方案,组织工程竣工验收。

参与工程竣工验收的建设、勘察、设计、施工、监理等各方不能形成一致意见时,应当协商提出解决的方法,待意见一致后,重新组织工程竣工验收。

工程竣工验收合格后,建设单位应当及时提交工程竣工验收报告。

建设单位应当自工程竣工验收合格之日起 15 日内,依照《房屋建筑工程和市政基础设施工程竣工验收备案管理暂行办法》(2000 年 4 月 7 日起施行)的规定,向工程所在地的县级以上地方人民政府建设行政主管部门备案。

2. 工程保修

建设工程承包单位在向建设单位提交工程竣工验收报告时,应当向建设单位出具质量保修书。质量保修书中应当明确建设工程的保修范围、保修期限和保修责任等。建设工程在保修范围和保修期限内发生质量问题的,施工单位应当履行保修义务,并对造成的损失承担赔偿责任。

五、终结阶段

建设项目投资后评价是工程竣工投产、生产运营一段时间后，由各级发展与改革委员会组织领导，对项目建设的全过程进行系统评价的一种技术经济活动。它可使投资主体达到总结经验、吸取教训、改进工作，不断提高项目决策水平和投资效益的目的。

当然，工程项目的性质不同，规模不一，同一阶段内有些环节可以省略，有些环节会有交叉。按基本建设程序办事，要区别不同情况，具体问题具体分析，在遵守工程建设程序的大前提下，结合行业项目的特点和条件，有效地贯彻执行基本建设程序。

六、违反工程建设程序的危害

随着国家经济建设的快速发展，各地在建和新建的工程日益增多，一些地方、企业的领导为了追求任期政绩和经济效益，出现了一些违反工程项目建设程序的"边报批、边设计、边施工、边修改"的"四边"或"三边"工程，造成了难以弥补的不良后果，如工程设计方无法保证设计方案的完整，没有充足的时间对整个方案进行审核和完善，容易产生一些设计缺陷；为抢进度违反施工操作规程，严重影响了工程质量；加大了安全管理难度，增加了安全隐患，致安全事故比例大幅上升；同时还加大了工程建设方的投资等。

为加强对建设工程的管理，我们应对建设程序中的项目建议书、可行性研究报告、初步设计、开工报告、设计变更和竣工验收等各个工作环节严格把关，任何部门、任何单位和项目法人，都不得擅自简化建设程序和超越权限、化整为零进行审批或建设，对"三边"或"四边"工程要坚决取缔，同时要加大对建设工程领域违纪违法案件的查处力度，对在工程建设中以权谋私、贪污受贿、营私舞弊的案件，严肃追究有关领导与直接责任人的责任，情节严重的应移送司法部门处理。

练习题

1.【单选题】工程项目建设的正确程序是(　　　)。

A.设计、决策、施工　　　　　　　　B.决策、施工、设计

C.决策、设计、施工　　　　　　　　D.设计、决策、施工

2.【单选题】在建设工程中，未经批准直接开始施工的行为违反了(　　　)规定。

A.土地管理法　　　B.环境保护法　　　C.城乡规划法　　　D.建筑法

3.【单选题】若建设项目未进行环境影响评估就开始施工，可能面临的处罚包括(　　　)。

A.警告　　　　　B.罚款　　　　　C.停工整顿　　　　　D.所有选项

4.【单选题】在建设工程施工前，必须取得(　　　)。

A.建设工程规划许可证　　　　　　　B.施工许可证

C.环境影响评价批复　　　　　　　　D.建设用地规划许可证

5.【单选题】未按规定进行设计文件审查而直接使用设计图纸进行施工，可能导致的后果是(　　　)。

A. 工程质量问题

B. 工程延期

C. 法律责任

D. 所有选项

6.【多选题】施工单位在施工过程中没有进行质量监督和安全管理,违反了(   )规定。

A. 建筑法

B. 安全生产法

C. 工程建设强制性标准

D. 合同法

思考题

1. 我国工程基本建设程序主要分为哪几个阶段?

2. 工程项目开工应具备哪些条件?

3. 项目验收应具备哪些要求?

4. 可行性研究报告的主要内容有哪些?

5. 违反工程建设程序会产生哪些危害?

案例分析题

案例一　某市为缓解交通压力,决定建设一条新的地铁线路。市政府委托了一家有资质的建筑公司负责该项目的建设。然而,在项目实施过程中,出现了以下情况:该建筑公司在未获得相关建设工程规划许可证的情况下,就开始了地铁线路的施工。在施工过程中,该建筑公司未按照批准的设计方案进行施工,而是擅自修改了设计方案。在施工过程中,该建筑公司未按照规定进行质量检查和安全生产管理,导致工地发生了一起严重的安全事故。

问题:

(1)该建筑公司的行为是否违反了工程建设基本程序?如果违反了,违反了哪些程序?

(2)对于这种情况,应如何进行处理?

案例二　某市的一家房地产开发公司计划在市中心开发一座商业综合体。为了尽快完成项目并开始营业,该公司决定不按照建设工程基本程序进行操作,而是直接开始施工。以下是该公司违反建设工程基本程序的一些具体行为:①未经批准,该公司直接开始了土地平整和基础施工。②没有进行环境影响评估,就开始了大规模的土方工程。③在未取得建设工程规划许可证的情况下,就开始了建筑施工。④没有进行设计文件审查,就直接使用了设计图纸。⑤在未取得施工许可证的情况下,就开始了建筑施工。⑥在施工过程中,没有按照规定进行质量监督和安全管理。

问题:

(1)该公司的这些行为违反了哪些建设工程基本程序?

(2)这些违规行为可能会带来哪些后果?

(3)应该如何纠正这些违规行为?

第六章

建设工程招标投标法律制度

学习目标

1. 了解《中华人民共和国招标投标法》的立法现状、调整对象和立法原则。
2. 掌握招标投标程序。
3. 熟悉开标、评标和中标的相关规定。
4. 能够在实践中遵守《中华人民共和国招标投标法》。

第一节 建设工程招标投标法规概述

建设工程招标投标法规是调整在招标投标活动中产生的社会关系的法律规范的总称。狭义的招标投标法指《中华人民共和国招标投标法》（以下简称《招标投标法》），由1999年8月30日第九届全国人民代表大会常务委员会第十一次会议通过。自2000年1月1日起施行；后根据2017年12月27日第十二届全国人民代表大会常务委员会第三十一次会议《关于修改〈中华人民共和国招标投标法〉、〈中华人民共和国计量法〉的决定》修正。广义的招标投标法包括所有调整招标投标活动的法律规范。

《招标投标法》对规范招标投标活动，保护国家利益、社会公共利益和招标投标活动当事人的合法权益，提高经济效益，保证项目质量，起到了重要作用。

一、《招标投标法》的立法现状

涉及招标投标内容的法律主要有《中华人民共和国反垄断法》、《中华人民共和国政府采购法》（以下简称《政府采购法》）、《中华人民共和国合同法》（以下简称《合同法》）、《中华人民共和国建筑法》（以下简称《建筑法》）和《中华人民共和国公证法》等。

涉及招标投标内容的行政法规主要有《建设工程质量管理条例》《必须招标的工程项目规定》《建设工程勘察设计管理条例》《国家重点建设项目管理办法》等。

涉及招标投标的部门规章主要有《建筑工程设计招标投标管理办法》《经营性公路建设项目投资人招标投标管理规定》《工程建设项目货物招标投标办法》《工程建设项目施工招标投

标办法》《工程建设项目勘察设计招标投标办法》《评标专家和评标专家库管理暂行办法》等。

另外，还有各地方性法规和规章，对招标投标的具体活动细节进行了规定。

二、《招标投标法》的调整对象

《招标投标法》的调整对象包括民事关系和行政关系两种。

1.民事关系

招标投标的目的在于选择中标人，并与之签订合同。因此，招标投标是当事人双方经过要约和承诺两个阶段订立合同的一种竞争程序，其特点是在合同订立过程中引入竞争机制，使合同订立更有效率。由此可见，招标投标活动是一种民事法律行为，民事关系是招标投标法最主要的调整对象。招标投标中的民事关系主要发生在招标人与投标人之间，也会发生在招标人与招标代理人、招标人与评标委员会之间。在这些民事关系中，一方违反招标投标法的规定，给对方造成损失的，应承担相应的民事赔偿责任。

2.行政关系

招标投标虽然是一种民事行为，但这种行为需要行政主管部门的监督，由此会产生相应的行政关系。这种行政关系主要发生在行政管理部门与招标人、投标人之间，也可能发生在行政管理部门与招标代理人、评标委员会之间。如果各民事主体违反《招标投标法》的规定，行政管理部门有权进行行政处罚，如没收财产、罚款和取消资格等。

三、《招标投标法》的立法原则

《招标投标法》第五条规定："招标投标活动应当遵循公开、公平、公正和诚实信用的原则。"这是招标投标活动应该遵循的基本原则。从《招标投标法》中还可以提炼出其他4项原则，即合法原则、强制与自愿相结合原则、开放性原则和行政监督原则。

1.公开、公平、公正和诚实信用的原则

公开原则就是要求招标投标活动具有较高的透明度，实行招标信息、招标程序、评标标准和程序，以及中标结果公开，使每一个投标人获得同等的信息，知悉招标的一切条件和要求。透明度高、规范性强的交易程序具有可预测性，使投标人可以事先计算出他们参加招标投标活动的代价和风险，从而提出具有竞争性的价格。公开原则还有助于防止招标人做出不正当的行为或决策，从而增强潜在投标人参与竞争的信心。

公平原则就是要求在招标投标活动中，双方当事人的权利和义务对等，合情合理。同时，对于招标人和投标人之间的关系来说，双方在交易过程中地位平等，不歧视任何一方，任何一方不得向另一方提出不合理要求。此外，投标人也不能通过不正当竞争的手段参与竞争。

公正原则就是要求招标人对每一个投标人应该一视同仁，给予所有投标人平等的机会，评标时按照事先公布的程序和标准对待所有投标人。对投标文件截止日期以后送达的投标文

件应拒收，与投标人有利害关系的人员不得成为评标人。

诚实信用原则是民事活动的基本原则。招标投标当事人应以诚实的态度行使权利、履行义务，以维持双方的利益均衡，以及自身利益与社会利益的均衡。在当事人之间的利益关系中，诚实信用原则要求尊重他人利益，以对待自己事务的态度对待他人事务，保证彼此的利益均衡。在当事人与社会的利益关系中，诚实信用原则要求当事人不得通过自己的活动损害第三人和社会的利益，必须在法律范围内以符合社会经济目的的方式行使自己的权利。

从诚实信用原则出发，《招标投标法》规定了不得规避招标、串通投标、泄露标底、骗取中标等诸多义务，要求当事人遵守，并规定了相应的罚则。

2.合法原则

合法原则是指凡是在中国境内进行的招标投标活动，不论招标主体的性质、招标项目的性质如何，都必须遵循《招标投标法》中的相关规定。

对于使用国际组织或外国政府贷款及援助资金项目，《招标投标法》同时规定，使用国际组织或者外国政府贷款、援助的资金项目进行招标，贷款方、资金提供方对招标投标的具体条件和程序有不同规定的，可以适用其规定，但违背中华人民共和国的社会公共利益的除外。这是《招标投标法》为了解决因国际金融组织、外国政府招标程序与国内招标程序的差异而产生的问题，所做的特殊规定。

3.强制与自愿相结合原则

强制与自愿相结合原则是指法律强制规定范围内的项目必须采取招标方式进行交易，而强制招标范围以外的项目采取何种交易方式、何种招标方式都由当事人依法自愿决定。

4.开放性原则

《招标投标法》第六条规定："依法必须进行招标的项目，其招标投标活动不受地区或者部门的限制。任何单位和个人不得违法限制或者排斥本地区、本系统以外的法人或者其他组织参加投标，不得以任何方式非法干涉招标投标活动。"

在市场经济体制下，经济活动要遵循价值规律的要求，通过价格杠杆和竞争机制的作用，把资源配置到效率高的部门去。招标作为市场经济的产物，其核心的作用就是通过充分竞争，使生产要素在不同部门、地区之间自由流动和组合，从而满足招标人获得质优价廉工程、货物和服务的要求。因此，一个统一、开放、竞争的市场，不存在任何形式的限制、垄断或干涉，是招标发挥作用的外部环境和前提条件。

5.行政监督原则

《招标投标法》第七条规定："招标投标活动及其当事人应当接受依法实施的监督。有关行政监督部门依法对招标投标活动实施监督，依法查处招标投标活动中的违法行为。"

《招标投标法》规定了强制招标制度，主要针对关系社会公共利益、公众安全的基础设施和公用事业项目，利用国有资金或国际组织、外国政府贷款及援助资金进行的项目等。由于这些项目关系国计民生，政府必须对其进行必要的监控，招标投标活动便是其中重要的一个环节。同时，强制招标制度的建立，使当事人在招标与不招标之间没有自治的权利，也就是说，《招标投标法》赋予当事人一项强制性的义务，其必须主动、自觉接受监督。

第二节　建设工程项目招标

一、招标的范围及种类

1. 招标的范围

《招标投标法》规定，在中华人民共和国境内进行下列工程建设项目(包括项目的勘察、设计、施工、监理，以及与工程建设有关的重要设备、材料等的采购)时，必须进行招标。

①大型基础设施、公用事业等关系社会公共利益和公众安全的项目。

②全部或者部分使用国有资金投资或国家融资的项目。

③使用国际组织或者外国政府贷款、援助资金的项目。

此外，中华人民共和国国家发展和改革委员会颁布了《必须招标的工程项目规定》，该规定进一步明确了必须进行招标的工程建设项目的具体范围和规模标准，具体如下。

①全部或者部分使用国有资金投资或者国家融资的项目包括：使用预算资金 200 万元人民币以上，并且该资金占投资额 10% 以上的项目；使用国有企业事业单位资金，并且该资金占控股或者主导地位的项目。

②使用国际组织或者外国政府贷款、援助资金的项目包括：使用世界银行、亚洲开发银行等国际组织贷款、援助资金的项目；使用外国政府及其机构贷款、援助资金的项目。

③不属于第①和②项规定情形的大型基础设施、公用事业等关系社会公共利益、公众安全的项目，必须招标的具体范围由国务院发展改革部门会同国务院有关部门按照确有必要、严格限定的原则制订，报国务院批准。

④上述第①~③项规定范围内的项目，其勘察、设计、施工、监理及与工程建设有关的重要设备、材料等的采购达到下列标准之一的，必须招标。

a. 施工单项合同估算价在 400 万元人民币以上。

b. 重要设备、材料等货物的采购，单项合同估算价在 200 万元人民币以上。

c. 勘察、设计、监理等服务的采购，单项合同估算价在 100 万元人民币以上。

此外，同一项目中可以合并进行的勘察、设计、施工、监理及与工程建设有关的重要设备、材料等的采购，合同估算价合计达到前款规定标准的，必须招标。

2. 招标的种类

建设工程项目招标的种类很多，主要有以下几种。

(1)建设工程总承包招标

建设工程总承包招标又称为建设工程全过程招标，指从项目建议书开始，包括可行性研究报告、勘察、设计、材料设备采购、施工、生产试车，直到竣工投产、交付使用整个过程进行招标。

（2）建设工程勘察、设计招标

建设工程勘察、设计招标是指招标人就拟建项目的勘察、设计任务发布公告，吸引勘察、设计单位参加竞争，经招标人审查获得投标资格的勘察、设计单位按照招标条件的要求，在规定的时间内填报标书，招标人从中择优选择勘察、设计单位。

工程设计招标通常只对设计方案进行招标，并把设计阶段划分为方案设计阶段、初步设计阶段和施工图设计阶段。一些大型复杂工程，甚至只进行概念设计招标。但为了保证设计思想能够顺利贯彻于设计的各个阶段，一般由中标单位实施技术设计或施工图设计而不进行另外的招标。

（3）建设工程施工招标

建设工程施工招标是指招标人就拟建的工程发布公告或邀请，以法定方式吸引施工单位参加竞争，招标人从中选择条件优越者完成工程建设任务。

（4）建设工程监理招标

建设工程监理招标是指招标人以法定方式吸引监理单位参加竞争，招标人从中选择条件优越者的法律行为。监理招标的标的是监理服务，与工程项目建设中其他各类招标的最大区别表现为监理单位不承担物质生产任务，只是受招标人委托对生产建设过程提供监督、管理、协调和咨询等服务。鉴于标的具有特殊性，招标人选择中标人主要基于能力的选择，而不是一味考虑报价的高低。

（5）建设工程材料设备采购招标

建设工程材料设备采购招标是指招标人就拟购买的材料设备发布公告或者邀请，以法定方式吸引建设工程材料设备供应商参加竞争，招标人从中选择条件优越者的法律行为。

二、招标人

招标人是招标活动的发起人，是招标活动的主体。《招标投标法》第八条规定："招标人是依照本法规定提出招标项目、进行招标的法人或者其他组织。"

招标人自行办理招标事宜，应当具有编制招标文件和组织评标的能力，具体包括以下内容。

①具有项目法人资格（或者法人资格）。

②具有与招标项目规模和复杂程度相适应的工程技术、概预算、财务和工程管理等方面的专业技术力量。

③有从事同类工程建设项目招标的经验。

④设有专门的招标机构或者拥有3名以上专职招标业务人员。

⑤熟悉和掌握《招标投标法》及有关法规规章。

当招标人不具备上述能力时，须委托具有相应资质的代理机构进行招标。

招标代理机构是依法成立、从事招标代理业务并提供相关服务的社会中介组织。它应当具备下列条件。

①有从事招标代理业务的营业场所和相应资金。

②有能够编制招标文件和组织评标的相应专业力量。

招标代理机构受招标人的委托，应遵循"谁委托，向谁收费"的原则，但目前不少招标投标代理的费用不是由招标人支付，而是转嫁给中标人；个别招标代理还私自变换或提高收费标准等。这些不规范的收费直接增加了投标人的负担，挫伤了潜在投标人参加投标的积极性。

三、招标方式

招标通常可分为公开招标和邀请招标两种方式。

1. 公开招标

公开招标又称无限竞争性招标，是指招标人以招标公告的方式邀请不特定的法人或其他组织投标。这是一种由招标人按照法定程序，在公开出版物上发布或以其他公开方式发布招标公告，所有符合条件的承包商都可以平等参加投标竞争，招标人从中择优选择中标者的招标方式。公开招标主要有以下优点。

①有效防止腐败现象。公开招标要求招标的全过程应当公开、公平、公正，并且要求的程度较高，与其他招标方式相比，具有较高的操作透明性。

②能够较好地达到经济性的效果。公开招标允许所有符合条件的投标人参加投标。能够让最具有竞争力、条件最优厚的潜在投标人参加投标，达到经济的目的。

③为竞争者提供均等的机会。这与公开招标本质上是无限竞争性招标有关，即对所有潜在投标人发布公告，提供公平竞争的机会。这种公平性对于政府投资项目具有十分重要的意义。

同时，公开招标也存在如下缺点。

①公开招标只能以书面材料决定中标人，这本身就有缺陷。书面材料往往不能全面真实反映投标人的水平和情况，因此在评标及确定中标人时存在很大的风险。

②公开招标采用发布招标公告的方式，这固然吸引了很多条件优厚的竞争者，但也增加了整个招标过程的成本。

③从理论上来说，公开招标应该要求招标信息能够到达所有满足条件的潜在招标人，但这样必然导致招标时间过长，影响后续工作的进度。

2. 邀请招标

邀请招标又称有限竞争性招标，是指招标人以招标邀请书的方式邀请特定的法人或者其他组织投标。邀请招标必须向 3 个及以上的潜在投标人发出邀请，被邀请的法人或其他组织必须具备以下条件。

①具备承担招标项目的能力。

②资信良好。

《招标投标法》第十一条规定："国务院发展计划部门确定的国家重点项目和省、自治区、直辖市人民政府确定的地方重点项目不适宜公开招标的，经国务院发展计划部门或省、自治区、直辖市人民政府批准，可以进行邀请招标。"

一般情况下，以下项目考虑采用邀请招标。

①技术要求较高、专业性较强的建设工程项目。对于这类项目而言，由于能够承担招标

任务的单位较少，并且专业性较强，招标人对潜在的投标人都比较了解，进行邀请招标比较适宜。

②合同价款较小项目。由于公开招标成本较高，合同价款较小的项目不宜采用。

③工期有严格要求的项目。公开招标周期较长，对进度控制要求较高的项目不宜采用。

四、建设工程项目招标程序

建设工程施工招标在建设项目中具有代表性，其一般程序如下。

1.工程项目报建

工程项目报建是施工项目招投标的重要前提条件。它是指建设单位在工程开工前一定期限内向建设主管部门或招投标管理机构依法办理项目登记手续。凡未办理施工报建的建设项目，不予办理招投标的相关手续和发放施工许可证。

工程项目的立项批准文件或年度投资计划下达后，规划与设计审批完毕，建设单位应按规定向招投标管理机构或招投标交易中心履行工程项目报建。报建内容主要包括工程名称、建设地点、投资规模、资金来源、当年投资额、工程规模、结构类型、发包方式、计划开竣工日期及工程筹建情况等。

建设单位报建时应填写建设工程报建记录表，连同应交验的立项批文、建设资金证明、规划许可证、土地使用权证等资料一并报招投标管理机构审批。

2.招标人自行办理招标或委托招标备案

建设单位自行组织招标必须具备一定条件，不具备实施条件的可委托招标代理机构实施招标。

3.编制招标文件

招标文件应当根据项目的特点和需要编制，内容包括招标项目的技术要求、投标报价要求和评标标准等所有实质性要求，以及拟签订合同的主要条款，但不得要求或者标明特定的生产供应者及含有倾向性或者排斥潜在投标人的其他内容。

4.工程标底价格

招标工程设有标底的，其标底的编制工作应按照规定进行。标底价格由具有资质的招标人自行编制或者委托具有相应资质的工程造价咨询单位、招标代理单位编制。标底应控制在批准的总预算及投资包干的限额内，由成本、利润、税金等组成，一个工程只能编制一个标底。

编制人员需持有执业注册造价师资格证书，并在保密的环境中按照国家的有关政策、规定科学公正地编制标底价格。标底编制完毕后，在标底文件上应注明单位名称、执业人员的姓名和证书号码，并加盖编制单位公章，密封直到开标，开标前，所有接触过标底的人员均有保密责任，不得泄露。

5.发布招标公告或递送投标邀请书

实行公开招标的，招标人通过国家指定的报刊、信息网络或者其他媒介发布工程招标公告，也可以在中国工程建设和建筑业信息网络上及有形建筑市场发布。发布的时间应达到规定要求，如有些地方规定在公共资源交易平台上发布的时间不少于 72 小时。

符合招标公告要求的施工单位都可以报名并索取资格审查文件，招标人不应以任何借口拒绝符合条件的投标人报名。

采用邀请招标的，招标人应当向 3 个及以上具备承担招标工程的能力、资信良好的施工单位发出投标邀请书。

6.对投标人资格预审

资格预审是指招标人在招标开始之前或开始初期，由招标人对申请参加招标的投标人进行资质条件、业绩、信誉、技术、资金等方面的资格审查。我国大多数地方采用的是资格预审方式。

招标人应当在招标公告或投标邀请书中明确对投标人资格预审的条件和获取资格预审文件的办法，并按照规定的条件和办法对报名或邀请投标人进行资格预审。

资格预审的内容主要包括以下几方面。

（1）资信方面

资信方面包括投标申请人营业执照、资质证书、保证体系认证、信用等级、社会信誉等是否能满足工程的要求。业主方应对投标申请人提供的原件进行查验后退还，还必须通过电话、网络或实地走访等方式进一步核实。

（2）财务方面

投标人是否具有足够的资金承担新的工程，业主方应根据其提交的经审计的财务报表及银行开具的资金证明来进行判断。投标人还必须提供目前在建的工程合同的数量和进度资料，是否对承接新工程带来影响，是否存在拖欠工资和材料款的情况等。不具备充足的资金执行新的工程合同将导致其资格审查不合格。

（3）类似工程业绩方面

类似工程业绩指投标人是否有类似于本工程项目的施工经验。投标人要提供近几年完成的令业主满意的相似类型和规模及复杂程度相当的工程项目的施工情况和业绩，包括过去的项目委托人的调查书及投标人过去的履约情况。业主方应加强审核，通过当地建管部门和工程建设单位进行实地核实。如果过去承担的工程中，有因投标人的责任而导致工程违约的，也将构成取消其资格的充分理由。

（4）技术管理力量

投标人拟派工程技术和管理人员的数量、工作经验、能力是否满足本工程的要求。投标人应认真填报拟选派的项目经理和项目班子的履历和主要业绩等资料供审查，业主方有必要对拟派项目经理和班子主要负责人业绩进行现场考察，同时应该就拟建工程的工程技术问题进行当面质询，核实其是否真正具有工程管理经验和能力，并要求投标人做出项目班子到位的承诺。投标人不能派出有足够经验的人员将导致被取消资格。

资格预审后，招标人应当向资格预审合格的投标申请人发出资格预审合格通知书，告之获取招标文件的时间、地点和方法，并同时向资格预审不合格的投标申请人告之预审结果。在资格预审合格的投标申请人数过多时，可以由招标人综合考虑投标申请人工程建设业绩和获奖情况，按照择优的原则，从中选择不少于 7 家资格预审合格的投标申请人参加投标竞争。

7. 发售招标文件

招标文件、图纸和有关技术资料发给通过资格预审获得投标资格的投标申请人。投标申请人收到招标文件、图纸和有关资料后，应认真核对，核对无误后以书面形式予以确认。

招标人不得向他人透露已获取招标文件的潜在投标人的名称、数量及可能影响公平竞争的有关招标投标的其他情况。

招标人对已发出的招标文件进行必要的澄清或者修改的，应当在招标文件要求提交投标文件截止时间至少 15 日前，以书面形式通知所有招标文件收受人。该澄清或者修改的内容为招标文件的组成部分。

招标人在发售招标文件时应遵守以下法律规定：

①招标文件、图纸和有关技术资料发放给通过资格预审获得投标资格的投标人。不进行资格预审的，发放给愿意参加投标的人。投标单位在收到招标文件、图纸和有关资料后，应该认真核对，核对无误的以书面形式予以确认。工程实践中，招标人对于发出的招标文件可以酌收工本费。招标人以不合理的高价发售招标文件，借发售招标文件之机谋取不正当利益的行为是法律所不允许的。招标人可以酌收设计文件的押金，开标后将设计文件退还的，招标人应当退还押金。

②依法必须进行施工招标的工程，招标人应当在招标文件发出的同时，将招标文件报工程所在地的县级以上地方人民政府建设行政主管部门备案，办理备案手续，接受建设行政主管部门依法对招标文件的审查。如果建设行政主管部门发现招标文件违反法律、法规的，应当责令招标人改正。

8. 组织勘察现场

《招标投标法》第二十一条规定："招标人根据招标项目的具体情况，可以组织潜在投标人踏勘项目现场。"

招标人应主动向潜在投标人介绍所有现场的有关情况，潜在投标人对影响供货或项目的现场条件进行全面考察，对于工程建设项目，一般应了解以下内容：

①施工现场是否达到招标文件规定的条件。

②施工的地理位置、地形和地貌。

③施工现场的地质、土质、地下水位、水文条件等情况。

④施工现场的气候条件，如气温、湿度、风力等。

⑤现场的环境，如交通、供水、供电、排污等。

⑥临时用地、临时设施搭建等。

对于潜在投标人在阅读招标文件和现场踏勘中提出的疑问，招标人可以书面形式或召开投标预备会的方式解答，但需同时将解答以书面方式通知所有购买招标文件的潜在投标人。该解答的内容为招标文件的组成部分，不论该潜在投标人是否参加了现场踏勘或投标预备会。

9.答疑会

答疑会是在投标单位审查施工图纸和编制投标报价进行一段时间后,由建设单位组织,要求所有的投标人参加的投标答疑会。会议的主要目的是澄清图纸中的错误,完善招标文件,规范投标人的投标报价行为,以及其他需要在投标前明确、统一的事项等。

案例分析

某投资公司建设一幢办公楼,采用公开招标方式选择施工单位,投标保证金有效期时间同投标有效期。提交投标文件截止时间为2015年5月30日。该公司于2015年3月6日发出招标公告,后有A、B、C、D、E五家建筑施工单位参加了投标。E单位由于工作人员疏忽,于6月2日才提交了投标保证金。开标会于6月3日由该省建委主持,D单位在开标前向投资公司要求撤回投标文件。经过综合评选,最终确定B单位中标。双方按规定签订了施工承包合同。

问题:

(1)E单位的投标文件按要求应如何处理?为什么?

(2)对D单位撤回投标文件的要求应当如何处理,为什么?

(3)上述招标投标程序中,有哪些不妥之处?请说明理由。

第三节　建设工程项目投标

一、投标人

投标人是响应招标、参加投标竞争的法人或者其他组织。

1.投标人应具备的条件

投标人应当具备与投标项目相适应的技术力量、机械设备、人员、资金等方面的能力。参加投标项目应是投标人的营业执照中的经营范围所允许的,并且投标人要具备相应的资质等级。承包建设项目的单位应当持有依法取得的资质证书,并在其资质等级许可的业务范围内承揽工程,严禁超越本企业资质等级许可的业务范围或者以任何形式用其他企业的名义承揽工程。

招标人可以在招标文件中对投标人的资格条件做出规定,投标人应当具备招标文件规定的资格条件。如果国家对投标人的资格条件有规定的,应依照规定。对于参加建设项目设计、建筑安装、监理,以及主要设备、材料供应等投标的单位,必须具备以下条件:

①具有招标条件要求的资质证书,并为独立的法人实体。

②承担过类似建设项目的相关工作,并有良好的工作业绩和履约记录。

③财产状况良好,没有处于财产被接管、破产或其他关、停、并、转状态。

④最近3年都没有骗取合同及其他经济方面的严重违法行为。

⑤有良好的安全记录，投标当年内没有发生重大质量事故和特大安全事故。

2.联合体共同投标

《招标投标法》第三十一条规定："两个以上法人或者其他组织可以组成一个联合体，以一个投标人的身份共同投标。"在很多情况下，组成联合体能够发挥联合体各方的优势，有利于建设项目的进度控制、投资控制、质量控制。但是，联合投标应当是潜在投标人的自愿行为，也只有以自愿为基础，才能发挥联合体的优势。因此，招标人不得强制投标人组成联合体共同投标。

（1）联合体的资格

联合体各方均应当具备承担招标项目的相应能力。国家有关规定或者招标文件对投标资格条件有规定的，联合体各方均应当具备规定的相应资格条件。同一专业的单位组成联合体，应当按照资质等级较低的单位确定联合体的资质等级。例如，在3个投标人组成的联合体中，两个是甲级资质，一个是乙级资质，则联合体的资质等级为乙级。之所以这样规定，是促使资质优等的投标人组成联合体，保证招标质量，防止以优等资质获取招标项目，而由资质等级差的供货商或承包商来完成。

（2）法律责任

为了规范投标联合体各方的权利和义务，联合体各方应当签订书面的共同投标协议，确定各方拟承担的工作，并将共同投标协议连同投标文件提交招标人。如果中标的联合体内部发生纠纷，可以依据共同签订的协议加以解决。

联合体中标的，联合体各方应当共同与招标人签订合同。也就是说，不能以联合体中某一投标人的名义与招标人签订合同，而是联合体各方都必须共同与招标人签订合同，联合体各方对中标的项目承担连带责任。联合体中的某一方违反合同，招标人都有权要求其中的任何一方承担全部责任。

联合体各方在中标后承担的连带责任包括以下两种情况：

①联合体在接到中标通知书后未与招标人签订书面合同，放弃中标项目的（除不可抗力外），其已经提交的投标保证金不予退还，给招标人造成的损失超过投标保证金数额的，还应当对超过部分予以赔偿；未提交投标保证金的，联合体各方对招标人的损失承担连带赔偿责任。

②除不可抗力外，中标的联合体不履行与招标人签订的合同的，履约保证金不予退还，给招标人造成的损失超过履约保证金数额的，还应当对超过部分予以赔偿；没有提交履约保证金的，联合体各方应当对招标人的损失承担连带赔偿责任。

二、建设工程项目投标程序

1.调查研究与信息收集

调查研究主要是对投标和中标后履行合同有影响的各种客观因素、工程业主和监理工程师的资信，以及工程项目的具体情况等进行深入的了解和分析。这对投标决策有关键性的作用，具体包括以下几个方面：

①政策法律。投标人首先应当了解在招标投标活动和在合同履行中有可能涉及的法律、建设法规，也应当了解与项目有关的政治形势、国家政策等，如国家对该类项目采取的是鼓励政策还是限制政策。

②自然条件。自然条件包括工程所在地的地理位置、地形地貌、气象状况、气温、湿度、主导风向、年降水量，以及洪水、台风和其他自然灾害状况等。

③市场情况。市场情况主要包括建筑材料、施工机械设备、燃料、动力、水和生活用品的供应情况和价格水平；过去几年批发与零售物价指数及今后的变化趋势；劳务市场情况，如工人技术水平、工资水平、有关劳动保护和福利待遇的规定等；金融市场情况，如银行贷款的难易程度及银行贷款利率等。

④工程项目方面的情况。工程项目方面的情况包括工作性质、规模、发包范围，工程的技术规模和对材料性能、工人技术水平的要求，总工期及分批竣工交付使用的要求，施工现场的地形、地质、地下水位、交通运输、给排水、供电、通信条件等情况，工程项目资金来源，工程价款的支付方式，监理工程师的资历，等等。

⑤业主情况。业主情况包括业主的资信情况、履约态度、支付能力、在其他项目上有无拖欠工程款的情况、对实施的工程需求的迫切程度等。

⑥投标人内部情况。投标人对自己内部情况也应进行归纳整理。这些资料主要用于招标人要求的资格审查和本企业履行项目的可能性。

⑦竞争对手。掌握竞争对手的情况，是投标策略中一个很重要的环节，也是投标人参加投标能否获胜的重要因素。

2. 投标文件的编制

投标人应当按照招标文件的要求编制投标文件，投标文件应当对招标文件提出的实质性要求和条件做出响应。投标文件一般应包括以下内容：

①投标函或投标书。

②投标保函。它是投标人表示按招标文件履行义务所做的保证性措施。如未中标，可在一定期限内凭招标单位回执退还投标保函。

③工程报价表。它的内容因所采用的合同类型不同而异。对于单价合同，一般是将各项单价填写于工程量清单上。如果招标单位要求呈报单价分析表时，则需将主要的单价或全部单价都附于单价分析表上。

④投标单位准备在中标后负责该工程的组织机构及主要人员。若拟分包部分项目时，也须写明分包单位情况。

⑤施工计划。它包括施工方案及施工进度计划表，有时还要有劳动力或其他资源计划，或建议新的代替方案。

⑥其他附件及资料。这部分内容主要包括注册及所得税证明、承包商级别证明、合同协议书、投标签署人或全权代表，以及确认投标人财产和经济状况的金融机构名称、地点等。

⑦备忘录或补充合同条款。投标人通常在投标时不能对原标书条款随意取舍、修改或提出保留，以免影响中标，但可在中标后的合同谈判时讨论备忘项目。投标文件中可建议新的代替方案，但应说明其特点、效果及经济性。

3.投标文件的提交

投标人应在规定时间内将投标文件密封送达指定的地点。若发现投标文件有误,应在投标截止前用正式函件更正,否则以原投标文件为准。投标单位也可提出设计修改方案、合同条件修改意见,并做出相应的标价和投标文件,一起密封寄送至招标单位,供招标单位参考。

案例分析

某建设项目实行公开招标,招标过程中出现了下列事件。

事件1:招标方于5月8日发出招标文件,文件中特别强调,由于时间较紧,要求各投标人不迟于5月23日提交投标文件(确定5月23日为投标截止时间),并于5月10日停止出售招标文件,6家单位领取了招标文件。

事件2:招标文件中规定,如果投标人的报价高于标底15%以上,一律确定为无效标。招标方请咨询机构代为编制标底,并考虑投标人是否存在着为招标方垫资施工的情况编制了两个不同的标底,以适应投标人情况。

事件3:5月15日招标方通知各投标人,原招标工程中的土方量增加20%,项目范围也进行了调整,各投标人据此对投标报价进行计算。

事件4:招标文件中规定,投标人可以用抵押方式进行投标担保,并规定投标保证金额为投标价格的5%,不得少于100万元,投标保证金有效期同投标有效期。

事件5:按照5月23日的投标截止时间要求,外地的一个投标人于5月21日从邮局寄出了投标文件,由于天气原因5月25日招标人才收到投标文件;本地A公司于5月22日将投标文件密封加盖了本企业公章并由准备承担此项目的项目经理本人签字,按时送达招标方;本地B公司于5月20日送达投标文件后,5月22日又递送了降低报价的补充文件,补充文件未对5月20日送达文件的有效期进行说明;本地C公司于5月19日送达投标文件后,考虑自身竞争实力,于5月22日通知招标方退出竞标。

问题:请指出上述事件中不正确的处理方法,并写出正确做法。

第四节　建设工程项目开标、评标和中标

一、开标

开标是指招标人根据招标文件规定的时间和地点,开启所有投标人的投标文件,公开宣布投标人的名称、投标价格等内容。

1.开标的时间和地点

《招标投标法》第三十四条规定:"开标应当在招标文件确定的提交投标文件截止时间的同一时间公开进行;开标地点应当为招标文件中预先确定的地点。"之所以这样要求,是为了防止投标截止时间之后与开标之前有一段时间间隔。如果有间隔,则会给不法人员以可乘之

机，如在开标日期之前泄露投标文件中的内容。

开标地点应与招标文件中规定的一致，是为了防止投标人因不知地点变更而不能按要求准时提交投标文件。

在下面的情况下可以暂缓或推迟开标时间：

①招标文件发售后对原文件做了补充或修改。

②开标前发现有影响招标的不正当竞争行为。

③出现突发事件，如不可抗力等。

2. 招标人出席开标

《招标投标法》第三十五条规定："开标由招标人主持，邀请所有投标人参加。"主持人按照规定的程序负责开标的全过程。

邀请所有的投标人参加开标，可以使投标人了解开标是否依法进行，有助于使他们相信招标人不会任意做出不适当的决定；投标人还可以对比自己与其他投标人，衡量中标的可能性，这样对招标人的中标决定也有一定的监督作用。为了保证开标的公正性，一般还应邀请相关单位的代表参加开标，如评标委员会成员、监察部门代表等。

3. 开标程序

《招标投标法》第三十六条规定："开标时，由投标人或者其推选的代表检查投标文件的密封情况，也可以由招标人委托的公证机构检查并公证；经确认无误后，由工作人员当众拆封，宣读投标人名称、投标价格和投标文件的其他主要内容。招标人在招标文件要求提交投标文件的截止时间前收到的所有投标文件，开标时都应当当众予以拆封、宣读。开标过程应当记录，并存档备查。"

一般情况下，投标文件是以书面形式、加具签字并装入密封袋提交的。所以，无论是邮寄或直接送达开标地点，所有的投标文件都应是密封的。这是为了防止投标文件失密，导致相互串标、更改投标报价等违法行为发生。

二、评标

评标是依据招标文件的规定和要求，对投标文件所进行的审查、评审和比较。评标由招标人依法组建的评标委员会负责。

《招标投标法》第三十八条规定："招标人应当采取必要的措施，保证评标在严格保密的情况下进行。任何单位和个人不得非法干预、影响评标的过程和结果。"

1. 评标委员会

依法必须进行招标的项目，其评标委员会由招标人的代表和有关技术、经济等方面的专家组成，成员人数为5人以上的单数，其中技术、经济等方面的专家不得少于成员总数的三分之二。

评标专家应当从事相关领域工作满8年并具有高级职称或者具有同等专业水平，由招标人从国务院有关部门或者省、自治区、直辖市人民政府有关部门提供的专家名册或者招标代理机构的专家库内相关专业的专家名单中确定。一般招标项目可以采取随机抽取方式，特殊招标项目可以由招标人直接确定。与投标人有利害关系的人不得进入相关项目的评标委员会，已经进入的应当更换。

2. 评标程序

评标程序包括评标准备、初步评审和详细评审。

（1）评标准备

在评标前，评标委员会成员应当编制供评标使用的相应表格，认真研究招标文件，至少应了解和熟悉以下相关内容：

①招标的目标。

②招标项目的范围和性质。

③招标文件中规定的主要技术要求、标准和商务条款。

④招标文件规定的评标标准、评标方法和在评标过程中考虑的相关因素。

招标人或者其委托的招标代理机构应当向评标委员会提供评标所需的重要信息和数据。招标人设有标底的，标底应当保密，并在评标时作为参考。

（2）初步评审

①初步评审的内容。

初步评审的内容包括对投标文件的符合性评审、技术性评审和商务性评审。

a. 符合性评审。投标文件应实质上响应招标文件的所有条款、条件，无显著的差异或保留。所谓显著的差异或保留包括对工程的范围、质量及使用性能产生实质性影响；偏离了招标文件的要求，对合同中规定的业主的权利或者投标人的义务造成实质性的限制；纠正这种差异或者保留将会对提交了实质性响应要求的投标书的其他投标人的竞争地位产生不利影响。

b. 技术性评审。投标文件的技术性评审包括方案可行性评估和关键工序评估，劳务、材料、设备、质量控制措施评估，以及对施工现场周围环境污染的保护措施评估。

c. 商务性评审。投标文件的商务性评审包括投标报价校核，审查全部报价数据的正确性，分析报价构成的合理性，并与标底价格进行对比分析。修正后的投标报价经投标人确认后对其起约束作用。

②投标文件的澄清和说明。

评标委员会可以书面方式要求投标人对投标文件中含义不明确、对同类问题表述不一致或者有明显文字和计算错误的内容做必要的澄清或者说明，但澄清或说明不得超出投标文件的范围或者改变投标文件的实质性内容。

投标文件中的大写金额与小写金额不一致时，以大写金额为准；总价金额与单价金额不一致时，以单价金额为准，但单价金额小数点有明显错误的除外；对不同文字文本投标文件的解释发生异议的，以中文文本为准。

③否决投标的情况。

《评标委员会和评标方法暂行规定》规定了如下做否决投标处理的情况。

a. 在评标过程中，评标委员会发现投标人以他人的名义投标、串通投标、以行贿手段谋取中标或者以其他弄虚作假方式投标的，应当否决该投标人的投标。

b.在评标过程中，评标委员会发现投标人的报价明显低于其他投标报价或者在设有标底时明显低于标底，使得其投标报价可能低于其个别成本的，应当要求该投标人做出书面说明并提供相关证明材料。投标人不能合理说明或者不能提供相关证明材料的，由评标委员会认定该投标人以低于成本报价竞标，应当否决其投标。

c.投标人资格条件不符合国家有关规定和招标文件要求的，或者拒不按照要求对投标文件进行澄清、说明或补正的，评标委员会可以否决其投标。

d.评标委员会应当审查每一投标文件是否对招标文件提出的所有实质性要求和条件做出响应。未能在实质上响应招标的，应当予以否决。

e.如果投标人有重大偏差，也视为未能对招标文件做出实质性响应，做否决投标处理。

④投标偏差。

评标委员会应当根据招标文件，审查并逐项列出投标文件的全部投标偏差。投标偏差分为重大偏差和细微偏差。

重大偏差主要包括以下几种情况：

a.没有按照招标文件要求提供投标担保或者所提供的投标担保有瑕疵。

b.投标文件没有投标人授权代表签字和加盖公章。

c.投标文件载明的招标项目完成期限超过招标文件规定的期限。

d.明显不符合技术规格、技术标准的要求。

e.投标文件载明的货物包装方式、检验标准和方法等不符合招标文件的要求。

f.投标文件附有招标人不能接受的条件。

g.不符合招标文件中规定的其他实质性要求。

细微偏差是指投标文件在实质上响应招标文件要求，但在个别地方存在漏项或者提供了不完整的技术信息和数据等情况，并且补正这些遗漏或者不完整不会对其他投标人造成不公平的结果。细微偏差不影响投标文件的有效性。

评标委员会应当书面要求存在细微偏差的投标人在评标结束前予以补正。拒不补正的，在详细评审时可以对细微偏差做不利于该投标人的量化，量化标准应当在招标文件中规定。

（3）详细评审

经初步评审合格的投标文件，评标委员会应当根据招标文件确定的评标标准和方法，对其技术部分和商务部分做进一步评审。评标委员会完成评标后，应当向招标人提出书面评标报告，并推荐合格的中标候选人。招标人根据评标委员会提出的书面评标报告和推荐的中标候选人确定中标人，招标人也可以授权评标委员会直接确定中标人。

①评标方法。

目前主要的评标方法有低价中标法、综合评标法、性价比评标法和工程量清单评标法。

a.低价中标法。

低价中标的基本思想是在判断投标标的物能达到设计、施工要求的前提之下，本着经济的原则选出最低价者。

投标方中标的基本条件如下：

·投标文件符合招标文件要求。

·满足技术要求、保证质量、保证交货期、价格合理、有良好的执行合同能力和售后服务承诺。

·能够提供备品备件，选购件价格合理。

招标人需在招标文件中特别注明最低的投标报价将不作为中标的唯一条件。凡投标价格被评标委员会认为有低于成本价倾向的，评标委员会有权要求该投标单位做出书面澄清，否则将拒绝该标书。

低价中标法的优点主要是操作简单，目标明了，对招标、投标的导向性都比较强，一些政府招标项目就采取这样的办法。低价中标法的缺点是评标过程不量化，主观因素比较强，评标容易唯价格论。一旦招标文件对标书技术参数表述不全，或评标专家对技术细节查看得不细，就容易导致投标方以低价中标，然后通过降标准、换材料等方式将风险最终转嫁到业主身上，使建筑产品的质量受到威胁。

b.综合评标法。

综合评标法又称为综合打分法或综合折价法，在建设工程中一般指的是综合打分法。招标单位在招标文件中规定各项评标因素的评价标准，把投标单位业绩与信誉、商务报价、深化设计方案、施工组织设计、质量保证、工期保证等因素赋予不同的权重，用百分制打分的方法，最终评出优胜者。

在综合评标法中，评标因素主要有两个，即商务和技术。其中，商务因素包含了报价、工期(交货期)、质量、付款方式等因素；技术因素则包含了性能、方案、措施、售后服务、业绩实力和信誉等。因此，首先须设置确定两个评标因素在整个评标总分中所占的相对比例。

对于不同种类标的物的采购，招标要求不尽相同，其设置比重也相应不同，如果该项招标是以技术性能或工艺方案为主，即以质量为先，则技术类评标因素的分值比例就要高些；相反，如果对质量的要求不太高，则将服务评标因素的分值比例取得高些，以价格优先。

综合评标法的优点是定标过程所参照的因素比较综合，评标结果量化，说服力比较强；缺点是评标过程组织起来相对复杂一些，经济评审和技术评审均要求有一定的人数。另外，就以最终得分来排列评标结果而言，会出现几家投标单位得分很接近的现象，一些有实力的投标人会因为刻板的分数限制而失去机会。

c.性价比评标法。

性价比评标法是根据评标专家为各投标单位打出的代表投标标的物性能的直接得分，以及包括投标人信誉、综合实力在内的间接得分，两者相加作为性能得分，再根据投标报价，以合适的方法算出量化的"性价比"。性价比最高者为第一候选单位，由高向低顺序排列，若出现性价比得分相同的情况则低价优先。

目前，性价比评标法的应用经验还有待进一步积累，特别是如何对投标标的物的性能进行准确评价，如何设计评分项所对应的权重、分值等。

d.工程量清单评标法。

工程量清单评标法是一种工程计价方法，它的意义在于为建设项目的工程量的定价和结算提供依据。与传统的招标方式相比，采用工程量清单评标法的招标，能够有效地引入竞争机制，淡化标底的作用，在保证质量、工期的前提下，按《招标投标法》及有关条例规定，真正以"不低于成本"的合理低价选择中标方。

工程量清单评标法的优点是依靠市场和企业的实力通过竞争形成价格，根据这样的竞争价格，不仅避免了建设工程招标中弄虚作假、暗箱操作等违规行为，而且在此基础上选择合理低价者中标，特别有利于业主方对招标项目造价的控制，同时，也真正体现出公开、公平和公正。

工程量清单评标法的缺点是需要招标方在招标文件中提供招标工程量清单。如果是土建或安装等施工类招标项目，其工程量的计算是比较烦琐的，往往需要委托有资质的咨询公司来完成施工图纸的工程量的计算，准备时间比较长，还需要支付一定比例的费用。若招标文件或工程量清单存在一些不够明确的地方，容易给投标人造成歧义，使得投标人在投标报价时难以把握，并给今后的工程结算、价格调整留下隐患。

②评标报告。

评标报告是评标委员会评标结束后提交给招标人的决定中标的重要依据。在评标报告中，评标委员会不仅要推荐中标候选人，而且要说明推荐的理由。评标报告应包括以下内容：

a. 对投标人的技术方案评价，技术、经济风险分析。

b. 对投标人技术力量、设施条件评价。

c. 对满足评标标准的投标人的投标进行排序。

d. 需进一步协商的问题及协商应达到的要求。

三、中标

1. 中标通知书

《招标投标法》第四十五条规定："中标人确定后，招标人应当向中标人发出中标通知书，并同时将中标结果通知所有未中标的投标人。中标通知书对招标人和中标人具有法律效力。中标通知书发出后，招标人改变中标结果的，或者中标人放弃中标项目的，应当依法承担法律责任。"

《招标投标法》第四十一条规定："中标人的投标应当符合下列条件之一：（一）能够最大限度地满足招标文件中规定的各项综合评价标准；（二）能够满足招标文件的实质性要求，并且经评审的投标价格最低；但是投标价格低于成本的除外。"

此外，依法必须进行招标的项目，招标人应当自确定中标人之日起 15 日内，向有关行政监督部门提交招标投标情况的书面报告。

2. 签订合同

招标人与中标人应当自中标通知书发出之日起 30 日内，按照招标文件和中标人的投标文件订立书面合同。这样做一方面可以弥补中标通知书过于简单的缺陷；另一方面可以将招标文件和投标文件中的实质性内容进一步明晰化和条理化，并以合同形式统一固定下来，有利于明确双方的权利和义务关系，保证合同的履行。招标人和中标人不得再行订立背离合同实质性内容的其他协议。

中标人应当按照合同约定履行义务，完成中标项目。中标人不得向他人转让中标项目也不得将中标项目肢解后分别向他人转让。中标人按照合同约定或者经招标人同意，可以将中标项目的部分非主体、非关键性工作分包给他人完成。接受分包的人应当具备相应的资格条件，并不得再次分包。中标人应当就分包项目向招标人负责，接受分包的人就分包项目承担连带责任。

3.履约保证

《招标投标法》第四十六条规定："招标文件要求中标人提交履约保证金的，中标人应当提交。"

要求中标人提交一定金额的履约保证金，是招标人的一项权利。该保证金应以适当的格式和金额，采用现金、支票、履约担保书或银行保函的形式提供，其金额应足以督促中标人履行合同。

如果中标人拒绝提交履约保证金，可以视为放弃中标项目，应当承担违约责任。招标人可以从仍然有效的其余投标中选择排序最前的投标为中选的投标，但招标人也有权拒绝其余所有投标，并重新组织招标。

练习题

1.【单选题】关于确定中标人的说法，正确的是(　　　)。

A.招标人不得授权评标委员会直接确定中标人

B.中标人应当是投标报价最低的投标人

C.确定中标人之前，招标人可以与投标人就投标价格进行谈判

D.中标人的投标应当能够最大限度地满足招标文件中规定的各项条件

2.【单选题】依法应当招标的项目，在下列情形中，可以不进行施工招标的情形是(　　　)。

A.技术复杂，有特殊要求的

B.已通过招标方式选定的特许经营项目投资人依法能够自行建设、生产或者提供的

C.采购人自行建设、生产或者提供更为节省成本的

D.需要向原中标人采购工程、货物或者服务，否则所需费用将大幅增加的

3.【多选题】根据《招标投标法》，可以不进行招标的工程项目有(　　　)。

A.涉及国家秘密的工程项目

B.涉及抢险救灾的工程项目

C.利用扶贫资金实行以工代赈、需要使用农民工的工程项目

D.涉及国家安全的工程项目

E.国有企业开发建设的商住两用的工程项目

4.【单选题】下列建设工程项目中，属于依法必须进行招标的项目的是(　　　)。

A.使用预算资金100万元，并且该资金占投资额10%以上的项目

B.使用国有企业资金100万元，并且该资金占投资额10%以下的项目

C.使用预算资金300万元，并且该资金占投资额10%以上的项目

D.使用国有事业单位资金300万元，并且该资金占投资额10%以下的项目

5.【单选题】根据《招标投标法》，下列关于评标委员会组成的说法，错误的是(　　　)。

A.评标由招标人依法组建的评标委员会负责

B.依法必须进行招标的项目，其评标委员会由招标人的代表和有关技术、经济等方面的专家组成，成员人数为7人以上单数

C.依法必须进行招标的项目，其评标委员会中技术、经济等方面的专家不得少于成员总数的 2/3

D.评标委员会成员的名单在中标结果确定前应当保密

6.【单选题】关于招标方式的说法，正确的是(　　)。

A.公开招标是招标人以招标公告的方式邀请特定的法人或者其他组织投标

B.邀请招标是指招标人以投标邀请书的方式邀请五个以上特定的法人或者其他组织

C.省级人民政府确定的地方重点项目不适宜公开招标的，经省级人民政府批准，可以进行邀请招标

D.国有资金占控股或者主导地位的依法必须进行招标的项目一律公开招标

7.【单选题】工程建设项目施工招标的招标文件不包括(　　)。

A.招标项目的技术要求　　　　　　　　B.投标人资格审查标准

C.评标标准　　　　　　　　　　　　　D.施工组织方案

8.【单选题】关于招标文件澄清或者修改的说法，正确的是(　　)。

A.招标文件的效力高于其澄清或修改文件

B.澄清或者修改的内容可能影响投标文件编制的，招标人应在投标截止时间至少 15 日前澄清或者修改

C.澄清或者修改可以以口头形式通知所有获取招标文件的潜在投标人

D.澄清或者修改通知至投标截止时间不足 15 日的，在征得全部投标人同意后，可按原投标截止时间开标

9.【单选题】根据《招标投标法》，招标项目属于建设施工的，投标文件应当(　　)。

A.包括拟用于完成招标项目的机械设备　B.由投标人自行编制

C.完全响应招标文件各项要求　　　　　D.包括投标担保

10.【多选题】在建设工程招投标活动中，关于联合体投标的说法，正确的有(　　)。

A.联合体各方在同一招标项目中，既可以联合体名义招标，又可以自己名义招标

B.两个以上的个人可以组成联合体

C.招标人可以强制投标人组成联合体

D.在资格预审前，联合体可以增加成员

E.联合体各方就中标项目承担连带责任

11.【单选题】根据《招标投标法》，招标代理机构违反规定，泄露应当保密的与招标投标活动有关的情况和资料的，应处以(　　)的罚款。

A.5 万元以上 10 万元以下　　　　　　　B.5 万元以上 15 万元以下

C.5 万元以上 20 万元以下　　　　　　　D.5 万元以上 25 万元以下

12.【单选题】根据《招标投标法》，中标通知书自(　　)发生法律效力。

A.发出之日　　　B.作出之日　　　　C.盖章之日　　　　　D.收到之日

思考题

1.招标的种类有哪些?

2.建设工程招标方式有哪些?

3.简述评标程序。

4.投标人应该具备哪些条件？

5.公开招标和邀请招标有何条件？

6.何为投标联合体？联合体的资格和责任方面有什么规定？

案例分析题

案例一　某建设项目概算已批准，项目已列入地方年度固定资产投资计划，并得到规划部门批准，根据有关规定采用公开招标方式，确定招标程序如下。

①向建设部门提出招标申请。

②得到批准后，编制招标文件，招标文件中规定外地区单位参加投标需垫付工程款，垫付比例可作为评标条件，本地区单位不需要垫付工程款。

③对申请投标单位发出投标邀请函(4家)。

④投标文件递交。

⑤由地方建设管理部门指定有经验的专家与本单位人员共同组成评标委员会。为得到有关领导支持，各级领导人数占评标委员会的二分之一。

⑥召开投标预备会，由地方政府领导主持会议。

⑦投标单位报送投标文件时，A单位在投标截止时间之前3个小时，在原报送方案的基础上，又补充了降价方案，被招标方拒绝。

⑧应由政府建设主管部门主持，公证处派人监督，召开开标会。会议上只宣读3家投标单位的报价(另一家投标单位退标)。

⑨由于未进行资格预审，故在评标过程中进行资格审查。

⑩评标后评标委员会将中标结果直接通知了中标单位。

⑪中标单位提出因主管领导生病等原因，2个月后再签订承包合同。

问题：本案例中公开招标的程序有无不妥之处？如有不妥请改正。

案例二　某市政府计划建设一座新的图书馆，并决定通过公开招标的方式选取承建商。招标文件中规定了参与招标的资格要求、技术规格、合同条件等。A公司和B公司均有意参与此次招标。在准备投标文件的过程中，A公司发现招标文件中的一些技术要求过于模糊，因此向招标方提出了澄清请求。同时，B公司在未阅读所有招标文件的情况下，匆忙准备了投标书，并在截止日期前递交了投标书。在开标会议上，B公司得知自己的报价高于A公司，随即指责招标过程不公，认为招标方提前透露了某些信息给A公司。

问题：

(1)A公司提出澄清请求的行为是否符合《招标投标法》的规定？

(2)B公司没有仔细阅读招标文件而直接提交投标书的行为可能带来哪些后果？

(3)B公司指责招标过程不公的情况应该如何处理？

第七章

建设工程勘察、设计法律制度

🔊 学习目标

1. 掌握建设工程勘察、设计的概念。
2. 掌握建设工程勘察、设计文件的编制和审查的办法。
3. 了解建设工程勘察、设计的监督管理和法律责任。

第一节　建设工程勘察、设计法规概述

建设工程勘察是指根据建设工程的要求，查明、分析和评价建设场地的性质、地理环境特征和岩土工程条件，编制建设工程勘察文件的活动。建设工程勘察的基本内容包括工程测量、水文地质勘查和工程地质勘查等。建设工程勘察的任务是查明工程项目建设地点的地形地貌、地层土壤岩性、地质构造、水文条件等自然地质条件资料，做出鉴定和综合评价，为建设项目的选址、工程设计和施工提供科学可靠的依据。

建设工程设计是指根据建设工程的要求，对建设工程所需的技术、经济、资质、环境等条件进行综合分析和论证，编制建设工程设计文件的活动。在建设项目的选址和设计任务书已定的情况下，建设项目是否技术上先进和经济上合理，设计将起着决定作用。按我国现行规定，一般建设项目按初步设计和施工图设计两个阶段进行。对于技术复杂而又缺乏经验的项目，经主管部门指定，需增加技术设计阶段，对一些大型联合企业、矿区和水利枢纽，为解决总体部署和开发问题，还需进行总体规划设计或总体设计。施工图设计是工程设计的重要环节，施工图设计的内容，主要是根据批准的初步设计和技术设计，绘制出正确、完整和尽可能详尽的建筑、安装施工图纸，使得各有关方面能据此安排设备和材料的订货，制作各种非标设备以及安排施工。

在工程建设的各个环节中，勘察是基础，而设计是整个工程建设的核心，从事建设工程勘察、设计活动，应坚持先勘察、后设计、再施工的原则，这对保证建设工程质量和效益是至关重要的。

一、建设工程勘察、设计的基本原则

建设工程勘察、设计是一项技术性和政策性都很强的活动，除应坚持先勘察、后设计、再施工的原则外，还应坚持建设工程勘察、设计的基本原则，具体包括以下几个方面：

①建设工程勘察、设计应与社会、经济发展水平相适应，做到经济效益、社会效益和环境效益相统一。

②从事建设工程勘察、设计活动，应坚持先勘察、后设计、再施工的原则。

③建设工程勘察、设计单位必须依法进行建设工程勘察、设计，严格执行工程建设强制性标准，并对建设工程勘察、设计的质量负责。

④国家鼓励在建设工程勘察、设计活动中采用先进技术、先进工艺、先进设备、新型材料和现代管理方法。

二、建设工程勘察、设计的立法现状

建设工程勘察、设计法规是指调整建设工程勘察、设计活动中所产生的各种社会关系的法律规范的总称。目前，我国建设工程勘察、设计方面的立法主要由中华人民共和国住房和城乡建设部及相关部委的规章和规范性文件组成，主要有《中华人民共和国建筑法》《中华人民共和国合同法》《中华人民共和国招标投标法》《建设工程安全生产管理条例》《建设工程质量管理条例》《建设工程勘察设计管理条例》《建设工程勘察设计资质管理规定》《实施工程建设强制性标准监督规定》《建设工程勘察质量管理办法》《建筑工程设计文件编制深度规定》等。

案例一　建设工程勘察设计合同纠纷

某建筑工程公司与一家设计院签订了一份建设工程勘察设计合同，约定由该设计院负责对建筑工地进行勘察和设计。然而，在施工过程中，由于设计院的设计方案存在严重问题，导致工程无法正常进行，建筑工程公司因此遭受了重大损失。

建筑工程公司将设计院告上法庭，要求其赔偿损失。法院审理后认为，设计院作为专业设计机构，应当对其提供的设计方案的质量负责。由于设计方案存在问题，导致工程无法正常进行，设计院应当承担相应的赔偿责任。最终，法院判决设计院赔偿建筑工程公司的损失。

案例二　未按法规进行勘察导致的工程事故

一家建筑公司承接了一座商业大厦的建设工程。在施工前，该公司并没有依照相关法规对土壤、周边环境等进行充分的勘察。结果，在建设过程中发现地下有未标记的旧管线，导致了管线破裂和工程暂停。此外，大厦建成后出现倾斜的问题，调查后发现是由于土壤条件不符合建筑要求所致。

建筑公司因此面临了法律责任和经济赔偿，包括修复旧管线、重新进行地基处理，以及对已经建成的大厦进行结构加固等一系列补救措施。同时，由于没有遵守规定的勘察程序，建筑公司还受到了行政处罚。

案例三　勘察设计合同违约纠纷

某设计院与一家建筑公司签订了一份勘察设计合同，承诺按照约定时间提交工程所需的全部设计文件。然而，设计院因为内部管理混乱，未能按时完成设计工作，导致整个工程进度延误。

建筑公司因此向设计院提出索赔，要求其赔偿因延期交付设计文件而导致的工程延误和其他相关损失。法院审理认定设计院未履行合同中的约定义务，判决设计院支付违约金及相应的损失赔偿。

第二节　工程建设标准

标准是指对重复性事物和概念所做的统一性规定，以科学技术和实践经验的综合成果为基础，经有关方面协商一致，由主管机构批准，以特定形式发布，作为共同遵守的准则和依据。工程建设标准是指对基本建设中各类工程的勘察、规划、设计、施工、安装、验收等需要协调统一的事项所制定的标准。

制定和实施各项工程建设标准，并逐步使其各系统的标准形成相辅相成、共同作用的完整体系，即实现工程建设标准化，是实现现代化建设的重要手段，也是我国建设领域现阶段一项重要的经济、技术政策。工程建设标准可保证工程建设的质量及安全生产，全面提高工程建设的经济效益、社会效益和环境效益。

一、工程建设标准的种类

①按标准的内容划分，工程建设标准可分为技术标准、经济标准和管理标准3类。

②按适用范围划分，工程建设标准可分为国家标准、行业标准、地方标准和企业标准。

工程建设国家标准：指在全国范围内统一的技术要求，如通用的质量标准，通用的术语、符号、代号及建筑模数等。

工程建设行业标准：指在工程建设活动中，在工程建设行业范围内统一的技术要求，如行业专用的质量标准，专用的术语、符号、代号，专用的试验、检验及评定方法等。

工程建设地方标准：指工程建设活动中，根据当地的气候、地质、资源、环境等条件，在省、自治区、直辖市范围内统一的技术要求，但不得低于相应的国家标准或行业标准。

工程建设企业标准：指工程建设活动中，企业内部统一的技术要求，但不得低于国家标准、行业标准和地方标准。

③按执行效力划分，工程建设标准可分为强制性标准和推荐性标准。

强制性标准：指必须执行的标准，如工程建设勘察、规划、设计、施工及验收等通用的综合标准和质量标准等。

推荐性标准：指当事人自愿采用的标准，凡是强制性标准以外的标准皆为推荐性标准。

二、工程建设标准的制定与实施

1. 工程建设标准的制定原则

①遵守国家的有关法律、法规及相关方针、政策，密切结合自然条件，合理利用资源，充分考虑使用和维修的要求，做到安全适用、技术先进、经济合理。

②积极开展科学试验或测试验证。有关项目应纳入主管部门的科研计划，认真组织实施，写出成果报告。

③积极采用新技术、新工艺、新设备、新材料。经有关主管部门或受托单位鉴定，有完整的技术文件，且经实践检验的，应纳入标准。

④积极采用国际标准和国外先进标准。凡经认真分析论证或测试验证，并符合我国国情的，应纳入标准。

⑤条文规定严谨明确，文句简练，不得模棱两可。内容深度、术语、符号及计量单位等应前后一致，不得矛盾。

⑥注意与现行标准的协调。要遵守现行的工程建设标准，确有更改需要的，必须经过审批。工程建设标准中，不得规定产品标准的内容。

⑦发扬民主，充分讨论。对有关政策问题应认真研究、统一认识；对有争论的技术性问题，应在调查研究、试验验证或专题讨论的基础上，充分协商，才做结论。

2. 工程建设标准的审批和发布

①工程建设国家标准的审批和发布。工程建设国家标准由国务院建设行政主管部门审查批准，国务院标准化行政主管部门和建设行政主管部门联合发布。

②工程建设行业标准的审批和发布。工程建设行业标准由国务院有关行政主管部门审批、发布，并报国务院建设行政主管部门备案。

③工程建设地方标准的审批和发布。工程建设地方标准的制定、审批、发布方法，由省、自治区、直辖市人民政府规定。但标准发布后应报国务院建设行政主管部门和标准化行政主管部门备案。

④工程建设企业标准的审批和发布。工程建设企业标准由企业组织制定，并按国务院有关行政主管部门或省、自治区、直辖市人民政府的规定报送备案。

3. 工程建设标准的实施

工程建设标准的实施，不仅关系到建设工程的经济效益、社会效益和环境效益，而且直接关系到工程建设者、所有者和使用者的人身安全及国家、集体和公民的财产安全。因此，必须严格执行，认真监督。

相关法规规定，各级行政主管部门在制定有关工程建设标准时，不得擅自更改国家及行业的强制性标准；从事工程建设活动的部门、单位和个人，都必须执行强制性标准；对于不符合强制性标准的工程勘察成果报告和规划、设计文件，不得批准使用；不按标准施工，质量达不到合格标准的工程，不得验收。

工程质量监督机构和安全监督机构，应根据现行的强制性标准，对工程建设的质量和安全进行监督，当监督机构与被监督单位对适用的强制性标准发生争议时，由该标准的批准部门进行裁决。

各级行政主管部门应对勘察、设计、规划、施工单位及建设单位执行强制性标准的情况进行监督检查。国家机构、社会团体、企业、事业单位及全体公民均有权检举、揭发违反强制性标准的行为。

对于工程建设推荐性标准，国家鼓励自愿采用。采用何种推荐性标准，由当事人在工程合同中予以确认。

三、工程建设勘察、设计标准

根据《基本建设设计工作管理暂行办法》和《基本建设勘察工作管理暂行办法》的规定，工程勘察、设计标准包括工程建设勘察、设计规范和标准设计两种。

工程建设勘察、设计规范是强制性勘察、设计标准。"一经颁发，就是技术法规，在一切工程勘察、设计工作中都必须执行"。勘察、设计规范分为国家、部、省（自治区、直辖市）、设计单位4级。

标准设计是推荐性设计标准。一经颁发，建设单位和设计单位要因地制宜地积极采用，凡无特殊理由的不得另行设计。标准设计分为国家、部、省（自治区、直辖市）3级。

案例一　浙江"瘦身钢筋"事件

2009年，浙江省交通厅在一次例行检查中发现，某高速公路改建工程中使用的钢筋直径和间距不符合设计要求。调查结果显示，路桥工程有限公司为了节约成本，使用了比规定更细的钢筋，即所谓的"瘦身钢筋"。由于钢筋是保证桥梁承重的关键材料，这种违规行为严重威胁了桥梁的安全性能。该公司被责令对涉及路段进行返工，并支付了巨额罚款。

案例二　北京"7·21"基坑坍塌事故

2011年7月21日，北京市海淀区一处在建地下车库发生基坑坍塌事故，造成两名工人死亡。事后调查显示，事故原因是施工方李某俊、卢某、李某轮违反安全管理规定，私自修改了施工方案，导致支撑结构失稳。事故发生后，三人因重大责任事故罪被判处有期徒刑三年。

案例三　陕西榆林马某插手工程案

陕西省榆林市横山区双创办原主任马某利用职务之便，多次插手干预区内工程建设项目，并收受财物。其中，在某住宅小区建设项目中，马某违规指定了施工单位，并收受该单位贿赂。此行为被查处后，马某受到党纪国法的严肃处理，并被移送司法机关依法审判。

案例四　黑龙江某建工集团违规施工案

2013年，黑龙江省住房和城乡建设厅在检查中发现，某建工集团下属建筑有限公司在一项住宅楼工程施工中存在多项违规事实。包括楼梯板主筋设置不符合设计要求，灌注桩混凝土试件留置数量不足等，这些均违反了国家强制性标准。公司因此被处以罚款，并被要求对所有不合格工程进行返工处理。

第三节　工程设计文件的编制

一、编辑工程设计文件的依据

编制工程设计文件，应当以下列规定为依据：

①项目批准文件。

②城乡规划。

③工程建设强制性标准。

④国家规定的建设工程勘察、设计深度要求。

铁路、交通、水利等专业建设工程，还应当以专业规划的要求为依据。

二、设计阶段划分

设计阶段包括总体设计、初步设计、技术设计和施工图设计等。一般建设项目的设计可按初步设计和施工图设计两个阶段进行；技术复杂的建设项目，可按初步设计、技术设计、施工图设计3个阶段进行；存在总体部署问题的建设项目，如大型油田、矿区、垦区和联合企业等，在进行一般设计前还可进行总体规划设计或总体设计。

1.总体设计

总体设计一般由文字说明和设计图两部分组成，其内容包括建设规模、产品方案、原材料来源、工艺流程概况、主要设备配备、主要建筑物及构筑物、公用和辅助工程、"三废"治理及环境保护方案、占地面积估计、总图布置及运输方案、生活区规划、生产组织和劳动定员估计、工程进度和配合要求、投资估算等。总体设计的深度应满足初步设计、主要大型设备与材料的预安排、土地征用谈判的要求。

2.初步设计

初步设计一般应包括设计依据、设计指导思想、产品方案、各类资源的用量和来源、工艺流程、主要设备选型及配置、总图运输、主要建筑物和构筑物、公用及辅助设施、新技术采用情况、主要材料用量、外部协作条件、占地面积的土地利用情况、综合利用和"三废"治理、生活区建设、抗震和人防措施、生产组织和劳动定员、各项技术经济指标、建设顺序和期限、总概算等。

初步设计的深度应满足设计方案的比选和确定、主要设备材料订货、土地征用、基建投资的控制、施工招标文件的编制、施工图设计的编制、施工组织设计的编制、施工准备和生产准备等的要求。

3. 技术设计

技术设计的内容由有关部门根据工程的特点和需要自行制定,其深度应能满足确定设计方案中重大技术问题和相关试验、设备制造等方面的要求。

4. 施工图设计

施工图设计应根据已获批准的初步设计进行,其深度应能满足设备材料的安排和非标准设备的制作与施工、施工图预算的编制、施工等的要求,并应注明建设工程合理使用年限。

三、工程设计文件的内容和深度

《建筑工程设计文件编制深度规定》中规定,设计文件的编制必须贯彻执行国家有关工程建设的政策和法令,应符合国家现行的建设工程建设标准、设计规范和制图标准,遵守设计工作程序。各阶段设计文件要完整,内容、深度要符合规定,文字说明、图纸要准确清晰,整个文件经过严格校审,避免"错、漏、碰、缺"。

1. 方案设计

方案设计的内容包括以下几个方面:
①设计说明书,包括各专业设计说明及投资估算等内容。对于涉及建筑节能设计的专业,其设计说明应有建筑节能设计专门内容。
②总平面图及建筑设计图。
③设计委托或设计合同中规定的透视图、鸟瞰图、模型等。
方案设计的深度应能满足初步设计文件的编制及控制概算的需要。

2. 初步设计

(1)初步设计文件的组成
初步设计文件根据设计任务书进行编制,由设计说明书(包括设计总说明和各专业的设计说明书)、设计图、主要设备及材料表和工程概算书等18个部分组成,其编排顺序为封面、初步设计文件目录、设计说明书、设计图、主要设备及材料表、工程概算书等。
(2)初步设计文件的深度要求
①应符合已审定的设计方案。
②能据此确定土地征用范围。
③能据此准备主要设备及材料。
④应提供工程设计概算,作为审批确定项目投资的依据。
⑤能据此进行施工图设计。
⑥能据此进行施工准备。

3.施工图设计

（1）施工图设计的内容及要求

施工图设计应根据已批准的初步设计进行编制，内容以图纸为主，应包括封面、图纸目录、设计说明（或首页）、图纸、工程预算书等。施工图设计文件一般以子项为编排单位。各专业的工程计算书（包括计算机辅助设计的计算资料）应经校审、签字后，整理归档。施工图设计文件内容的具体要求如下：

①进一步完善、落实初步设计要求。

②由设计说明书、施工图纸、施工图预算组成。

③图纸绘制正确、完整，避免错、漏。

④尽可能采用标准设计。

⑤满足施工要求的建筑、结构、安装图纸与文件。

（2）施工图设计文件的深度要求

①能据此编制施工图预算。

②能据此安排材料、设备订货和非标准设备的制作。

③能据此进行施工和安装。

④能据此进行工程验收。

四、工程设计文件的编制及质量要求

计划任务书（设计任务书）是设计的主要依据。计划任务书的编制，要按有关规定执行，其深度应能满足开展设计的要求。设计单位必须积极参加设计任务书的编制、建设地址的选择、建设规划和试验研究等方面的前期设计工作。对有些重点项目，如大型水利枢纽、水电站、大型矿山、大型工厂、跨省区铁路干线和输油、输气管线等，在计划任务书未批准前，可根据长远规划的要求进行必要的资源补查、工程地质、水文勘察、经济调查和多种方案的技术经济比较等方面的准备工作，并从中了解和掌握有关情况，收集必要的设计基础资料，为编制设计文件做好准备。没有批准的设计任务书、资源报告、厂址选择报告，不能提供初步设计文件，更不能进行设计审批。没有批准的初步设计，不能提供设备订货清单和施工图设计文件。

根据《建设工程勘察设计管理条例》的规定，编制建设工程勘察文件，应当真实、准确，满足建设工程规划、选址、设计、岩土治理和施工的需要编制方案设计文件，应当满足编制初步设计文件和控制概算的需要；同时应当满足编制施工招标文件、主要设备材料订货和编制施工图设计文件的需要；还应当满足设备材料采购、非标准设备制作和施工的需要，并注明建设工程的合理使用年限。

五、设计文件的审批与修改

1.设计文件的审批

建设项目设计文件的审批实行分级管理、分级审批。根据《基本建设设计工作管理暂行办法》,设计文件具体审批权限规定如下:

①大中型建设项目的初步设计、总概算及技术设计,按照隶属关系,由国务院主管部门或省、自治区、直辖市审批。

②小型建设项目初步设计的审批权限,由主管部门或省、自治区、直辖市自行规定。

③总体规划设计的审批权限与初步设计的审批权限相同。

④各部直接代管下放项目的初步设计,以国务院主管部门为主,会同有关省、自治区、直辖市审查或者批准。

⑤施工图设计除主管部门规定要审查的外,一般不再审批,设计单位要对施工图的质量负责,并向生产、施工单位进行技术交底,听取意见。

2.设计文件的修改

设计文件是工程建设的主要依据,经批准后,就具有一定的严肃性,不得任意修改和变更。如果必须修改,则须经有关部门批准,其批准权限,视修改的内容所涉及的范围而定。根据《基本建设设计工作管理暂行办法》,修改设计文件应遵守以下规定:

①设计文件是工程建设的主要依据,经批准后不得任意修改。

②凡涉及计划任务书的主要内容,如建设规模、产品方案、建设地点、主要协作关系等方面的修改,须经原计划任务书审批机关批准。

③凡涉及初步设计的主要内容,如总平面布置、主要工艺流程、主要设备、建筑面积、建筑标准、总定员、总概算等方面的修改,须经原设计审批机关批准。修改工段须由原设计单位负责进行。

④施工图的修改须经原设计单位同意。建设单位、施工单位、监理单位都无权修改建设工程勘察、设计文件。确需修改的,应由原勘察、设计单位进行。经原勘察、设计单位同意,建设单位也可委托其他具有相应资质的建设工程勘察、设计单位修改,并由修改单位对修改的勘察、设计文件承担相应责任。

案例一

在建设一座高层住宅楼的项目中,设计团队提交的结构设计图纸未经过严格审核,存在计算错误。这些错误导致建筑物在实际施工中无法达到所需的承载力。最终,建筑物的部分结构不得不拆除重建,设计公司因此面临了巨额赔偿和声誉损失。

案例二

某基础设施项目的设计文件中忽略了对抗震设计规范的遵守,结果该项目在一次地震中遭受严重破坏。事后调查发现,设计团队没有遵循国家关于抗震设计的最新标准,导致整个项目的安全受到威胁。业主方要求设计单位承担所有修复费用，并在法庭上成功索赔。

案例三

在一个高速公路建设项目中，由于设计文件对路面排水系统的详细规划不足，导致该高速公路实际运营期间多次发生积水问题，严重影响交通安全。设计审查过程中也未能发现这一问题。事故发生后，设计单位被认定须为疏漏承担责任，并被迫支付了大量赔偿金来改善排水系统。

第四节 施工图的审查

施工图的审查是指国务院建设行政主管部门和省、自治区、直辖市人民政府建设行政主管部门依法认定的设计审查机构，根据国家的法律、法规、技术标准与规范，对施工图进行结构安全和强制性标准、规模执行情况等的独立审查。它是政府主管部门对建设工程勘察、设计质量监督管理的重要环节，是基本建设必不可少的程序，工程建设各方必须认真贯彻执行。

建设工程质量与社会公共利益和广大人民的生命财产安全息息相关。工程设计是整个建设工程的核心，对工程质量有着至关重要的作用。

当前，我国建设工程项目投资主体多元化，勘察、设计单位企业化等一系列改革使工程设计质量管理工作出现了新的情况，而工程设计质量也出现了一些新问题，一些业主及勘察、设计单位片面追求利益的最大化，忽视社会公共利益和国家利益。因此，在我国建立起施工图审查制度是十分必要的。

《建设工程质量管理条例》中规定，施工图审查的具体办法是由国务院建设行政主管部门、国务院其他有关部门制定。施工图未经审查批准的，不得使用。

建设工程施工图审查是建设工程必须进行和遵守的基本建设程序。施工图必须通过政策性审查和技术性审查后方可使用。政策性审查未通过的工程，不予以技术性审查；没有勘察审查的工程，不予以施工图审查；没有施工图审查的工程，不得办理施工许可。

一、施工图审查的范围及内容

1.施工图审查的范围

《建筑工程施工图设计文件审查暂行办法》（以下简称《暂行办法》）规定，凡属建设工程设计等级分级标准中的各类新建、扩建、改建的建设工程项目均须进行施工图审查。各地的具体审查范围，由各省、自治区、直辖市人民政府建设行政主管部门确定。

《建筑工程施工图设计文件审查要点（试行）》主要规定了进行民用建筑工程施工图技术性审查时的要点，工业建筑工程的施工图可根据工程的实际情况参照该要点进行审查。

2.施工图审查的内容

施工图审查的主要内容如下：
①建筑物的稳定性、安全性审查，包括地基和主体结构体系是否安全、可靠。
②是否符合消防、节能、环保、抗震、卫生、人防等有关强制性标准、规范。
③施工图是否达到规定的深度要求。
④是否损害公众利益。

二、施工图审查机构

1.施工图审查机构应具备的条件

施工图审查是一项专业性和技术性都非常强的工作，必须由政府主管部门审定批准的审查机构来承担，符合以下条件的机构方可申请承担审查工作：
①具有符合审查条件的工程技术人员组成的独立法人实体。
②有固定的工作场所，注册资金不少于20万元。
③有健全的技术管理和质量保证体系。
④地级以上城市(含地级市)的审查机构，具有符合条件的审查人员不少于6人；勘察、建筑和其他配套专业的审查人员不少于7人。县级城市的设计审查机构应具备的条件，由省级人民政府建设行政主管部门规定。
⑤审查人员应当熟练掌握国家和地方现行的强制性标准、规范。
设计审查人员必须具备下列条件：
①具有10年以上结构设计工作经历，独立完成过5项二级以上(含二级)项目工程设计的一级注册结构工程师、高级工程师，年满35周岁，最高不超过65周岁。
②有独立工作能力，并有一定语言文字表达能力。
③有良好的职业道德。

2.施工图审查机构的审批

凡符合规定条件的直辖市、计划单列市、省会城市的设计审查机构，由省、自治区、直辖市建设行政主管部门初审后，报国务院建设行政主管部门审批，并颁发施工图设计审查许可证；其他城市的设计审查机构由省级建设行政主管部门审批，并颁发施工图设计审查许可证。

取得施工图设计审查许可证的机构，方可承担施工图审查工作。

三、施工图审查的报送与要求

1.施工图审查的报送

在施工图完成后，建设单位应将施工图连同该项目批准立项的文件或初步设计批准文件及主要的初步设计文件一起报送建设行政主管部门，由建设行政主管部门委托有关审查机构进行审查。

建设单位报请施工图技术性审查的资料应包括以下主要内容：

①作为设计依据的政府有关部门的批准文件及附件。

②审查合格的岩土工程勘察文件。

③全套施工图(含计算书并注明计算软件的名称及版本)。

④审查需要提供的其他资料。

施工图审查是建设程序的审批环节，而非业主的市场行为。所以，只能向有审批权的机构申请政府主管部门报批，再由主管部门交由审查机构审查，而不能由业主自行委托审查机构审查。当然、最合理的做法应是政府认定了一批有资格、成熟可靠的审查机构后，由业主委托审查机构审查，政府依据审查结果再行审批。这样，可以增强审查机构的服务意识。

施工图审查包括消防、环保、抗震、卫生等内容，涉及不同行政主管部门的业务范围。为简化手续、提高办事效率，凡需进行消防、环保、抗震等专项审查的项目，应当逐步做到有关专业审查与结构安全性审查统一报送、统一受理，通过有关专项审查后，由建设行政主管部门统一颁发设计审查批准书，真正做到一个窗口对外办公。

2.施工图审查的要求

①审查机构在审查结束后，应向建设行政主管部门提交书面的项目施工图审查报告，报告应经审查人员签字、审查机构盖章。

②审查合格的项目，建设行政主管部门收到审查报告后，应及时向建设单位通报审查结果，并颁发施工图审查批准书；审查不合格的项目，由审查机构提出书面意见，并将施工图退回建设单位，交由原设计单位修改后，重新报送。

③审查机构在收到审查材料后，应在一个期限范围内完成审查工作，并提出工作报告。目前规定的具体审查期限：一般项目为20个工作日；特级、一级项目为30个工作日；重大及技术复杂项目可适当延长。

④施工图一经审查批准，不得擅自进行修改。如果遇特殊情况需要对审查的主要内容进行修改时，必须重新报请原审批部门委托审查机构审查，并经批准后方能实施。

⑤施工图审查费，由施工图审查机构向建设单位收取。

四、施工图审查各方的责任

如果设计文件出现质量问题，设计单位和设计人员承担直接责任，设计审查单位设计审查人员只负间接的监督责任。如果因施工图设计存在质量问题而造成损失，业主只向设计单位和设计人员追责，审查机构和审查人员在法律上并不承担赔偿责任。

1.勘察、设计单位及其设计人员的责任

勘察、设计单位及其设计人员必须对自己的勘察、设计文件的质量负责，这是《建设工程质量管理条例》和《建设工程勘察设计管理条例》等法规所明确的，也是国际上通行的规则，并不因通过了审查机构的审查就可免责。审查机构的审查只是一种监督行为，只对工程设计

质量承担间接的审查责任，其直接责任仍由完成设计的单位及个人负责。如果出现质量问题，设计单位及设计人员还必须依据实际情况和相关法律的规定，承担相应的经济责任、行政责任和刑事责任。

2. 审查机构及审查人员的责任

审查机构和审查人员在设计质量问题上的免责并不意味着审查机构和审查人员就不承担任何责任。权力和责任总是相对的，社会赋予的特有审查权，必须认真行使，这是对社会负责，如果放弃了权力和滥用权力，就要承担相应的责任。因此，对自己的失职行为，审查机构和审查人员必须承担直接责任，这些责任可分为经济责任、行政责任和刑事责任，将依据具体事实和相关情节依法认定。

《暂行办法》规定："施工图审查机构和审查人员应当依据法律、法规和国家与地方的技术标准认真履行审查职责……对玩忽职守、徇私舞弊、贪污受贿的审查人员和机构，由建设行政主管部门依法给予暂停或吊销其审查资格，并处以相应的经济处罚。构成犯罪的，依法追究其刑事责任。"

3. 政府主管部门的责任

依据相关法律规定，政府各级建设行政主管部门在施工图审查中享有行政审批权，主要负责行政监督管理和程序性审批工作，对设计文件的质量不承担直接责任，但对其审批工作的质量，负有不可推卸的责任，该责任具体表现为行政责任和刑事责任。对此，《建设工程勘察设计管理条例》规定："国家机关工作人员在建设工程勘察、设计活动的监督管理工作中玩忽职守、滥用职权、徇私舞弊，构成犯罪的，依法追究刑事责任；尚不构成犯罪的，依法给予行政处分。"

案例一

在某项住宅开发项目中，施工图未明确指出需要加固处理的部分旧楼基础。施工单位按照施工图进行施工，没有进行额外的地基加固。在建设过程中，由于旧楼基础承载力不足，导致相邻的一栋楼发生严重倾斜，甚至部分坍塌，造成人员伤亡和财产损失。事后调查发现，设计单位在制定施工图时未能充分考虑既有建筑物的结构状态，并且施工图审查过程也未能发现这一问题。因此，设计单位和审查机构被追究相关责任。

案例二

一家承包商根据业主提供的施工图完成了一项装修工程，但业主在验收时认为实际施工结果与施工图所示有显著差异。业主拒绝支付剩余工程款，并要求承包商重新施工以满足施工图的要求。双方最终对簿公堂，法院要求承包商按照施工图重新修正不符之处，同时判决业主需支付合理费用。此案例表明，施工图不仅需要详细准确，而且在实际施工中必须严格执行。

案例三

在一个大型商业中心的施工项目中，施工图在某些电气布线的标注上存在模糊不清的地方。施工单位按照自己的理解进行了布线，但在后续的检测中发现多处不符合安全标准的问题。由于这些问题源于施工图的不清晰，设计单位承认了错误，并与施工单位共同承担了返工的费用。这个案例凸显了施工图准确性对于工程质量和安全性的重要性。

第五节　建设工程勘察、设计的监督管理和法律责任

一、建设工程勘察、设计的监督管理

1. 监督管理机构

根据《建设工程勘察设计管理条例》的规定，国务院建设行政主管部门对全国的建设工程勘察、设计活动实施统一监督管理。国务院铁路、交通、水利等有关部门按照国务院规定的职责分工，负责全国有关专业建设工程勘察、设计活动的监督管理。

县级以上地方人民政府的建设行政主管部门对本行政区域内的建设工程勘察、设计活动实施监督管理，且交通、水利等有关部门在各自的职责范围内，负责本行政区域内有关专业建设工程勘察、设计活动的监督管理。任何单位和个人对建设工程勘察、设计活动中的违法行为都有权检举、控告、投诉。

2. 监督管理的内容

县级以上人民政府建设行政主管部门或交通、水利等有关部门应对施工图设计文件中涉及公共利益、公众安全、工程建设强制性标准的内容进行审查。未经审查批准的施工图设计文件，不得使用。

建设工程勘察、设计单位在其勘察、设计资质证书规定的业务范围内跨部门、跨地区承担勘察、设计任务的，有关地方人民政府及其所属部门不得设置障碍，不得违反国家规定收取任何费用。

二、建设工程勘察、设计的法律责任

1. 建设单位的法律责任

建设单位将建设工程勘察、设计业务发包给不具有相应资质等级的建设工程勘察、设计单位的，应责令改正，并处以 50 万元以上 100 万元以下的罚款。

2. 勘察、设计单位的法律责任

①非法承揽业务的责任。建设工程勘察、设计单位未取得资质证书承揽工程的，予以取缔。以欺骗手段取得资质证书承揽工程的，吊销其资质证书。对于超越资质等级许可的范围，或以其他勘察、设计单位的名义承揽勘察、设计业务，或者允许其他单位或个人以本单

位的名义承揽建设工程勘察、设计业务的，责令停业整顿，降低资质等级；情节严重的，吊销其资质证书。对于有上述各种行为的勘察、设计单位，还应处合同约定的勘察费、设计费1倍以上2倍以下的罚款，并没收其违法所得。

②非法转包的责任。建设工程勘察、设计单位将所承担的工程进行转包的，责令改正，没收违法所得，处合同约定的勘察费、设计费25%以上50%以下的罚款，责令其停业整顿，降低其资质等级；情节严重的，吊销其资质证书。

③不按规定进行设计的责任。对于不按工程建设强制性标准进行勘察、设计的单位，不按勘察成果文件进行设计，或指定建筑材料、建筑构配件生产厂、供应商的设计单位，责令其改正，并处10万元以上30万元以下的罚款。因上述行为造成工程事故的，责令停业整顿，降低资质等级；情节严重的，吊销资质证书；造成损失的，依法承担赔偿责任。

3.勘察、设计执业人员的法律责任

未经注册，擅自以注册工程勘察、设计人员的名义从事建设工程勘察、设计活动的，责令其停止违法行为；已经注册的执业人员和其他专业技术人员，但未受聘于一个建设工程勘察、设计单位或同时受聘于两个以上建设工程勘察、设计单位从事有关业务活动的，责令停止执行业务或吊销资格证书。对于上述人员，还要没收其违法所得，处违法所得2倍以上5倍以下的罚款；给他人造成损失的，依法承担赔偿责任。

4.国家机关工作人员的法律责任

国家机关工作人员在建设工程勘察、设计的监督管理工作中玩忽职守、滥用职权、徇私舞弊，构成犯罪的，依法追究刑事责任；尚不构成犯罪的，依法给予行政处分。

案例一

某办公楼项目在施工过程中发现地基承载力远远低于预期，造成建筑物不均匀沉降，墙体出现裂缝。调查结果显示，负责地质勘察的公司未能正确评估土壤状况，忽视了地下存在的软弱土层。因此，勘察公司被追究法律责任，并要求承担相应的经济赔偿。同时，监管机构因未能有效监督勘察工作而被批评。

案例二

一个住宅开发项目在竣工验收后出现多处质量问题，如墙体开裂、防水不良等。业主集体投诉后，监管部门介入调查，发现该项目的设计和施工单位均未严格遵守建筑规范和标准。监管部门承认在施工过程中的监管不足，并对设计和施工单位进行了处罚。此外，相关监管人员也因失职被追责。

✦ 练习题

1.【单选题】工程建设中拟采用的新技术、新工艺、新材料，可能影响建设工程质量和安全，又没有（　　　）的，应当由国家认可的检测机构进行试验、论证，出具检测报告，并经国务院有关部门或者省、自治区、直辖市人民政府有关部门组织的建设工程技术专家委员会审

定后,方可使用。

    A.国家技术标准   B.强制性标准

    C.行业质量标准   D.地方质量标准

2.【单选题】根据《建设工程质量管理条例》,设计文件应注明工程合理使用年限,该年限从( )之日起算。

    A.颁发施工许可证   B.工程竣工验收合格

    C.工程缺陷责任期届满   D.工程法定最低保修期届满

3.【单选题】关于设计单位质量责任和义务的说法,正确的是( )。

    A.设计单位可以不按照勘察成果文件进行建设工程设计

    B.有特殊要求的建筑材料,设计单位可以指定生产厂、供应商

    C.设计单位有权将其所承揽的工程交由资质等级更高的设计单位完成

    D.设计深度由设计单位确定

4.【单选题】根据《建设工程质量管理条例》,设计单位在设计文件中选用的建筑材料、建筑构配件和设备,应当( )。

    A.按照建设单位的指令确定   B.注明规格、型号、性能等技术指标

    C.注明生产厂、供应商   D.征求施工企业的意见

5.【单选题】设计单位在对工程设计文件进行编制时,应当根据实际情况,考虑施工安全操作和防护的需要,为施工单位制定( )提供技术保障。

    A.安全防护措施   B.安全操作规程

    C.施工方案   D.专项施工方案

6.【单选题·真题】根据《实施工程建设强制性标准监督规定》,对工程建设规划阶段执行强制性标准的情况实施监督的机构是( )。

    A.施工图设计文件审查单位   B.建筑安全监督管理机构

    C.建设项目规划审查机构   D.工程质量监督机构

7.【单选题】某医院为了节约建设投资,将建筑面积为3万平方米的外科大楼工程发包给了一家不具备相应资质等级的施工总承包单位。为此,该医院被责令改正,并处以罚款。罚款的数额应为( )。

    A.5万元以上10万元以下   B.10万元以上20万元以下

    C.20万元以上50万元以下   D.50万元以上100万元以下

8.【单选题】关于实施工程建设强制性标准的说法,正确的是( )。

    A.工程建设强制性标准均为关于工程质量标准的强制性条文

    B.工程建设中采用新技术、新工艺、新材料且没有国家技术标准的,可不受强制性标准的限制

    C.从事新建工程的建设活动,执行强制性标准

    D.工程建设中采用国际标准或者国外标准且我国未作规定的,可不受强制性标准的限制

9.【多选题】根据《建设工程质量管理条例》,建设工程竣工验收应当具备的条件有( )。

    A.有完整的技术档案和施工管理资料

    B.有勘察、设计、施工等单位分别签署的质量合格文件

C. 完成建设工程设计和合同约定的主要内容

D. 有施工企业签署的工程保修书

E. 有工程使用的全部建筑材料、建筑构配件和设备的进场试验报告

思考题

1. 简述建设工程勘察、设计的基本原则。

2. 工程建设标准有哪些？

3. 工程设计必须遵循哪些主要原则？

4. 施工图审查的主要内容有哪些？

案例分析题

案例一 某学校需要扩大校舍，经校方商讨决定，不做勘察，将四年前为第一个校舍所做的勘察成果提供给设计院作为设计依据，设计院根据校方的要求和设计资料、规范等文件进行设计。

校方将该工程的施工任务委托给李某所带的施工队进行施工，经过紧张施工，校舍在2009年2月竣工，4月投入使用。

校舍建成后使用一年就发现北墙地基沉陷明显，北墙墙体多处开裂，根据质量保修书的规定，校方与李某交涉，李某认为不是自身原因造成的，不予返修。该学校一纸诉状将李某告上法庭，请求判定李某按照施工质量保修的有关规定承担质量责任。李某不服，最终该案件进行了开庭审理。

问题：此案应如何处理？

案例二 某厂新建一车间，分别与市设计院和市建某公司签订设计合同和施工合同。工程竣工后厂房北侧墙壁发现裂缝。为此某厂向法院起诉市建某公司。经勘察，裂缝是由于地基不均匀沉降引起的。结论是结构设计图纸所依据的地质资料不准确，于是某厂又诉讼市设计院。市设计院答辩：设计院是根据某厂提供的地质资料设计的，不应承担事故责任。经法院查证：某厂提供的地质资料不是新建车间的地质资料，事故前设计院也不知道该情况。

问题：

(1) 事故的责任方是谁？

(2) 某厂所发生的诉讼费用应当由谁承担？

第八章
建设工程监理法律制度

学习目标

1. 了解建设工程监理法规的立法概况。
2. 掌握监理与各方的关系及法律责任。
3. 熟悉建设工程监理的范围、程序和内容。

第一节　建设工程监理概论

建设工程监理是指工程监理单位接受建设单位委托，依照法律、行政法规、有关的技术标准、设计文件和建设工程监理合同及建设工程承包合同，对承包单位工程质量、进度、安全和资金使用等方面，代表建设单位实施的监督和管理。

建设工程监理的实施者是专业化、社会化的监理单位。工程监理是一种特殊的、与其他工程建设活动有着明显区别的工程建设活动。监理单位只是在工程项目建设过程中，用自己的知识、技能和经验为建设单位提供监督管理服务，以满足建设单位对项目管理的需要。工程监理的工作是服务性的。

建设工程监理与政府的行政管理行为是不同的。建设行政主管部门对工程建设中的计划、规划、用地、环保、消防、安全、招标投标、工程质量验收和资质审查验证等整个过程和各个环节进行全面的监督管理，这种监督管理不是平等的，而是法律、法规规定必须服从的。

一、建设工程监理法规的立法概况

我国建设工程监理制度的建立与推行始于20世纪80年代。1988年，原建设部（现中华人民共和国住房和城乡建设部）提出建立专业化、社会化的社会建设监理制度，并在一些城市和产业部门开展了试点工作。随后，由原建设部及国务院相关部委制定了许多有关建设工程监理的部门规章和规范性文件，主要有《关于开展建设监理试点工作的若干意见》《关于进一步开展建设监理工作的通知》《工程建设监理规定》《关于印发〈建设工程监理合同（示范文本）〉的通知》。

111

2008 年 3 月 15 日，第十一届全国人民代表大会第一次会议通过《第十一届全国人民代表大会第一次会议关于国务院机构改革方案的决定》，批准《国务院机构改革方案》。方案规定，"中华人民共和国建设部"改为"中华人民共和国住房和城乡建设部"，简称"住房和城乡建设部"。

《中华人民共和国建筑法》明确规定，国家推行建设工程监理制度。国务院可以规定实行强制性监理的建筑工程的范围。这更确定工程监理在我国的地位，使建设工程监理制度在我国建设领域得到迅速发展并走上法治化轨道。《中华人民共和国建筑法》中有关工程监理的规定，成为我国监理法规中唯一由全国人民代表大会常务委员会通过的法律。

《建设工程质量管理条例》对建设工程监理的范围和责任做了相应规定。国家相关部委相继出台了《建设工程监理规范》《工程监理企业资质管理规定》和《建设工程监理范围和规模标准规定》等。这些法律、行政法规和部门规章，构成了建设工程监理法规体系，使我国的建设工程监理事业真正走上了健康发展的道路。

二、建设工程监理的原则

建设工程监理的原则主要有依法监理原则、独立公正原则和总监理工程师全权负责原则等。

1. 依法监理原则

有法可依、依法监理，才能保障监理制度的健康发展。自建设工程监理制度实施以来，我国已颁发了若干相关法律、法规和部门规章，建设工程监理活动应严格遵守这些法律、法规的有关规定。

2. 独立公正原则

独立公正原则是建设工程监理的基本职业道德准则。工程监理单位及其监理人员在对工程实施质量、进度、安全和资金使用等方面进行控制时，应当站在独立、公正的第三方立场上，做到公正廉洁，严格把关。同时，在处理建设单位与承包单位之间的纠纷时，做到不偏不倚，公平对待。总之，工程监理企业在建设工程监理过程中，应依照法规、有关合同、规范标准，独立公正地开展监理工作，维护建设单位和承包单位的合法权益。

3. 总监理工程师全权负责原则

总监理工程师是监理单位履行监理合同的全权负责人。总监理工程师根据监理合同赋予的权限，全权负责监理事务，并领导项目监理组开展工作。监理工程师具体履行监理职责。

三、建设工程监理的依据

1. 国家或部门制定并颁布的法律、法规、规章

监理单位应当依据法律、法规的规定，对承包单位实施监理。虽然监理单位是为建设单

位服务的，但对建设单位的违法、违规要求，监理单位应该拒绝。只有这样，才能体现监理独立公正的工作原则。总之，监理单位必须依法执业，既要维护建设单位的利益，也不能损害承包单位的合法利益。

2.国家现行的技术规范、技术标准、规程和工程质量验收规范

监理单位和监理工作人员进行监理工作的行为规范是《建设工程监理规范》。技术标准是工程建设标准的一种。工程建设标准可分为强制性标准和推荐性标准。需要说明的是，推荐性标准虽然是自愿采用的标准，但一经合同确认，就必须严格执行。

3.审查批准的建设文件、设计文件和设计图纸

施工单位依照设计文件和图纸施工，监理单位当然也应该按照设计文件和图纸对施工单位的活动进行监督管理。

4.依法签订的各类工程合同文件等

建设工程合同按合同签约对象内容的不同可划分为建设工程勘察、设计合同，建设工程施工合同，工程项目物资购销合同，建设项目借款合同，建设工程委托监理合同，等等。监理单位应当根据委托监理合同中所规定的监理工作的内容和权限，依据各类建设工程合同来开展监理工作，工作的主要内容是根据工程承包合同监督施工企业是否全面履行了建设工程承包合同规定的义务。

四、建设工程监理的任务

建设工程监理的任务概括起来就是"三控制、三管理、一协调"。

①"三控制"是工程建设监理的核心工作，就是进行项目目标控制，即质量控制、投资控制和工期控制。对任何一项工程来说，这三项目标很难同时达到最佳状态。因此，建设工程监理的任务就是根据业主的要求，尽可能实现整体最优。

②"三管理"主要是对建设工程合同管理、工程建设过程中有关信息的管理和安全管理。

③"一协调"是协调好参与工程建设各方的工作关系，这是监理顺利开展工作的前提。

案例一 监理公司的疏忽，采用了不符合国标的材料

在某城市的快速路建设项目中，一家知名的监理公司负责监督工程的施工质量。在施工过程中，由于监理团队的疏忽，未能发现施工方使用的部分沥青材料不符合国家标准。项目在短期内迅速竣工并投入使用，但不久后，路面开始出现大面积破损、坑洼不平的现象。这不仅影响了交通的正常运行，还对行人和车辆安全构成了威胁。经过调查，原因是沥青的黏结力不达标，无法承受实际的交通载荷。业主方不得不花费巨资进行修复，监理公司因此被起诉并被追究法律责任，不仅支付了巨额赔偿金，还损失了行业内的信誉。

案例二 监理单位人员与承包商私下交易，造成工程事故

在一项高楼大厦的建筑项目中，监理单位本应严格监管施工质量和现场安全。然而，监

理人员与承包商存在私下交易，放松了对施工安全的监管。在一次混凝土浇筑作业中，由于监理的放任，承包商未按照规范搭设安全防护网。结果，一块巨石从高处坠落，击中了下方的工人，造成多人死亡和重伤。事故调查揭露了监理与承包商之间的不当行为，两者均被追究刑事责任，相关责任人被判入狱，监理公司被取消资质，承包商也被罚款并要求停业整顿。这起事故引起了社会广泛关注，提高了对建设工程监理职责的重视程度。

案例三　监理单位的监管不力，导致整个项目严重延期

在一个大型住宅社区开发项目中，监理单位负责确保施工按照既定进度顺利进行。但由于监理单位的监管不力，未能及时发现和解决施工过程中出现的问题，导致整个项目严重延期。开发商因此面临向购房者支付违约金的压力，同时，项目的延期也影响了开发商的市场信誉。经过法律诉讼，法院判决监理单位赔偿开发商经济损失，并要求监理单位采取措施加强内部管理和监督流程，避免未来再次发生类似情况。

第二节　建设工程监理的范围、程序和内容

一、建设工程监理的范围

工程监理是指具有相关资质的监理单位受甲方的委托，依据国家批准的工程项目建设文件、有关工程建设的法律法规和工程建设监理合同及其他工程建设合同，代表甲方对乙方的工程建设实施监控的一种专业化服务活动。

《中华人民共和国建筑法》规定国务院可以规定实行强制性监理的工程范围。《建设工程质量管理条例》及《建设工程监理范围和规模标准规定》规定了现阶段我国必须实行工程建设监理的工作项目范围，具体包括以下几类工程。

1.国家重点建设工程

国家重点建设工程是指依据《国家重点建设项目管理办法》所确定的对国民经济和社会发展有重大影响的骨干项目。

2.大中型公用事业工程

大中型公用事业工程，是指项目总投资额在3000万元以上的下列工程项目。
①供水、供电、供气、供热等市政工程项目。
②科技、教育、文化等项目。
③体育、旅游、商业等项目。
④卫生、社会福利等项目。
⑤其他公用事业项目。

3. 成片开发建设的住宅小区工程

①建筑面积在50000平方米以上的住宅建设工程必须实行监理。

②建筑面积在50000平方米以下的住宅建设工程，可以实行监理，具体范围和规模标准，由省、自治区、直辖市人民政府建设行政主管部门规定。

③为了保证住宅质量，对高层住宅及地基、结构复杂的多层住宅应当实行监理。

4. 利用外国政府或者国际组织贷款、援助资金的工程

①使用世界银行、亚洲开发银行等国际组织贷款资金的项目。

②使用外国政府及其机构贷款资金的项目。

③使用国际组织或者外国政府援助资金的项目。

5. 国家规定必须实行监理的其他工程

学校、影剧院、体育场馆项目，以及项目总投资额在3000万元以上，关系社会公共利益、公众安全的下列基础设施项目，必须实行监理。

①煤炭、石油、化工、天然气、电力、新能源等项目。

②铁路、公路、管道、水运、民航及其他交通运输业等项目。

③邮政、电信枢纽、通信、信息网络等项目。

④防洪、灌溉、排涝、发电、引（供）水、滩涂治理、水资源保护、水土保持等水利建设项目。

⑤道路、桥梁、地铁和轻轨交通、污水排放及处理、垃圾处理、地下管道、公共停车场等城市基础设施项目。

⑥生态环境保护项目。

⑦其他基础设施项目，如学校、影剧院和体育场馆项目，不管总投资额是多少，都必须实行监理。

二、建设工程监理的程序

建设工程监理一般应按下列程序进行。

①编制建设工程监理规划。

②按建设工程进度、分专业编制建设工程监理细则。

③按照建设工程监理细则进行建设监理。

④参与工程竣工预验收，签署建设工程监理意见。

⑤建设工程监理业务完成后，向项目法人提交建设工程监理档案资料。

三、建设工程监理的内容

建设工程监理具有技术管理、经济管理、合同管理、组织管理和工作协调等多项业务职能。建设工程监理的内容在工程建设各阶段也都不尽相同。在工程建设的各个阶段，建设工

程监理的内容如下。

1. 建设前期监理的工作内容

①协助建设单位进行工程项目可行性研究。
②参与设计任务书的编制。

2. 设计阶段监理的工作内容

①优选设计方案、设计单位。
②审查设计文件。
③审查设计和概(预)算。

3. 施工招标阶段监理的工作内容

①协助建设单位做好与招标有关的一系列工作。
②协助建设单位与承建单位签订承包合同。

4. 施工阶段监理的工作内容

①审查承包单位报送的施工组织设计(方案)报审表,提出审查意见。
②审查承包单位现场项目管理机构的质量管理体系、技术管理体系和质量保证体系。
③分包工程开工前,审查分包单位资格报审表和有关资质资料。
④对承包单位报送的施工测量成果报验申请表经检查后予以签认。
⑤审查承包单位报送的工程形式报审表及相关资料,具备开工条件的,报建设单位并签发开工令。
⑥定期主持召开工地例会。工地例会是由项目监理机构主持的,在工程实施过程中针对工程质量、造价、进度和合同管理等事宜定期召开的,由有关单位参加会议。
⑦工程的质量控制、投资控制与进度控制工作。
⑧施工合同的管理工作。
⑨监理资料的管理工作。
⑩承担质量保修期监理工作时,应对工程质量缺陷进行分析并确定责任归属,对修复的工程质量进行验收并签署工程款支付证书,报建设单位。

案例一　监理范围不当导致的结构安全问题

在某办公楼的施工项目中,监理单位未能全面覆盖所有监管范围,特别是对电气安装工程的监理不足。具体来说,监理团队没有发现电线敷设不符合国家电气安装标准的问题。在项目投入使用后几个月,由于电线过载引发火灾,造成重大财产损失,并危及人员安全。事后调查结果指出,监理单位在签订监理合同时未能明确自己的责任范围,也未对专业工程进行足够的监督和检查。因此,监理单位被追究法律责任,并要求赔偿相关损失。

案例二　监理程序违规导致的工程质量隐患

在一项市政道路施工项目中,监理单位为了追求进度,忽略了规定的监理程序,未经充分审核就批准了施工单位的自检报告。结果，在实际使用中，路面出现了严重的开裂和沉降问题。调查发现，这是因为施工单位在地基处理上偷工减料，而监理单位未能按照规定程序进行严格把关。最终，监理单位因违反职业规范而被处以罚款，并要求其对损坏的道路进行修复。

案例三　监理内容缺失引发的环境事故

在一个大型水利工程项目中，监理单位在监理过程中忽视了环境保护这一重要内容。施工单位在施工期间未采取必要的环保措施，导致大量污水和泥浆直接排入附近河流，严重污染了水质并对生态环境造成了破坏。居民和环保组织对此提出强烈抗议。经过法律诉讼，监理单位和施工单位均被要求承担环境修复的责任，并进行经济赔偿。此案例强调了监理工作中环境保护内容的重要性，同时也提醒监理单位必须全面履行监理职责。

第三节　建设工程监理与各方的关系

建设工程监理活动中主要的当事人有业主、监理单位及承包商三方。这三方的工作关系是通过业主与监理单位的监理合同以及业主与承包商之间的承包合同来约定的。

一、业主与监理单位的关系

业主与监理单位的关系是委托和被委托的关系。业主和监理单位签订的是委托监理合同，合同中明确了监理人的工作范围、内容、时间、费用等，同时对双方的权利和义务都做了明确规定。

监理人受委托人(业主)的委托，按照监理合同的条件，独立、公正地行使监理的权利。委托人不能认为监理人是其委托的雇员，而去干涉监理人的正常工作，监理人的决定对委托人有同样的约束力。这是业主在处理与监理人的关系时应掌握的原则。

在业主与承包商签订的施工合同文件中，详细地规定了被委托的监理人的权利和职责，其中包括监理人对业主的约束权力和独立公正地执行合同的权力。应该特别注意的是，施工合同中赋予监理人的权利要与监理合同中赋予监理人的权利保持一致。

二、监理单位与承包商的关系

监理单位与承包商的关系是监理与被监理的关系。监理单位与承包商没有签订合同，但是，他们之间的关系在业主与承包商签订的合同条件中可以明确地体现出来。

监理工作的依据主要是建设工程委托监理合同和建设单位与承包商签订的承包合同。建设单位应委托监理单位对工程质量、费用监理、工程进度这 3 个目标进行全面控制和管理，并授予监理单位在这 3 个目标控制中的相应权利，这样才能真正发挥监理作用。在实施监理的工程项目中，监理单位是代表建设单位的现场管理者，为了明确建设工程合同双方的责任，避免出现不必要的合同纠纷，建设单位与承包商之间的各项联系工作，如果涉及建设工程合同，均应通过监理单位完成。只有这样，才能保证监理单位独立公正地做好监理工作，顺利完成工程建设任务。

监理单位作为独立于工程建设承包合同双方之外的第三方，必须依法执业，既要维护建设单位的利益，也不能损害承包商的合法利益。如果承包商不能接受监理机构的决定，其有权通过法律手段进行解决。这是法律上对承包商的保护。

另外，监理合同明文规定，监理人驻地监理机构及其职员不得接受监理工程项目施工承包人的任何报酬或者经济利益。监理人不得参与可能与合同规定的与委托人的利益相冲突的任何活动。这是监理工作的一个原则性问题。

三、业主与承包商的关系

业主与承包商的关系是雇佣与被雇佣的关系。业主与承包商签订的是建设工程施工合同。施工合同条款是业主与承包商关系的法律依据。业主和承包商都应按照合同条款的规定，对合同范围内工程履行自己的义务和职责。

业主通过合同将自己对承包商建设活动的监督管理权授予了监理单位，业主就不能再直接指挥承包商的施工活动。而承包商执行业主的指令同样也是违反合同的行为，监理工程师有权拒绝。

案例一　监理与业主关系紧张导致项目延误

在一项大型商业综合体建设项目中，业主对项目的质量和进度有非常高的要求。然而，由于设计方案的多次变更，项目进度开始落后。监理单位在与业主的沟通上存在困难，未能有效地传达施工方面临的实际问题和挑战，导致双方关系紧张。业主对监理单位的监管能力产生怀疑，并频繁干预施工决策，进一步拖慢了项目进度。最终，项目严重超期，监理单位被指责未能发挥应有的协调作用，被要求承担违约责任，并采取措施加强与业主的沟通和协作。

案例二　监理与承包商利益冲突导致质量问题

在某住宅小区建设项目中，监理单位发现承包商在建筑材料的采购上存在以次充好的现象。但是，由于监理单位的一部分人员接受了承包商的好处，没有如实报告这一情况。随着时间的推移，使用劣质材料的建筑部位出现了严重的质量缺陷。当真相大白时，业主对监理单位的信任完全崩溃，监理单位不仅被要求赔偿所有修复费用，还面临业内的信誉危机。此案例凸显了监理单位应维护业主利益的重要性及其在质量控制方面的职责。

案例三　监理未协调好设计与施工关系导致实施偏差

对于一座设计复杂的博物馆建筑工程，监理单位未能有效地协调设计单位与施工单位之间的关系。设计图纸中的一些细节在施工过程中难以实现，但监理单位没有及时反馈给设计单位，也未能提出合理的修改建议。这导致了实际施工与设计方案之间的重大偏差。最终，项目的竣工效果与设计师的原始愿景相去甚远，引起了业主和公众的不满。监理单位因此受到批评，并被迫与设计和施工单位共同寻找补救措施。

第四节　建设工程监理法律责任

一、当事人的权利

1. 监理人的权利

监理人在委托人委托的工程范围内，享有下列权利。

①选择工程总承包人的建议权。

②选择工程分包人的认可权。

③向委托人就有关工程建设事项，包括工程规模、设计标准、规划设计、生产工艺设计和使用功能要求的建议权。

④对工程设计中的技术问题，按照安全和优化的原则，向设计人提出建议。如果拟提出的建议可能会提高工程造价或延长工期，应当事先征得委托人的同意。当发现工程设计不符合国家颁布的建设工程质量标准或设计合同约定的质量标准时，监理人应当书面报告委托人并要求设计人更正。

⑤审批工程施工组织设计和技术方案，按照保质量、保工期和降低成本的原则，向承包人提出建议，并向委托人提出书面报告。

⑥主持工程建设有关协作单位的组织协调工作，重要协调事项应当事先向委托人报告。

⑦在征得委托人同意的情况下，监理人有权发布开工令、停工令、复工令，但应当事先向委托人报告。如果在紧急情况下未能事先报告，则应在 24 小时内向委托人做出书面报告。

⑧工程上使用的材料和施工质量的检验权。对于不符合设计要求和合同约定及国家质量标准的材料、构配件和设备，有权通知承包人停止使用；对于不符合规范和质量标准的工序、分部、分项工程和不安全施工作业，有权通知承包人停工整改、返工。承包人得到监理机构复工令后才能复工。

⑨工程施工进度的检查、监督权，以及工程实际竣工日期提前或超过工程施工合同规定的竣工期限的签认权。

⑩在工程施工合同约定的工程价格范围内，工程款支付的审核和签认权，以及工程结算的复核确认权与否决权。未经总监理工程师签字确认，委托人不支付工程款。

监理人在委托人授权下，可对任何承包人合同规定的义务提出变更。但是，如果变更严重影响工程费用、质量或进度，则须经委托人事先批准。在紧急情况下未能事先报委托人批准时，监理人也应尽快将所做的变更通知委托人。在监理过程中如果发现工程承包人员工作不力，监理机构可要求承包人调换有关人员。

在委托的工程范围内，委托人或承包人对对方的任何意见和要求（包括索赔要求），都必须首先向监理机构提出，由监理机构研究处置意见，再同双方协商确定。当委托人和承包人发生争议时，监理机构应根据自己的职能，以独立的身份判断，公正地进行调解。当双方的争议由政府建设行政主管部门调解或仲裁机构仲裁时，应当提供作证的事实材料。

2. 委托人的权利

①委托人有选定工程总承包人，以及与其订立合同的权利。

②委托人有对工程规模、设计标准、规划设计、生产工艺设计和设计使用功能要求的认定权，以及对工程设计变更的审批权。

③监理人调换总监理工程师须事先经委托人同意。

④委托人有权要求监理人提交监理工作月报及监理业务范围内的专项报告。

⑤当委托人发现监理人员不按监理合同履行监理职责，或与承包人串通给委托人或建设工程法规与案例分析工程造成损失的，委托人有权要求监理人更换监理人员，直到终止合同并要求监理人承担相应的赔偿责任或连带赔偿责任。

二、当事人的义务

1. 监理人的义务

①监理人按合同约定派出监理工作需要的监理机构及监理人员，向委托人报送委托的总监理工程师及其监理机构主要成员名单、监理规划，完成监理合同专用条款中约定的监理工程范围内的监理业务。在履行合同义务期间，应按合同约定定期向委托人报告监理工作。

②监理人在履行合同义务期间，应认真、勤奋地工作，为委托人提供与其水平相适应的咨询意见，公正地维护各方面的合法权益。

③监理人使用委托人提供的设施和物品属委托人的财产，在监理工作完成或中止时，应将其设施和剩余的物品按合同约定的时间和方式移交给委托人。

④在合同期内或合同终止后，在未征得有关方同意的情况下，不得泄露与本工程、本合同业务有关的保密资料。

2. 委托人的义务

①委托人在监理人开展监理业务之前应向监理人支付预付款。

②委托人应当负责工程建设的所有外部关系的协调，为监理工作提供外部条件。根据需要，如果将部分或全部协调工作委托监理人承担，则应在合同专用条款中明确委托的工作和相应的报酬。

③委托人应当在双方约定的时间内免费向监理人提供与工程有关的监理工作需要的工程资料。

④委托人应当在专用条款约定的时间内就监理人书面提交并要求做出决定的一切事宜做出书面决定。

⑤委托人应当授权一名熟悉工程情况，且能在规定时间内作出决定的常驻代表（在专用条款中约定）负责与监理人联系。更换常驻代表，要提前通知监理人。委托人派驻施工现场的常驻代表的职权不得与监理单位委派的总监理工程师职权相交叉。

⑥委托人应当将授予监理人的监理权利，以及监理人主要成员的职能分工、监理权限及时书面通知已选定的承包人，并在与第三人签订的合同中予以明确。

⑦委托人应在不影响监理人开展监理工作的时间内提供与本工程合作的原材料、构配件、设备等生产厂家名录，以及与本工程有关的协作单位和配合单位的名录。

⑧委托人应免费向监理人提供办公用房、通信设施、监理人员工地住房及合同专用条款约定的设施，对监理人自备的设施给予合理的经济补偿(补偿金额=设施在工程使用时间占折旧年限的比例×设施原值+管理费)。

⑨根据需要，如果双方约定，由委托人免费向监理人提供其他人员，应在监理合同专用条款中予以明确。

三、当事人的责任

1. 监理人的责任期

①监理人的责任期即委托监理合同有效期。在监理过程中，如果因工程建设进度的推迟或延误而超过书面约定的日期，双方应进一步约定延长相应的合同期。

②监理人在责任期内，应当履行约定的义务。如果因监理人过失而造成了委托人的经济损失，则监理人应当向委托人赔偿。累计赔偿总额不应超过监理报酬总额(除去税金)。

③监理人对承包人违反合同规定的质量要求和完工(交图、交货)时限，不承担责任。因不可抗力导致委托监理合同不能全部或部分履行，监理人不承担责任。但对违反监理人义务引起的与之有关的事宜，监理人应向委托人承担赔偿责任。

④监理人向委托人提出赔偿要求不能成立时，监理人应当补偿由该索赔导致的委托人的各种费用支出。

2. 委托人的责任

①委托人应当履行委托监理合同中约定的义务，如有违反，则应当承担违约责任，赔偿监理人的经济损失。监理人处理委托业务时，因非监理人的原因而受到损失的，可以向委托人要求补偿损失。

②如果委托人向监理人提出赔偿的要求不能成立，则应当补偿由该索赔引起的监理人的各种费用支出。

四、工程监理企业的法律责任

①工程监理企业未取得工程监理企业资质证书就承揽监理业务的，予以取缔，处合同约定的监理酬金1倍以上2倍以下的罚款；有违法所得的，予以没收。

②工程监理企业以欺骗手段取得工程监理企业资质证书承揽监理业务的，吊销资质证书，处合同约定的监理酬金1倍以上2倍以下的罚款；有违法所得的，予以没收。

③工程监理企业超越本企业资质等级承揽监理业务的，责令停止违法行为，处合同约定的监理酬金1倍以上2倍以下的罚款；责令停业整顿，降低资质等级；情节严重的，吊销资质证书；有违法所得的，予以没收。

④工程监理企业允许其他单位或者个人以本企业名义承揽监理业务的，责令改正，没收

违法所得，处合同约定的监理酬金1倍以上2倍以下的罚款；责令停业整顿，降低资质等级；情节严重的，吊销资质证书。

⑤工程监理企业转让监理业务的，责令改正，没收违法所得，处合同约定的监理酬金25%以上50%以下的罚款；责令停业整顿，降低资质等级；情节严重的，吊销资质证书。

⑥工程监理企业与建设单位或者施工单位串通，弄虚作假，降低工程质量或将不合格的建设工程、建筑材料、建筑构配件和设备按照合格签字的，责令改正，处50万元以上100万元以下的罚款，降低资质等级或者吊销资质证书；有违法所得的，予以没收；造成损失的，承担连带赔偿责任。

⑦工程监理单位与监理工程的施工承包商及建筑材料、建筑构配件和设备供应单位有隶属关系或者其他利害关系承担该项建设工程的监理业务的，责令改正，处5万元以上10万元以下罚款，降低资质等级或者吊销资质证书；有违法所得的，予以没收。责令停业整顿、降低资质等级和吊销资质证书的行政处罚，由颁发资质证书的机关决定；其他行政处罚，由建设行政主管部门或者其他有关部门依照法定职权决定。

案例一　监理疏忽导致重大安全事故

在某城市的地铁站施工项目中，监理单位负责确保施工安全和质量。然而，监理单位在施工过程中，监理工作存在严重疏忽，未能发现施工方违反安全规程的行为。特别是在深基坑支护工作中，监理未能检查和确认支护结构的稳定性。结果，基坑发生坍塌，造成多名工人受伤，其中一些工人伤势严重。事后调查显示，监理单位的失职是导致事故发生的主要原因之一。因此，监理单位及其相关人员被追究刑事责任，并面临重大的经济赔偿责任。此外，监理单位的执照被暂时吊销，相关监理工程师的执业资格也受到了影响。

案例二　监理单位未能发现设计缺陷导致的结构失败

在一项高速公路扩建工程中，监理单位负责监督施工质量。然而，监理单位未能识别出设计图纸中的一处关键错误，这个错误导致了新建路段在首次投入使用后不久出现了严重的沉降问题。由于这个问题，车道不得不关闭进行紧急修复，造成了巨大的经济损失和交通混乱。监理单位因未能履行其职责而被追究法律责任，并被要求支付修复成本和赔偿损失。

案例三　监理人员与施工单位串谋降低工程质量标准

在某城市的住宅开发项目中，监理人员与施工单位存在不当利益交换，监理人员同意降低工程质量标准以节省成本和加快进度。这种不正当行为导致了许多住宅单元楼在交付后出现漏水、裂缝和其他质量问题。当这些问题被曝光后，业主集体提起诉讼，要求赔偿。监理单位及其相关人员因违反职业道德和法律规定，被依法追究法律责任，并支付巨额罚款和赔偿金。

案例四　监理疏忽大意导致环境保护措施未落实

在一个环境敏感区域的旅游设施建设项目中，监理单位未能确保执行环境保护措施。施工单位在没有受到适当监督的情况下，未能遵守环保法规，导致施工过程中产生了大量未经处理的建筑废物和污水排放，对当地生态系统造成了损害。环保组织后介入调查。监理单位因疏忽大意而被追究法律责任，并被要求承担清理和修复环境的责任，以及支付相应的罚款。

练习题

1.【单选题·真题】关于建设工程依法实行工程监理的说法，正确的是(   )。

A.建设单位应当委托该工程的设计单位进行工程监理

B.建设单位应当委托具有相应资质等级的工程监理单位进行监理

C.工程监理单位不能与建设单位有隶属关系

D.工程监理单位不能与该工程的设计单位有利害关系

2.【单选题】根据《建设工程安全生产管理条例》，工程监理单位对施工组织设计中的安全技术措施或者专项实施方案的审查重点是(   )。

A.是否达到工程使用功能要求　　　　B.是否达到施工进度要求

C.是否符合工程建设强制性标准　　　D.是否达到造价控制目标

3.【多选题】下列建设工程安全生产责任中，属于工程监理单位安全职责的有(   )。

A.审查安全技术措施或专项施工方案　B.编制安全技术措施或专项施工方案

C.对施工现场的安全生产负总责　　　D.对施工安全事故隐患提出整改要求

E.出现安全事故，负责成立事故调查组

4.【多选题】工程监理单位与被监理工程的(   )有隶属关系或其他利害关系的，不得承担该项建设工程的监理业务。

A.建设单位　　　B.设计单位　　　　C.施工承包单位

D.建筑材料、建筑构配件供应单位　　E.设备供应单位

5.【单选题】根据《建设工程质量管理条例》，关于工程监理单位质量责任和义务的说法，正确的是(   )。

A.监理单位不得与被监理工程的设计单位有利害关系

B.监理单位对施工质量实施监理，并对施工质量承担监理责任

C.未经总监理工程师签字，建筑材料不得在工程上使用

D.施工图深化文件是监理工作的主要依据

6.【单选题】某监理公司在工程实施过程中，违反强制性标准规定，将建设单位采购的不合格建筑材料按照合格予以签字。对该监理公司可处以的行政处罚不包括(   )。

A.责令改正　　　　　　　　　　　　B.降低资质等级

C.吊销资质证书　　　　　　　　　　D.责令停业整顿

7.【单选题】某监理单位与施工单位弄虚作假，将不合格的建筑材料按照合格签字，降低了工程质量。为此，该监理单位受到了相应的处罚及罚款，适宜的罚款数额应为(   )。

A.10万元以上50万元以下　　　　　　B.20万元以上50万元以下

C.50万元以上100万元以下　　　　　　D.100万元以上200万元以下

思考题

1. 建设工程监理的原则是什么？
2. 简述建设工程监理的任务。
3. 在工程建设的各个阶段，建设工程监理的内容有哪些？
4. 工程监理企业的法律责任有哪些？

案例分析题

案例一 某27层大型商住楼工程项目，建设单位A将其实施阶段的工程监理任务委托给B监理公司进行监理，并通过招标决定将施工承包给施工单位C。在施工准备阶段，由于资金紧缺，建设单位A向设计单位提出修改设计方案、降低设计标准，以便降低工程造价和投资的要求。设计单位为此将基础工程及装饰工程设计标准降低，减少了原设计方案的基础厚度。

问题： 通常对于设计变更，监理工程师应如何控制？应注意些什么问题？

案例二 某工程项目预定于2021年4月2日开工。在开工前，承包商将编制好的施工组织设计报送建设单位。建设单位委派总监理工程师负责审核，总监理工程师组织专业监理工程师审查，将审定满足要求的施工组织设计报送当地建设行政主管部门备案。在施工过程中，承包商提出施工组织设计改进方案，经建设单位技术负责人审查批准后，实施改进方案。

问题：

(1)上述内容中有哪些不妥之处？正确的做法是什么？

(2)对规模大、结构复杂的工程，项目监理机构对施工组织设计审查后，还应怎么办？

第九章

建设工程质量管理法律制度

学习目标

1. 了解我国现行的建设工程质量管理的基本制度。
2. 掌握建设工程质量标准化管理制度。
3. 掌握施工单位的质量责任和义务。
4. 熟悉建设单位，勘察、设计单位，施工单位，监理单位，政府部门等的质量责任和义务。
5. 掌握建设工程竣工验收制度。
6. 了解建设工程质量保修制度和住宅室内装饰装修质量管理制度。

第一节　建设工程质量标准化管理制度

建筑工程质量是指在国家现行的有关法律、法规、技术标准、设计文件和合同中，对工程的安全、适用、经济、环保、美观等特性的综合要求。建设工程的质量，不但关系到生产经营活动的正常运行，也关系到人民生命财产安全。

建设工程是人们日常生活、生产、经营、工作的主要场所，是人类生存和发展的物质基础。党中央、国务院对基础设施和各种建设工程的质量问题极为关心，多次强调质量责任重于泰山，要抓好工程质量，决不能搞"豆腐渣工程"。建设工程一旦出现质量问题，特别是发生重大垮塌事故，就会危及人民生命财产安全，损失巨大，影响恶劣，因此，"百年大计，质量第一"，必须确保建设工程的安全可靠。学习建设工程质量管理制度，做好质量管理工作在任何时代都具有十分重要的意义。

我国建设工程质量管理制度主要有建设工程质量标准化管理制度、建设工程的质量监督管理制度、建设工程质量的检测制度、建筑材料使用许可制度、建设工程质量验评和奖励制度、企业质量体系和产品质量体系认证制度等。我国建设工程质量管理法律法规主要有《中华人民共和国标准化法》《中华人民共和国建筑法》《中华人民共和国标准化法实施条例》《中国质量奖管理办法》《中华人民共和国产品质量认证管理条例》《工程建设行业标准管理办法》《建设工程质量管理条例》《房屋建筑工程质量保修办法》和《中华人民共和国产品质量法》等。

一、标准及标准化

1. 标准

标准是为了在一定的范围内获得最佳秩序，经协商一致制定并由公认机构批准，共同使用的和重复使用的一种规范性文件。

2. 标准化

标准化的定义是，为在一定的范围内获得最佳秩序，对实际的或潜在的问题制定共同和重复使用的规则的活动。

为了加强标准化工作，提升产品和服务质量，促进科学技术进步，保障人民人身健康和生命财产安全，维护国家安全、生态环境安全，提高经济社会发展水平，制定《中华人民共和国标准化法》(以下简称《标准化法》)。2017 年对《标准化法》进行了修订。

3. 工程建设标准

工程建设标准是指为在工程建设领域内获得最佳秩序，对建设工程的勘察、规划、设计、施工、安装、验收、运营维护及管理活动和结果等需要协调统一的事项所制定的共同的、重复使用的技术依据和准则。

二、工程建设标准的分级和分类

1. 工程建设标准的分级

《标准化法》规定，我国的标准包括国家标准、行业标准、地方标准和团体标准、企业标准。国家标准分为强制性标准、推荐性标准。行业标准、地方标准是推荐性标准。

强制性标准必须执行。国家鼓励采用推荐性标准。

(1) 工程建设国家标准

国家标准是对需要在全国范围内统一的技术要求制定的标准。对保障人身健康和生命财产安全、国家安全、生态环境安全，以及满足经济社会管理基本需要的技术要求，应当制定强制性国家标准。对满足基础通用、与强制性国家标准配套、对各有关行业起引领作用等需要的技术要求，可以制定推荐性国家标准。强制性标准以外的标准是推荐性标准。强制性标准一经颁布，必须贯彻执行，否则对造成恶劣后果或重大损失的单位和个人，要受到经济制裁或承担法律责任。

2020 年 1 月国家市场监督管理总局发布的《强制性国家标准管理办法》规定，强制性国家标准的技术要求应当全部强制，并且可验证、可操作。

根据《工程建设国家标准管理办法》，下列标准属于强制性国家标准的范围：①工程建设勘察、规划、设计、施工(包括安装)及验收等通用的质量要求；②工程建设通用的有关安全、卫生和环境保护的标准；③工程建设通用的术语、符号、代号、量与单位、建筑模数和制图方法标准；④工程建设通用的试验、检验和评定方法等标准；⑤工程建设通用的信息技术标准；⑥国家需要控制的其他工程建设通用的标准。

强制性国家标准由国务院批准发布或者授权批准发布。推荐性国家标准由国务院标准化行政主管部门制定。

（2）工程建设行业标准

对没有推荐性国家标准、需要在全国某个行业范围内统一的技术要求，可以制定行业标准。

行业标准由国务院有关行政主管部门制定，报国务院标准化行政主管部门备案。

（3）工程建设地方标准和团体标准

为满足地方自然条件、风俗习惯等特殊技术要求，可以制定地方标准。

地方标准由省、自治区、直辖市人民政府标准化行政主管部门制定；设区的市级人民政府标准化行政主管部门根据本行政区域的特殊需要，经所在地省、自治区、直辖市标准化行政主管部门批准，可以制定本行政区域的地方标准。地方标准由省、自治区、直辖市人民政府标准化行政主管部门报国务院标准化行政主管部门备案，由国务院标准化行政主管部门通报国务院有关行政主管部门。

国家鼓励学会、协会、商会、联合会、产业技术联盟等社会团体协调相关市场主体共同制定满足市场和创新需要的团体标准，由本团体成员约定采用或者按照本团体的规定供社会自愿采用。

制定团体标准，应当遵循开放、透明、公平的原则，保证各参与主体获取相关信息，反映各参与主体的共同需求，并应当组织对标准相关事项进行调查分析、实验、论证。

（4）工程建设企业标准

企业可以根据需要自行制定企业标准，或者与其他企业联合制定企业标准。国家支持在重要行业、战略性新兴产业、关键共性技术等领域利用自主创新技术制定团体标准、企业标准。

国家鼓励社会团体、企业制定高于推荐性标准相关技术要求的团体标准、企业标准。

不符合强制性标准的产品、服务，不得生产、销售、进口或者提供。

2. 工程建设标准的分类

（1）根据标准的约束性划分

根据标准的约束性划分为强制性标准和推荐性标准。

（2）根据标准的内容划分

①设计标准：从事工程设计所依据的技术文件。

②施工标准及验收标准：施工标准是指施工操作程序及其技术要求的标准；验收标准是指检验、接收竣工工程项目的规程、办法与标准。

③建设定额：国家规定的消耗在单位建筑产品上活劳动和物化劳动的数量标准，以及用货币表现的某些必要费用的额度。

（3）根据标准的属性划分

①技术标准：对标准化领域中需要协调统一的技术事项所制定的标准。

②管理标准：对标准化领域中需要协调统一的管理事项所制定的标准。

③工作标准：对标准化领域中需要协调统一的工作事项所制定的标准。

需要说明的是，标准、规范、规程都是标准的表现方式，习惯上统称为标准。当针对产品、方法、符号、概念等基础标准时，一般采用"标准"，如《公路工程技术标准》（JTGB 01—2014）；当针对工程勘察、规划、设计、施工等通用的技术事项做出规定时，一般采用"规范"，如《混凝土结构设计规范》（GB 50010—2010）、《建筑设计防火规范》（GB 50016—2014）；当针对操作、工艺、管理等专用技术要求时，一般采用"规程"，如《普通混凝土配合比设计规程》（JGJ 55—2011）等。

此外，在实践中还有推荐性的工程建设协会标准。

三、工程建设标准的审批发布和编号

1. 工程建设国家标准

工程建设国家标准的编号由国家标准代号、发布标准的顺序号和发布标准的年号组成。强制性国家标准的代号为"GB"，推荐性国家标准的代号为"GB/T"。例如：《钢筋混凝土用钢第 2 部分：热轧带肋钢筋》（GB 1499.2—2018），其中 GB 表示为强制性国家标准，1499.2 表示标准发布的顺序号，2018 表示 2018 年批准发布。

2. 工程建设行业标准

行业标准由国务院有关行政主管部门制定。行业标准在全国某个行业范围内适用。各行业有各行业的标准代号，表 9-1 是我国部分行业的标准代号。如建材行业标准（代号为JC）由国家建筑材料工业局制定，石油化工行业标准（代号为 SH）由国家石油和化学工业局制定。例如《普通混凝土配合比设计规程》（JGJ 55—2011）和《砂浆、混凝土防水剂》（JC 474—2008）。

表 9-1　部分行业的标准代号

行业名称	标准代号	行业名称	标准代号
建筑工业建设工程	JGJ	石油化工行业	SH
建筑工业行业	JG	机械行业	JB
建材行业	JC	电力行业	DL
能源部、水利部	SD	水利行业	SL
公路水路运输行业	JT	城镇建设行业	CJ

3. 工程建设地方标准

地方标准是指对没有国家标准和行业标准而又需要在省、自治区、直辖市范围内统一工业产品的安全、卫生要求所制定的标准，地方标准在本行政区域内适用，不得与国家标准和行业标准相抵触。国家标准、行业标准公布实施后，相应的地方标准即行废止。

地方标准的代号为"DB"。例如《预拌混凝土技术规程》（DB21/T 1304—2012）（注：这里的"21"代表辽宁省地方标准代号）。

4. 工程建设企业标准

对于没有国家标准、行业标准和地方标准的产品，企业应当制定相应的企业标准。企业标准是企业组织生产、经营活动的依据。企业标准在该企业内部适用。

企业标准的代号为"Q"。如《预应力钢丝和钢绞线用优质钢热轧盘条》（Q/ASB 136—2004）。

四、工程建设强制性标准实施的规定

工程建设标准制定的目的在于实施，否则，再好的标准也是一纸空文。我国工程建设领域所出现的各类工程质量事故，大都是没有贯彻或没有严格贯彻强制性标准的结果。因此，《标准化法》规定，强制性标准必须执行。《中华人民共和国建筑法》规定，建筑活动应当确保建筑工程质量和安全，符合国家的建设工程安全标准。

1. 工程建设各方主体实施强制性标准的法律规定

《中华人民共和国建筑法》第五十四条规定："建设单位不得以任何理由，要求建筑设计单位或者建筑施工企业在工程设计或者施工作业中，违反法律、行政法规和建筑工程质量、安全标准，降低工程质量。建筑设计单位和建筑施工企业对建设单位违反前款规定提出的降低工程质量的要求，应当予以拒绝。"

《建设工程质量管理条例》规定了建设单位、勘察单位、设计单位、施工单位、工程监理单位各方主体实施强制性标准的法律规定。

建设单位不得明示或者暗示设计单位或者施工单位违反工程建设强制性标准，降低建设工程质量。

勘察、设计单位必须按照工程建设强制性标准进行勘察、设计，并对其勘察、设计的质量负责。建筑工程设计应当符合按照国家规定制定的建筑安全规程和技术规范，保证工程的安全性能。勘察、设计文件应当符合有关法律、行政法规的规定和建筑工程质量、安全标准，建筑工程勘察、设计技术规范以及合同的约定。设计文件选用的建筑材料、建筑构配件和设备，应当注明其规格、型号、性能等技术指标，其质量要求必须符合国家规定的标准。

施工单位必须按照工程设计图纸和施工技术标准施工，不得擅自修改工程设计，不得偷工减料。施工单位必须按照工程设计要求、施工技术标准和合同约定，对建筑材料、建筑构配件、设备和商品混凝土进行检验，检验应当有书面记录和专人签字；未经检验或者检验不合格的，不得使用。

建筑工程监理应当依照法律、行政法规及有关的技术标准、设计文件和建筑工程承包合同，对承包单位在施工质量、建设工期和建设资金使用等方面，代表建设单位实施监督。工程监理人员认为工程施工不符合工程设计要求、施工技术标准和合同约定的，有权要求建筑施工企业改正。工程监理人员发现工程设计不符合建筑工程质量标准或者合同约定的质量要求的，应当报告建设单位要求设计单位改正。

2. 工程建设标准强制性条文的实施

在工程建设标准的条文中，使用"必须""严禁""应""不应""不得"等的属于强制性标准的用词，而使用"宜""不宜""可"等的一般不是强制性标准。但在工作实践中，强制性标准与推荐性标准的划分仍然存在一些困难。

《实施工程建设强制性标准监督规定》规定，在中华人民共和国境内从事新建、扩建、改建等工程建设活动，必须执行工程建设强制性标准。工程建设强制性标准是指直接涉及工程质量、安全、卫生及环境保护等方面的工程建设标准强制性条文。国家工程建设标准强制性条文由国务院住房城乡建设主管部门会同国务院有关主管部门确定。

我国目前实行的强制性标准包含以下三部分。

①批准发布时已明确为强制性标准的。

②批准发布时虽未明确为强制性标准，但其编号中不带"/T"的，仍为强制性标准。

③2000年后批准发布的标准，批准时虽未明确为强制性标准，但其中有必须严格执行的强制性条文（黑体字），编号也不带"/T"的，也应视为强制性标准。

3. 对工程建设强制性标准的监督检查

（1）监督管理机构

《实施工程建设强制性标准监督规定》规定，国务院住房城乡建设主管部门负责全国实施工程建设强制性标准的监督管理工作。国务院有关主管部门按照国务院的职能分工负责实施工程建设强制性标准的监督管理工作。县级以上地方人民政府住房城乡建设主管部门负责本行政区域内实施工程建设强制性标准的监督管理工作。

建设项目规划审查机关应当对工程建设规划阶段执行强制性标准的情况实施监督；施工图设计文件审查单位应当对工程建设勘察、设计阶段执行强制性标准的情况实施监督；建筑安全监督管理机构应当对工程建设施工阶段执行施工安全强制性标准的情况实施监督；工程质量监督机构应当对工程建设施工、监理、验收等阶段执行强制性标准的情况实施监督。

建设项目规划审查机关、施工设计图设计文件审查单位、建筑安全监督管理机构、工程质量监督机构的技术人员必须熟悉、掌握工程建设强制性标准。

（2）监督检查的方式和内容

工程建设标准批准部门应当定期对建设项目规划审查机关、施工图设计文件审查单位、建筑安全监督管理机构、工程质量监督机构实施强制性标准的监督进行检查，对监督不力的单位和个人，给予通报批评，建议有关部门处理。

工程建设标准批准部门应当对工程项目执行强制性标准情况进行监督检查。监督检查可以采取重点检查、抽查和专项检查的方式。

《实施工程建设强制性标准监督规定》第十条规定："强制性标准监督检查的内容包括：①有关工程技术人员是否熟悉、掌握强制性标准；②工程项目的规划、勘察、设计、施工、验收等是否符合强制性标准的规定；③工程项目采用的材料、设备是否符合强制性标准的规定；④工程项目的安全、质量是否符合强制性标准的规定；⑤工程中采用的导则、指南、手册、计算机软件的内容是否符合强制性标准的规定。"

建设行政主管部门或者有关行政主管部门在处理重大事故时，应当有工程建设标准方面的专家参加；工程事故报告应当包括是否符合工程建设强制性标准的意见。

建设单位不得明示或者暗示设计单位或者施工单位违反工程建设强制性标准，降低建设工程质量。

勘察、设计单位必须按照工程建设强制性标准进行勘察、设计，并对其勘察、设计的质量负责。建筑工程设计应当符合按照国家规定制定的建筑安全规程和技术规范，保证工程的安全性能。勘察、设计文件应当符合有关法律、行政法规的规定和建筑工程质量、安全标准，建筑工程勘察、设计技术规范以及合同的约定。设计文件选用的建筑材料、建筑构配件和设备，应当注明其规格、型号、性能等技术指标，其质量要求必须符合国家规定的标准。

施工单位必须按照工程设计图纸和施工技术标准施工，不得擅自修改工程设计，不得偷工减料。施工单位必须按照工程设计要求、施工技术标准和合同约定，对建筑材料、建筑构配件、设备和商品混凝土进行检验，检验应当有书面记录和专人签字；未经检验或者检验不合格的，不得使用。

建筑工程监理应当依照法律、行政法规及有关的技术标准、设计文件和建筑工程承包合同，对承包单位在施工质量、建设工期和建设资金使用等方面，代表建设单位实施监督。工程监理人员认为工程施工不符合工程设计要求、施工技术标准和合同约定的，有权要求建筑施工企业改正。工程监理人员发现工程设计不符合建筑工程质量标准或者合同约定的质量要求的，应当报告建设单位要求设计单位改正。

五、法律责任

施工现场安全生产违法行为应承担的法律责任如下。

1.建设单位有违法行为应承担的法律责任

《中华人民共和国建筑法》第七十条规定："违反本法规定，涉及建筑主体或者承重结构变动的装修工程擅自施工的，责令改正，处以罚款；造成损失的，承担赔偿责任；构成犯罪的，依法追究刑事责任。"

第七十一条规定："建筑施工企业违反本法规定，对建筑安全事故隐患不采取措施予以消除的，责令改正，可以处以罚款；情节严重的，责令停业整顿，降低资质等级或者吊销资质证书；构成犯罪的，依法追究刑事责任。

建筑施工企业的管理人员违章指挥、强令职工冒险作业，因而发生重大伤亡事故或者造成其他严重后果的，依法追究刑事责任。"

2.勘察、设计单位有违法行为应承担的法律责任

《中华人民共和国建筑法》第七十三条规定："建筑设计单位不按照建筑工程质量、安全标准进行设计的，责令改正，处以罚款；造成工程质量事故的，责令停业整顿，降低资质等级或者吊销资质证书，没收违法所得，并处罚款；造成损失的，承担赔偿责任；构成犯罪的，依法追究刑事责任。"

《建设工程质量管理条例》第六十三条也有相关规定。

3.施工企业有违法行为应承担的法律责任

《中华人民共和国建筑法》规定，建筑施工企业在施工中偷工减料的，使用不合格的建筑材料、建筑构配件和设备的，或者有其他不按照工程设计图纸或者施工技术标准施工的行为的，责令改正，处以罚款；情节严重的，责令停业整顿，降低资质等级或者吊销资质证书；造成建筑工程质量不符合规定的质量标准的，负责返工、修理，并赔偿因此造成的损失；构成犯罪的，依法追究刑事责任。

《建设工程质量管理条例》第六十四条规定："违反本条例规定，施工单位在施工中偷工减料的，使用不合格的建筑材料、建筑构配件和设备的，或者有不按照工程设计图纸或者施工技术标准施工的其他行为的，责令改正，处工程合同价款百分之二以上百分之四以下的罚款；造成建设工程质量不符合规定的质量标准的，负责返工、修理，并赔偿因此造成的损失；情节严重的，责令停业整顿，降低资质等级或者吊销资质证书。"

4.工程监理单位有违法行为应承担的法律责任

《实施工程建设强制性标准监督规定》第十九条规定："工程监理单位违反强制性标准规定，将不合格的建设工程以及建筑材料、建筑构配件和设备按照合格签字的，责令改正，处50万元以上100万元以下的罚款，降低资质等级或者吊销资质证书；有违法所得的，予以没收；造成损失的，承担连带赔偿责任。"

第二节 施工单位质量责任和义务

施工单位是指经过建设行政主管部门的资质审查，从事土木工程、建筑工程、线路管道设备安装、装修工程施工承包的单位。

施工单位是工程建设的重要责任主体之一，施工阶段是建设工程实物质量形成的阶段，勘察、设计工作质量均要在这一阶段得以实现。施工单位的质量责任制度尤为重要。

一、施工单位对施工质量负责和总承包单位的质量责任

1.依法取得资质并承揽工程

施工单位应当依法取得相应等级的资质证书，并在其资质等级许可的范围内承揽工程。

禁止施工单位超越本单位资质等级许可的业务范围或者以其他施工单位的名义承揽工程。禁止施工单位允许其他单位或者个人以本单位的名义承揽工程。

2.施工单位对施工质量负责

《建设工程质量管理条例》第二十六条规定："施工单位对建设工程的施工质量负责。施工单位应当建立质量责任制，确定工程项目的项目经理、技术负责人和施工管理负责人。"

3.总承包单位的质量责任

《中华人民共和国建筑法》第五十五条规定："建筑工程实行总承包的，工程质量由工程总承包单位负责，总承包单位将建筑工程分包给其他单位的，应当对分包工程的质量与分包单位承担连带责任。分包单位应当接受总承包单位的质量管理。"

《建设工程质量管理条例》第二十六条规定："建设工程实行总承包的，总承包单位应当对全部建设工程质量负责；建设工程勘察、设计、施工、设备采购的一项或者多项实行总承包的，总承包单位应当对其承包的建设工程或者采购的设备的质量负责。"

《建设工程质量管理条例》第二十七条规定："总承包单位依法将建设工程分包给其他单位的，分包单位应当按照分包合同的约定对其分包工程的质量向总承包单位负责，总承包单位与分包单位对分包工程的质量承担连带责任。"

二、严格按工程设计图纸和施工技术标准施工的规定

《中华人民共和国建筑法》第五十八条规定："建筑施工企业必须按照工程设计图纸和施工技术标准施工，不得偷工减料。工程设计的修改由原设计单位负责，建筑施工企业不得擅自修改工程设计。"

《建设工程质量管理条例》第二十八条作进一步规定："施工单位必须按照工程设计图纸和施工技术标准施工，不得擅自修改工程设计，不得偷工减料。施工单位在施工过程中发现设计文件和图纸有差错的，应当及时提出意见和建议。"

三、对建筑材料、建筑构配件、设备和商品混凝土进行检验检测的规定

《中华人民共和国建筑法》第五十九条规定："建筑施工企业必须按照工程设计要求、施工技术标准和合同的约定，对建筑材料、建筑构配件和设备进行检验，不合格的不得使用。"

《建设工程质量管理条例》第二十九条进一步规定："施工单位必须按照工程设计要求、施工技术标准和合同约定，对建筑材料、建筑构配件、设备和商品混凝土进行检验，检验应当有书面记录和专人签字；未经检验或者检验不合格的，不得使用。"

1.建筑材料、建筑构配件、设备和商品混凝土的检验制度

施工单位对进入施工现场的建筑材料、建筑构配件、设备和商品混凝土实行检验制度，是施工单位质量保证体系的重要组成部分，也是保证施工质量的重要前提。施工单位应当严把两道关：一是谨慎选择生产供应厂商；二是实行进场二次检验。

施工单位的检验要依据工程设计要求、施工技术标准和合同约定。检验对象是将在工程施工中使用的建筑材料、建筑构配件、设备和商品混凝土。合同若有其他约定的，检验工作还应满足合同相应条款的要求。检验结果要按规定的格式形成书面记录，并由相关的专业人员签字。这是为了促使检验工作严谨认真，以及未来必要时有据可查，方便管理，明确责任。

2.施工检测的见证取样和送检制度

《建设工程质量管理条例》第三十一条规定："施工人员对涉及结构安全的试块、试件以及有关材料,应当在建设单位或者工程监理单位监督下现场取样,并送具有相应资质等级的质量检测单位进行检测。"

(1)见证取样和送检

见证取样和送检是指在建设单位或工程监理单位人员的见证下,由施工单位的现场试验人员对工程中涉及结构安全的试块、试件和材料在现场取样,并送至具有法定资格的质量检测单位进行检测的活动。

《房屋建筑工程和市政基础设施工程实行见证取样和送检的规定》第五条规定:"涉及结构安全的试块、试件和材料见证取样和送检的比例不得低于有关技术标准中规定应取样数量的30%。"第六条规定:"下列试块、试件和材料必须实施见证取样和送检。①用于承重结构的混凝土试块;②用于承重墙体的砌筑砂浆试块;③用于承重结构的钢筋及连接接头试件;④用于承重墙的砖和混凝土小型砌块;⑤用于拌制混凝土和砌筑砂浆的水泥;⑥用于承重结构的混凝土中使用的掺加剂;⑦地下、屋面、厕浴间使用的防水材料;⑧国家规定必须实行见证取样和送检的其他试块、试件和材料。"

在施工过程中,见证人员应按照见证取样和送检计划,对施工现场的取样和送检进行见证。取样人员应在试样或其包装上做出标识、封志。标识和封志应标明工程名称、取样部位、取样日期、样品名称和样品数量,并由见证人员和取样人员签字。见证人员和取样人员应对试样的代表性和真实性负责。

(2)建设工程质量检测单位的资质和检测规定

《建设工程质量检测管理办法》规定,建设工程质量检测机构是指检测机构接受委托,依据国家法律、法规、规章和标准、规范,对房屋建筑和市政基础设施结构安全和主要功能的项目进行抽样检测,进入施工现场的建筑材料与装饰材料、构配件与部品进行见证取样检测,出具检测报告,并承担相应法律责任的活动。

建设工程质量检测机构资质按其承担的检测业务内容分为见证取样检测机构资质和专项检测机构资质两大类。见证取样检测机构资质包括建筑工程材料见证取样检测和市政工程材料见证取样检测两大类。专项检测机构资质包括地基基础、主体结构、幕墙、钢结构、建筑工程可靠性鉴定,建筑节能、室内环境、智能、预拌混凝土检测等等。

建设工程质量检测机构是具有独立法人资格的中介机构。检测机构未取得相应的资质证书,不得承担相应的质量检测业务。检测机构不得与行政机关,法律、法规授权的具有管理公共事务职能的组织以及所检测工程项目相关的设计单位、施工单位、监理单位有隶属关系或者其他利害关系。

检测机构不得转包检测业务,并对检测数据和检测报告的真实性和准确性负责。检测机构违反法律、法规和工程建设强制性标准,给他人造成损失的,应当依法承担相应的赔偿责任。

四、施工质量检验和返修的规定

1.对施工质量进行检验制度

《建设工程质量管理条例》第三十条规定："施工单位必须建立、健全施工质量的检验制度，严格工序管理，作好隐蔽工程的质量检查和记录。隐蔽工程在隐蔽前，施工单位应当通知建设单位和建设工程质量监督机构。"

施工质量检验通常是指工程施工过程中工序质量检验（过程检验），包括预检、自检、交接检、专职检、分部工程中间检验以及隐蔽工程检验等。

（1）严格工序质量检验和管理

施工工序也可以称为过程。各个工序或过程之间横向和纵向的联系形成了工序网络或过程网络。任何一项工程的施工，都是通过一个由许多工序或过程组成的工序（或过程）网络来实现的。网络上的关键工序或过程都有可能对工程最终的施工质量产生决定性的影响。完善的检验制度和严格的工序管理是保证工序或过程质量的前提。只有工序或过程网络上的所有工序或过程的质量都受到严格控制，整个工程的质量才能得到保证。

（2）强化隐蔽工程质量检查

隐蔽工程是指在施工过程中某一道工序所完成的工程实物，被后一工序形成的工程实物隐蔽，而且不可以逆向作业的那部分工程，例如，混凝土工程中，钢筋为混凝土所覆盖，前者为隐蔽工程。

由于隐蔽工程被后续工序隐蔽后，其施工质量就很难被检验及认定。如果不认真做好隐蔽工程的质量检查工作，便容易给工程留下隐患。因此，隐蔽工程在隐蔽前，施工单位除了要做好检查、检验、记录外，还应当及时通知建设单位（实施监理的工程为监理单位）和建设工程质量监督机构，以接受政府监督和向建设单位提供质量保证。

2.建设工程的返修

《中华人民共和国建筑法》第六十条规定："建筑物在合理使用寿命内，必须确保地基基础工程和主体结构的质量。建筑工程竣工时，屋顶、墙面不得留有渗漏、开裂等质量缺陷；对已发现的质量缺陷，建筑施工企业应当修复。"

《建设工程质量管理条例》第三十二条规定："施工单位对施工中出现质量问题的建设工程或者竣工验收不合格的建设工程，应当负责返修。"

返修作为施工单位的法定义务，其返修包括施工过程中出现质量问题的建设工程和竣工验收不合格的建设工程两种情形。

返工是指工程质量不符合规定的质量标准，而又无法修理的情况下重新进行施工；修理则是指工程质量不符合标准，而又有可能修复的情况下，对工程进行修补，使其达到质量标准的要求。不论是施工过程中出现质量问题的建设工程，还是竣工验收时发现质量问题的工程，施工单位都要负责返修。

对于非施工单位原因造成的质量问题，施工单位也应当负责返修，但是因此而造成的损失及返修费用由责任方负责。

五、建立、健全职工教育培训制度的规定

《建设工程质量管理条例》第三十三条规定："施工单位应当建立、健全教育培训制度，加强对职工的教育培训；未经教育培训或者考核不合格的人员，不得上岗作业。"

施工单位建立、健全教育培训制度，加强对职工的教育培训，是企业重要的基础工作之一。施工单位的教育培训通常包括各类质量教育和岗位技能培训等。

先培训、后上岗，特别是与质量工作有关的人员，如总工程师、项目经理、质量体系内审员、质量检查员、施工人员、材料试验及检测人员；关键技术工种，如焊工、钢筋工、混凝土工等。未经培训或者培训考核不合格的人员，不得上岗工作或作业。

六、违法行为应承担的法律责任

施工单位有质量违法行为应承担的主要法律责任如下。

1.违反资质管理规定和转包、违法分包造成质量问题应承担的法律责任

《中华人民共和国建筑法》第六十六条规定："建筑施工企业转让、出借资质证书或者以其他方式允许他人以本企业的名义承揽工程的……对因该项承揽工程不符合规定的质量标准造成的损失，建筑施工企业与使用本企业名义的单位或者个人承担连带赔偿责任。"

《中华人民共和国建筑法》第六十七条规定："承包单位将承包的工程转包的，或者违反本法规定进行分包的……对因转包工程或者违法分包的工程不符合规定的质量标准造成的损失，与接受转包或者分包的单位承担连带赔偿责任。"

2.有偷工减料等违法行为应承担的法律责任

《中华人民共和国建筑法》第七十四条规定："建筑施工企业在施工中偷工减料的，使用不合格的建筑材料、建筑构配件和设备的，或者有其他不按照工程设计图纸或者施工技术标准施工的行为的，责令改正，处以罚款；情节严重的，责令停业整顿，降低资质等级或者吊销资质证书；造成建筑工程质量不符合规定的质量标准的，负责返工、修理，并赔偿因此造成的损失；构成犯罪的，依法追究刑事责任。"

《建设工程质量管理条例》第六十四条规定："违反本条例规定，施工单位在施工中偷工减料的，使用不合格的建筑材料、建筑构配件和设备的，或者有不按照工程设计图纸或者施工技术标准施工的其他行为的，责令改正，处工程合同价款百分之二以上百分之四以下的罚款；造成建设工程质量不符合规定的质量标准的，负责返工、修理，并赔偿因此造成的损失；情节严重的，责令停业整顿，降低资质等级或者吊销资质证书。"

3.检验检测有违法行为应承担的法律责任

《建设工程质量管理条例》第六十五条规定："违反本条例规定，施工单位未对建筑材料、建筑构配件、设备和商品混凝土进行检验，或者未对涉及结构安全的试块、试件以及有关材料取样检测的，责令改正，处10万元以上20万元以下的罚款；情节严重的，责令停业整顿，

降低资质等级或者吊销资质证书；造成损失的，依法承担赔偿责任。"

4.刑事责任

《建设工程质量管理条例》第七十四条规定："建设单位、设计单位、施工单位、工程监理单位违反国家规定，降低工程质量标准，造成重大安全事故，构成犯罪的，对直接责任人员依法追究刑事责任。"

建设、勘察、设计、施工、工程监理单位的工作人员因调动工作、退休等原因离开该单位后，被发现在该单位工作期间违反国家有关建设工程质量管理规定，造成重大工程质量事故的，仍应当依法追究法律责任。

《中华人民共和国刑法》第一百三十七条规定："建设单位、设计单位、施工单位、工程监理单位违反国家规定，降低工程质量标准，造成重大安全事故的，对直接责任人员处五年以下有期徒刑或者拘役，并处罚金；后果特别严重的，处五年以上十年以下有期徒刑，并处罚金。"

第三节　建设单位及相关单位的质量责任和义务

《建设工程质量管理条例》规定，建设单位、勘察单位、设计单位、施工单位、工程监理单位应当依法对建设工程质量负责。因此，在建设工程的建设过程中，影响工程质量的责任主体除了施工单位外，还有建设单位、勘察单位、设计单位、工程监理单位等。

一、建设单位的质量责任和义务

建设单位是建设工程的投资人，也称"业主"。建设单位是工程建设项目建设过程的总负责方，拥有确定建设项目的规模、功能、外观、选用材料设备、按照国家法律法规规定选择承包单位等权利。建设单位可以是法人或自然人，包括房地产开发商。

1.建设单位相关的质量责任和义务

（1）依法对工程进行发包

《建设工程质量管理条例》规定，建设单位应当将工程发包给具有相应资质等级的单位。建设单位不得将建设工程肢解发包。建设单位应当依法对工程建设项目的勘察、设计、施工、监理及与工程建设有关的重要设备、材料等的采购进行招标。

（2）依法对材料设备进行招标

建设单位还要依照《中华人民共和国招标投标法》等有关规定，对必须实行招标的工程项目进行招标，择优选定工程勘察、设计、施工、监理单位及采购重要设备、材料等。

（3）依法提供原始资料

建设单位必须向有关的勘察、设计、施工、工程监理等单位提供与建设工程有关的原始资料。原始资料必须真实、准确、齐全。

（4）不得干预投标人

建设单位不得以任何理由，要求建筑设计单位或者建筑施工企业在工程设计或者施工作业中，违反法律、行政法规和建筑工程质量、安全标准，降低工程质量。

建设工程发包单位不得迫使承包方以低于成本的价格竞标，不得任意压缩合理工期。建设单位不得明示或者暗示设计单位或者施工单位违反工程建设强制性标准，降低建设工程质量。

（5）依法送审施工图

建设单位应当将施工图设计文件报县级以上人民政府建设行政主管部门或者其他有关部门审查。施工图设计文件审查的具体办法，由国务院建设行政主管部门会同国务院其他有关部门制定。施工图设计文件未经审查批准的，不得使用。

（6）依法委托监理

实行监理的建设工程，建设单位应当委托具有相应资质等级的工程监理单位进行监理，也可以委托具有工程监理相应资质等级并与被监理工程的施工承包单位没有隶属关系或者其他利害关系的该工程的设计单位进行监理。

（7）依法办理工程质量监督手续

建设单位在领取施工许可证或者开工报告前，应当按照国家有关规定办理工程质量监督手续。

（8）依法确保建筑材料等符合要求

按照合同约定，由建设单位采购建筑材料、建筑构配件和设备的，建设单位应当保证建筑材料、建筑构配件和设备符合设计文件和合同要求。建设单位不得明示或者暗示施工单位使用不合格的建筑材料、建筑构配件和设备。

（9）不得擅自改变主体和对承重结构进行装修

随意拆改建筑主体结构和承重结构等，会危及建设工程安全和人民生命财产安全。因此，《建设工程质量管理条例》第十五条规定："涉及建筑主体和承重结构变动的装修工程，建设单位应当在施工前委托原设计单位或者具有相应资质等级的设计单位提出设计方案；没有设计方案的，不得施工。房屋建筑使用者在装修过程中，不得擅自变动房屋建筑主体和承重结构。"

（10）依法组织竣工验收

建设单位收到建设工程竣工报告后，应当组织设计、施工、工程监理等有关单位进行竣工验收。

（11）依法移交建设项目档案

建设单位应当严格按照国家有关档案管理的规定，及时收集、整理建设项目各环节的文件资料，建立、健全建设项目档案，并在建设工程竣工验收后，及时向建设行政主管部门或者其他有关部门移交建设项目档案。

2. 建设单位有质量违法行为应承担的法律责任

《中华人民共和国建筑法》第七十二条规定："建设单位违反本法规定，要求建筑设计单位或者建筑施工企业违反建筑工程质量、安全标准，降低工程质量的，责令改正，可以处以罚款；构成犯罪的，依法追究刑事责任。"

《建设工程质量管理条例》第五十六条规定："建设单位有下列行为之一的，责令改正，处 20 万元以上 50 万元以下的罚款：

"（1）迫使承包方以低于成本的价格竞标的。

"（2）任意压缩合理工期的。

"（3）明示或者暗示设计单位或者施工单位违反工程建设强制性标准，降低工程质量的。

"（4）施工图设计文件未经审查或者审查不合格，擅自施工的。

"（5）建设项目必须实行工程监理而未实行工程监理的。

"（6）未按照国家规定办理工程质量监督手续的。

"（7）明示或者暗示施工单位使用不合格的建筑材料、建筑构配件和设备的。

"（8）未按照国家规定将竣工验收报告、有关认可文件或者准许使用文件报送备案的。"

【单选题】对全部或部分使用国有资金的项目，建设单位将工程肢解发包的，除责令改正、处以罚款外，可以（　　）。

A.收回国有资金　　　　　　　　　　B.重新审批该项目

C.暂停项目执行或资金拨付　　　　　D.撤销承包单位的资质证书

二、勘察、设计单位的质量责任和义务

勘察单位是指已通过建设行政主管部门的资质审查，从事工程测量、水文地质和岩土工程等工作的单位。勘察单位依据建设项目的目标，查明并分析、评价建设场地和有关范围内的地质地理环境特征和岩土工作条件，编制建设项目所需的勘察文件，提供相关服务和咨询。

设计单位是指经过建设行政主管部门的资质审查，从事建设工程可行性研究、建设工程设计、工程咨询等工作的单位。设计是依据建设项目的目标，对其技术、经济、资源、环境等条件进行综合分析，制订方案，论证比选，编制建设项目所需的设计文件，并提供相关服务和咨询。

1.勘察、设计单位共同的责任

（1）依法承揽工程

从事建设工程勘察、设计的单位应当依法取得相应等级的资质证书，并在其资质等级许可的范围内承揽工程。禁止勘察、设计单位超越其资质等级许可的范围或者以其他勘察、设计单位的名义承揽工程。禁止勘察、设计单位允许其他单位或者个人以本单位的名义承揽工程。

勘察、设计单位不得转包或者违法分包所承揽的工程。

（2）执行强制性标准

勘察、设计单位必须按照工程建设强制性标准进行勘察、设计，并对其勘察、设计的质量负责。注册建筑师、注册结构工程师等注册执业人员应当在设计文件上签字，对设计文件负责。

2.勘察单位的质量责任

勘察单位提供的资料会影响到后续工作的质量，因此，勘察单位提供的地质、测量、水文等勘察成果必须真实、准确。

3.设计单位的质量责任

（1）科学设计
设计单位应当根据勘察成果文件进行建设工程设计。设计文件应当符合国家规定的设计深度要求，注明工程合理使用年限。
（2）选择材料设备
设计单位在设计文件中选用的建筑材料、建筑构配件和设备，应当注明规格、型号、性能等技术指标，其质量要求必须符合国家规定的标准。除有特殊要求的建筑材料、专用设备、工艺生产线等，设计单位不得指定生产厂、供应商。
（3）解释设计文件
设计单位应当就审查合格的施工图设计文件向施工单位做出详细说明。
（4）参与质量事故分析
设计单位应当参与建设工程质量事故分析，并对因设计造成的质量事故，提出相应的技术处理方案。

4.勘察、设计单位有质量违法行为应承担的法律责任

《中华人民共和国建筑法》第七十三条规定："建筑设计单位不按照建筑工程质量、安全标准进行设计的，责令改正，处以罚款；造成工程质量事故的，责令停业整顿，降低资质等级或者吊销资质证书，没收违法所得，并处罚款；造成损失的，承担赔偿责任；构成犯罪的，依法追究刑事责任。"

《建设工程质量管理条例》第六十三条规定："违反本条例规定，有下列行为之一的，责令改正，处10万元以上30万元以下的罚款。
"（1）勘察单位未按照工程建设强制性标准进行勘察的。
"（2）设计单位未根据勘察成果文件进行工程设计的。
"（3）设计单位指定建筑材料、建筑构配件的生产厂、供应商的。
"（4）设计单位未按照工程建设强制性标准进行设计的。
"有前款所列行为，造成工程质量事故的，责令停业整顿，降低资质等级；情节严重的，吊销资质证书；造成损失的，依法承担赔偿责任。"

三、工程监理单位的质量责任和义务

工程监理单位是指经过建设行政主管部门的资质审查，受建设单位委托，依照国家法律规定要求和建设单位要求，在建设单位委托的范围内对建设工程进行监督管理的单位。

1. 依法承揽业务

工程监理单位应当依法取得相应等级的资质证书，并在其资质等级许可的范围内承担工程监理业务。

禁止工程监理单位超越本单位资质等级许可的范围或者以其他工程监理单位的名义承担工程监理业务。禁止工程监理单位允许其他单位或者个人以本单位的名义承担工程监理业务。工程监理单位不得转让工程监理业务。

监理单位按照资质等级承担工程监理业务，是保证监理工作质量的前提。越级监理、允许其他单位或者个人以本单位的名义承担监理业务等，将使工程监理变得有名无实，最终会对工程质量造成危害。监理单位转让工程监理业务，与施工单位转包工程有着同样的危害性。

2. 依法回避、独立监理

工程监理单位与被监理工程的施工承包单位，以及建筑材料、建筑构配件和设备供应单位有隶属关系或者其他利害关系的，不得承担该项建设工程的监理业务。

由于工程监理单位与被监理工程的承包单位，以及建筑材料、建筑构配件和设备供应单位之间，是一种监督与被监督的关系，为了保证客观、公正地执行监理任务，工程监理单位与上述单位不能有隶属关系或者其他利害关系。如果有这种关系，工程监理单位在接受监理委托前，应当自行回避；对于没有回避而被发现的，建设单位可以依法解除委托关系。

3. 监理工作的依据和监理责任

《建设工程质量管理条例》第三十六条规定："工程监理单位应当依照法律、法规以及有关技术标准、设计文件和建设工程承包合同，代表建设单位对施工质量实施监理，并对施工质量承担监理责任。"

工程监理的依据是法律、法规，有关技术标准，设计文件和建设工程承包合同。

监理单位对施工质量承担监理责任，包括违约责任和违法责任两个方面。①违约责任。如果监理单位不按照监理合同约定履行监理义务，给建设单位或其他单位造成损失的，应当承担相应的赔偿责任。②违法责任。如果监理单位违法监理，或者降低工程质量标准，造成质量事故的，要承担相应的法律责任。

4. 工程监理的职责和权限

《建设工程质量管理条例》第三十七条规定："工程监理单位应当选派具备相应资格的总监理工程师和监理工程师进驻施工现场。未经监理工程师签字，建筑材料、建筑构配件和设备不得在工程上使用或者安装，施工单位不得进行下一道工序的施工。未经总监理工程师签字，建设单位不拨付工程款，不进行竣工验收。"

5. 工程监理的形式

《建设工程质量管理条例》第三十八条规定："监理工程师应当按照工程监理规范的要求，采取旁站、巡视和平行检验等形式，对建设工程实施监理。"

6. 工程监理单位质量有违法行为应承担的法律责任

《中华人民共和国建筑法》第六十九条规定:"工程监理单位与建设单位或者建筑施工企业串通,弄虚作假、降低工程质量的,责令改正,处以罚款,降低资质等级或者吊销资质证书;有违法所得的,予以没收;造成损失的,承担连带赔偿责任;构成犯罪的,依法追究刑事责任。"

四、政府部门工程质量监督管理的有关规定

为了确保建设工程质量,保障公共安全和人民生命财产安全,政府必须加强对建设工程质量的监督管理。

1. 我国的建设工程质量监督管理体制

《建设工程质量管理条例》第四十三条规定:"国务院建设行政主管部门对全国的建设工程质量实施统一监督管理。国务院铁路、交通、水利等有关部门按照国务院规定的职责分工,负责对全国的有关专业建设工程质量的监督管理。

县级以上地方人民政府建设行政主管部门对本行政区域内的建设工程质量实施监督管理。县级以上地方人民政府交通、水利等有关部门在各自的职责范围内,负责对本行政区域内的专业建设工程质量的监督管理。"

2. 政府监督检查的内容和有权采取的措施

《建设工程质量管理条例》第四十四条规定:"国务院建设行政主管部门和国务院铁路、交通、水利等有关部门应当加强对有关建设工程质量的法律、法规和强制性标准执行情况的监督检查。"

《建设工程质量管理条例》第四十七条规定:"县级以上地方人民政府建设行政主管部门和其他有关部门应当加强对有关建设工程质量的法律、法规和强制性标准执行情况的监督检查。"

《建设工程质量管理条例》第四十八条规定:"县级以上人民政府建设行政主管部门和其他有关部门履行监督检查职责时,有权采取下列措施:

"(1)要求被检查的单位提供有关工程质量的文件和资料。

"(2)进入被检查单位的施工现场进行检查。

"(3)发现有影响工程质量的问题时,责令改正。"

3. 禁止滥用权力的行为

《建设工程质量管理条例》第五十一条规定:"供水、供电、供气、公安消防等部门或者单位不得明示或者暗示建设单位、施工单位购买其指定的生产供应单位的建筑材料、建筑构配件和设备。"

4.建设工程质量事故报告制度

《建设工程质量管理条例》第五十二条规定："建设工程发生质量事故，有关单位应当在24小时内向当地建设行政主管部门和其他有关部门报告。对重大质量事故，事故发生地的建设行政主管部门和其他有关部门应当按照事故类别和等级向当地人民政府和上级建设行政主管部门和其他有关部门报告。特别重大质量事故的调查程序按照国务院有关规定办理。"

根据国务院《生产安全事故报告和调查处理条例》的规定，特别重大事故，是指造成30人以上死亡，或者100人以上重伤（包括急性工业中毒），或者1亿元以上直接经济损失的事故。特别重大事故、重大事故逐级上报至国务院安全生产监督管理部门和负有安全生产监督管理职责的有关部门。每级上报的时间不得超过2小时。必要时，安全生产监督管理部门和负有安全生产监督管理职责的有关部门可以越级上报事故情况。

5.有关质量违法行为应承担的法律责任

《建设工程质量管理条例》第七十条规定："发生重大工程质量事故隐瞒不报、谎报或者拖延报告期限的，对直接负责的主管人员和其他责任人员依法给予行政处分。"

《建设工程质量管理条例》第七十一条规定："违反本条例规定，供水、供电、供气、公安消防等部门或者单位明示或者暗示建设单位或者施工单位购买其指定的生产供应单位的建筑材料、建筑构配件和设备的，责令改正。"

《建设工程质量管理条例》第七十六条规定："国家机关工作人员在建设工程质量监督管理工作中玩忽职守、滥用职权、徇私舞弊，构成犯罪的，依法追究刑事责任；尚不构成犯罪的，依法给予行政处分。"

第四节　建设工程的竣工验收制度

工程项目竣工验收是施工全过程的最后一道工序，也是工程项目管理的最后一项工作。通过竣工验收，检验设计和施工质量，保证项目按设计要求的技术经济指标正常生产；有关部门和单位可以总结经验教训；建设单位对经验收合格的项目可以及时移交固定资产，使其由基础系统转入生产系统或投入使用。

一、竣工验收的主体和法定条件

1.竣工验收的主体

《建设工程质量管理条例》第十六条规定："建设单位收到建设工程竣工报告后，应当组织设计、施工、工程监理等有关单位进行竣工验收。"

2.竣工验收应当具备的法定条件

《中华人民共和国建筑法》第六十一条规定："交付竣工验收的建筑工程，必须符合规定的建筑工程质量标准，有完整的工程技术经济资料和经签署的工程保修书，并具备国家规定的其他竣工条件。建筑工程竣工经验收合格后，方可交付使用；未经验收或者验收不合格的，不得交付使用。"

《建设工程质量管理条例》第十六条还规定："建设工程竣工验收应当具备下列条件：

"（1）完成建设工程设计和合同约定的各项内容。

"（2）有完整的技术档案和施工管理资料。

"（3）有工程使用的主要建筑材料、建筑构配件和设备的进场试验报告。

"（4）有勘察、设计、施工、工程监理等单位分别签署的质量合格文件。

"（5）有施工单位签署的工程保修书。

"建设工程经验收合格的，方可交付使用。"

二、施工单位应提交的档案资料

《建设工程质量管理条例》第十七条规定："建设单位应当严格按照国家有关档案管理的规定，及时收集、整理建设项目各环节的文件资料，建立、健全建设项目档案，并在建设工程竣工验收后，及时向建设行政主管部门或者其他有关部门移交建设项目档案。"

建设工程是百年大计。一般的建筑物设计年限都在 50～70 年，重要的建筑物达百年以上。在建设工程投入使用之后，还要进行检查、维修、管理，还可能会遇到改建、扩建或拆除活动，以及在其周围进行建设活动。这些都需要参考原始的勘察、设计、施工等资料。建设单位是建设活动的总负责方，应当在合同中明确要求勘察、设计、施工、监理等单位分别提供工程建设各环节的文件资料，及时收集整理，建立、健全建设项目档案。

按照 2019 年新修订的《城市建设档案管理规定》第六条规定："建设单位应当在工程竣工验收后三个月内，向城建档案馆报送一套符合规定的建设工程档案。凡建设工程档案不齐全的，应当限期补充。"对改建、扩建和重要部位维修的工程，建设单位应当组织设计、施工单位据实修改、补充和完善原建设工程档案。

勘察、设计、施工、监理等单位应将本单位形成的工程文件立卷后向建设单位移交。勘察、设计单位应在任务完成后，施工、监理单位应在工程竣工验收前，将各自形成的有关工程档案移交给建设单位归档。

建设工程项目实行总承包管理的，总承包单位应负责收集、汇总各分包单位形成的工程档案，并应及时向建设单位移交；各分包单位应将本单位形成的工程文件整理、立卷后及时移交总承包单位。建设工程项目由几个单位承包的，各承包单位应负责收集、整理立卷其承包项目的工程文件，并应及时向建设单位移交。

施工单位应当按照归档要求制定统一目录，有专业分包工程的，分包单位要按照总承包单位的总体安排做好各项资料整理工作，最后再由总承包单位进行审核、汇总。

施工单位一般应当提交的档案资料如下：①工程技术档案资料；②工程质量保证资料；③工程检验评定资料；④竣工图等。

三、规划、消防、节能、环保等验收规定

《建设工程质量管理条例》第四十九条规定："建设单位应当自建设工程竣工验收合格之日起 15 日内，将建设工程竣工验收报告和规划、公安消防、环保等部门出具的认可文件或者准许使用文件报建设行政主管部门或者其他有关部门备案。"

1. 建设工程竣工规划验收

《中华人民共和国城乡规划法》第四十五条规定："县级以上地方人民政府城乡规划主管部门按照国务院规定对建设工程是否符合规划条件予以核实。未经核实或者经核实不符合规划条件的，建设单位不得组织竣工验收。建设单位应当在竣工验收后六个月内向城乡规划主管部门报送有关竣工验收资料。"

《中华人民共和国城乡规划法》第六十七条规定："建设单位未在建设工程竣工验收后六个月内向城乡规划主管部门报送有关竣工验收资料的，由所在地城市、县人民政府城乡规划主管部门责令限期补报；逾期不补报的，处一万元以上五万元以下的罚款。"

2. 建设工程竣工消防验收

《中华人民共和国消防法》规定，按照国家工程建设消防技术标准需要进行消防设计的建设工程竣工，依照下列规定进行消防验收、备案：

①国务院公安部门规定的大型的人员密集场所和其他特殊建设工程，建设单位应当向公安机关消防机构申请消防验收。

②其他建设工程，建设单位在验收后应当报公安机关消防机构备案，公安机关消防机构应当进行抽查。依法应当进行消防验收的建设工程，未经消防验收或者消防验收不合格的，禁止投入使用；其他建设工程经依法抽查不合格的，应当停止使用。

③对于依法应当进行消防验收的建设工程，未经消防验收或者消防验收不合格，擅自投入使用的，《中华人民共和国消防法》规定，由公安机关消防机构责令停止施工、停止使用或者停产停业，并处 3 万元以上 30 万元以下罚款。

3. 建设工程竣工环保验收

环境保护设施竣工验收，应当与主体工程竣工验收同时进行。需要进行试生产的建设项目，建设单位应当自建设项目投入试生产之日起 3 个月内，向审批该建设项目环境影响报告书、环境影响报告表或者环境影响登记表的环境保护行政主管部门，申请该建设项目需要配套建设的环境保护设施竣工验收。分期建设、分期投入生产或者使用的建设项目，其相应的环境保护设施应当分期验收。

建设项目投入试生产超过 3 个月，建设单位未申请环境保护设施竣工验收的，由审批该建设项目环境影响报告书、环境影响报告表或者环境影响登记表的环境保护行政主管部门责令限期办理环境保护设施竣工验收手续；逾期未办理的，责令停止试生产，可以处 5 万元以下的罚款。

4. 建筑工程节能验收

《中华人民共和国节约能源法》第三十五条规定："不符合建筑节能标准的建筑工程，建设主管部门不得批准开工建设；已经开工建设的，应当责令停止施工、限期改正；已经建成的，不得销售或者使用。"

《民用建筑节能条例》第十七条规定："建设单位组织竣工验收，应当对民用建筑是否符合民用建筑节能强制性标准进行查验；对不符合民用建筑节能强制性标准的，不得出具竣工验收合格报告。"

建筑节能工程施工质量的验收，主要应按照国家标准《建筑节能工程施工质量验收标准》（GB 50411—2019）、《建筑工程施工质量验收统一标准》（GB 50300—2013）以及各专业工程施工质量验收规范等执行。单位工程竣工验收应在建筑节能分部工程验收合格后进行。

建筑节能工程为单位建筑工程的一个分部工程，并按规定划分为分项工程和检验批。

（1）建筑节能分部工程进行质量验收的条件

建筑节能分部工程的质量验收，应在检验批、分项工程全部合格的基础上进行建筑围护结构的外墙节能构造实体检验，严寒、寒冷和夏热冬冷地区的外窗气密性现场检测，以及系统节能性能检测和系统联合试运转与调试，确认建筑节能工程质量达到验收的条件后方可进行。

（2）建筑节能分部工程验收的程序和组织

建筑节能工程验收的程序和组织应遵守《建筑工程施工质量验收统一标准》（GB 50300—2013）的要求，并符合规定。

（3）建筑工程节能验收违法行为应承担的法律责任

《民用建筑节能条例》规定，建设单位对不符合民用建筑节能强制性标准的民用建筑项目出具竣工验收合格报告的，由县级以上地方人民政府建设主管部门责令改正，处民用建筑项目合同价款2%以上4%以下的罚款；造成损失的，依法承担赔偿责任。

四、竣工工程结算、质量争议的规定

1. 竣工工程结算

《中华人民共和国民法典》规定，建设工程竣工后，发包人应当根据施工图纸及说明书、国家颁发的施工验收规范和质量检验标准及时进行验收。验收合格的，发包人应当按照约定支付价款，并接收该建设工程。《中华人民共和国建筑法》也规定，发包单位应当按照合同的约定，及时拨付工程款项。

（1）竣工工程结算方式与编审

《建设工程价款结算暂行办法》规定，工程完工后，双方应按照约定的合同价款及合同价款调整内容以及索赔事项，进行工程竣工结算。工程竣工结算分为单位工程竣工结算、单项工程竣工结算和建设项目竣工总结算。

单位工程竣工结算由承包人编制，发包人审查；实行总承包的工程，由具体承包人编制，在总包人审查的基础上，发包人审查。

单项工程竣工结算和建设项目竣工总结算由总(承)包人编制,发包人可直接进行审查,也可以委托具有相应资质的工程造价咨询机构进行审查。政府投资项目,由同级财政部门审查。单项工程竣工结算和建设项目竣工总结算经发、承包人签字盖章后有效。

承包人应在合同约定期限内完成项目竣工结算编制工作,未在规定期限内完成的并且提不出正当理由延期的,责任自负。

(2)竣工工程结算审查期限

单项工程竣工后,承包人应在提交竣工验收报告的同时,向发包人递交竣工结算报告及完整的结算资料,发包人应按以下规定时限进行核对(审查)并提出审查意见:①500万元以下,从接到竣工结算报告和完整的竣工结算资料之日起20天;②500万~2000万元,从接到竣工结算报告和完整的竣工结算资料之日起30天;③2000万~5000万元,从接到竣工结算报告和完整的竣工结算资料之日起45天;④5000万元以上,从接到竣工结算报告和完整的竣工结算资料之日起60天。

建设项目竣工总结算在最后一个单项工程竣工结算审查确认后15天内汇总,送发包人后30天内审查完成。

(3)竣工工程价款结算

发包人收到承包人递交的竣工结算报告及完整的结算资料后,应按以上规定的期限(合同约定有期限的,从其约定)进行核实,给予确认或者提出修改意见。

发包人根据确认的竣工结算报告向承包人支付工程竣工结算价款,保留5%左右的质量保证(保修)金,待工程交付使用1年质保期到期后清算(合同另有约定的,从其约定),质保期内如有返修,发生费用应在质量保证(保修)金内扣除。

工程竣工结算以合同工期为准,实际施工工期比合同工期提前或延后,发、承包双方应按合同约定的奖惩办法执行。

(4)索赔价款计算及合同以外零星项目工程价款结算

发、承包人未能按合同约定履行自己的各项义务或发生错误,给另一方造成经济损失的,由受损方按合同约定提出索赔,索赔金额按合同约定支付。

发包人要求承包人完成合同以外零星项目,承包人应在接受发包人要求的7天内就用工数量和单价、机械台班数量和单价、使用材料和金额等向发包人提出施工签证,发包人签证后施工,如发包人未签证,承包人施工后发生争议的,责任由承包人自负。

发包人和承包人要加强施工现场的造价控制,及时对工程合同外的事项如实记录并履行书面手续。凡由发、承包双方授权的现场代表签字的现场签证及发、承包双方协商确定的索赔等费用,应在工程竣工结算中如实办理,不得因发、承包双方现场代表的中途变更改变其有效性。

(5)未按规定时限办理事项的处理

发包人收到竣工结算报告及完整的结算资料后,在《建设工程价款结算暂行办法》规定或合同约定期限内,对结算报告及资料没有提出意见,则视同认可。

承包人如未在规定时间内提供完整的工程竣工结算资料,经发包人催促后14天内仍未提供或没有明确答复,发包人有权根据已有资料进行审查,责任由承包人自负。

根据确认的竣工结算报告,承包人向发包人申请支付工程竣工结算款。发包人应在收到申请后15天内支付结算款,到期没有支付的应承担违约责任。承包人可以催告发包人支付结算价款，如达成延期支付协议，发包人应按同期银行贷款利率支付拖欠工程价款的利息。如未达成延期支付协议，承包人可以与发包人协商将该工程折价，或申请人民法院将该工程依法拍卖，承包人就该工程折价或者拍卖的价款优先受偿。

（6）工程价款结算争议处理

工程造价咨询机构接受发包人或承包人委托，编审工程竣工结算，应按合同约定和实际履约事项认真办理，出具的竣工结算报告经发、承包双方签字后生效。当事人一方对报告有异议的，可对工程结算中有异议部分，向有关部门申请咨询后协商处理，若不能达成一致的，双方可按合同约定的争议或纠纷解决程序办理。

发包人对工程质量有异议，已竣工验收或已竣工未验收但实际投入使用的工程，其质量争议按该工程保修合同执行；已竣工未验收且未实际投入使用的工程以及停工、停建工程的质量争议，应当就有争议部分的竣工结算暂缓办理，双方可就有争议的工程委托有资质的检测鉴定机构进行检测，根据检测结果确定解决方案，或按工程质量监督机构的处理决定执行，其余部分的竣工结算依照约定办理。

当事人对工程造价发生合同纠纷时，可通过下列办法解决：①双方协商确定；②按合同条款约定的办法提请调解；③向有关仲裁机构申请仲裁或向人民法院起诉。

（7）工程价款结算管理

《建设工程价款结算暂行办法》第二十一条规定："工程竣工后，发、承包双方应及时办清工程竣工结算，否则，工程不得交付使用，有关部门不予办理权属登记。"

2. 竣工工程质量争议的处理

《中华人民共和国建筑法》规定，建筑工程竣工时，屋顶、墙面不得留有渗漏、开裂等质量缺陷；对已发现的质量缺陷，建筑施工企业应当修复。《建设工程质量管理条例》规定，施工单位对施工中出现质量问题的建设工程或者竣工验收不合格的建设工程，应当负责返修。

（1）承包方责任的处理

《中华人民共和国民法典》规定，因施工人的原因致使建设工程质量不符合约定的，发包人有权要求施工人在合理期限内无偿修理或者返工、改建。

如果承包人拒绝修理、返工或者改建的，《最高人民法院关于审理建设工程施工合同纠纷案件适用法律问题的解释（一）》第十二条规定："因承包人的原因造成建设工程质量不符合约定，承包人拒绝修理、返工或者改建，发包人请求减少支付工程款的，人民法院应予支持。"

（2）发包方责任的处理

《中华人民共和国建筑法》规定，建设单位不得以任何理由，要求建筑建设单位或者建筑施工企业在工程设计或者施工作业中，违反法律、行政法规和建筑质量、安全标准，降低工程质量。

《最高人民法院关于审理建设工程施工合同纠纷案件适用法律问题的解释（一）》第十三条规定："发包人具有下列情形之一，造成建设工程质量缺陷，应当承担过错责任：

"①提供的设计有缺陷。

"②提供或者指定购买的建筑材料、建筑构配件、设备不符合强制性标准。

"③直接指定分包人分包专业工程。"

（3）未经竣工验收擅自使用的处理原则。

《中华人民共和国建筑法》《中华人民共和国民法典》《建设工程质量管理条例》均规定，建设工程竣工经验收合格后，方可交付使用；未经验收或验收不合格的，不得交付使用。

五、竣工验收报告备案的规定

《建设工程质量管理条例》第四十九条规定："建设单位应当自建设工程竣工验收合格之日起 15 日内，将建设工程竣工验收报告和规划、公安消防、环保等部门出具的认可文件或者准许使用文件报建设行政主管部门或者其他有关部门备案。

建设行政主管部门或者其他有关部门发现建设单位在竣工验收过程中有违反国家有关建设工程质量管理规定行为的，责令停止使用，重新组织竣工验收。"

1. 竣工验收备案的时间及须提交的文件

《房屋建筑和市政基础设施工程竣工验收备案管理办法》规定，建设单位应当自工程竣工验收合格之日起 15 日内，依照本办法规定，向工程所在地的县级以上地方人民政府建设主管部门（以下简称备案机关）备案。

建设单位办理工程竣工验收备案应当提交下列文件：

①工程竣工验收备案表；

②工程竣工验收报告；

③法律、行政法规规定应当由规划、环保等部门出具的认可文件或者准许使用文件；

④施工单位签署的工程质量保修书；

⑤法规、规章规定必须提供的其他文件；

⑥法律规定应当由公安消防部门出具的对大型的人员密集场所和其他特殊建设工程验收合格的证明文件；

商品住宅还应当提交"住宅质量保证书"和"住宅使用说明书"。

2. 竣工验收备案文件的签收和处理

备案机关收到建设单位报送的竣工验收备案文件，验证文件齐全后，应当在工程竣工验收备案表上签署文件收讫。工程竣工验收备案表一式两份，一份由建设单位保存，一份留备案机关存档。

工程质量监督机构应当在工程竣工验收之日起 5 日内，向备案机关提交工程质量监督报告。

备案机关发现建设单位在竣工验收过程中有违反国家有关建设工程质量管理规定行为的，应当在收讫竣工验收备案文件 15 日内，责令停止使用，重新组织竣工验收。

3. 竣工验收备案违反规定的处罚

《房屋建筑和市政基础设施工程竣工验收备案管理办法》规定，建设单位在工程竣工验收合格之日起 15 日内未办理工程竣工验收备案的，备案机关责令限期改正，处 20 万元以上50 万元以下罚款。

建设单位将备案机关决定重新组织竣工验收的工程，在重新组织竣工验收前，擅自使用的，备案机关责令停止使用，处工程合同价款2%以上4%以下罚款。

建设单位采用虚假证明文件办理工程竣工验收备案的，工程竣工验收无效，备案机关责令停止使用，重新组织竣工验收，处20万元以上50万元以下罚款；构成犯罪的，依法追究刑事责任。

备案机关决定重新组织竣工验收并责令停止使用的工程，建设单位在备案之前已投入使用或者建设单位擅自继续使用造成使用人损失的，由建设单位依法承担赔偿责任。

第五节　建设工程质量保修制度

建设工程质量保修制度是指建设工程竣工经验收后，在规定的保修期限内，因勘察、设计、施工、材料等原因造成的质量缺陷，应当由施工承包单位负责维修、返工或更换，由责任单位负责赔偿损失的法律制度。

《中华人民共和国建筑法》《建设工程质量管理条例》均规定，建筑工程实行质量保修制度。健全完善的建设工程质量保修制度对于促进承包方加强质量管理，保护用户及消费者的合法权益有着重要的意义。

一、质量保修书和最低保修期限的规定

《建设工程质量管理条例》第三十九条规定："建设工程承包单位在向建设单位提交工程竣工验收报告时，应当向建设单位出具质量保修书。质量保修书中应当明确建设工程的保修范围、保修期限和保修责任等。"

建设工程质量保修的承诺，应当由承包单位以建设工程质量保修书这一书面形式来体现。建设工程质量保修书是一项保修合同，是承包合同所约定双方权利与义务的延续，也是施工单位对竣工验收的建设工程承担保修责任的法律文本。

1.建筑工程的保修范围

《中华人民共和国建筑法》六十二条规定："建筑工程的保修范围应当包括地基基础工程、主体结构工程、屋面防水工程和其他土建工程，以及电气管线、上下水管线的安装工程，供热、供冷系统工程等项目；保修的期限应当按照保证建筑物合理寿命年限内正常使用，维护使用者合法权益的原则确定。具体的保修范围和最低保修期限由国务院规定。"

2.建设工程质量的最低保修期限

保修的期限应当按照保证建筑物合理寿命年限内正常使用，维护使用者合法权益的原则确定。具体的保修范围和最低保修期限由国务院规定。

根据《建设工程质量管理条例》规定，在正常使用条件下，建设工程的最低保修期限为：

①基础设施工程、房屋建筑的地基基础工程和主体结构工程，为设计文件规定的该工程的合理使用年限。

②屋面防水工程、有防水要求的卫生间、房间和外墙面的防渗漏，为 5 年。

③供热与供冷系统，为 2 个采暖期、供冷期。

④电气管线、给排水管道、设备安装和装修工程，为 2 年。

其他项目的保修期限由发包方与承包方约定。

建设工程的保修期，自竣工验收合格之日起计算。

3.质量保修责任

施工单位在质量保修书中应当向建设单位承诺保修范围、保修期限和有关具体实施保修的措施，如保修的方法、人员及联络办法，保修答复和处理时限，不履行保修责任的罚则等。

需要注意的是，施工单位在建设工程质量保修书中，应当对建设单位合理使用建设工程有所提示。如果是因建设单位或者用户使用不当或擅自改动结构、设备位置以及不当装修等造成质量问题的，施工单位不承担保修责任；由此而造成的质量受损或者其他用户损失，应当由责任人承担相应的责任。

二、质量责任的损失赔偿

《建设工程质量管理条例》规定，建设工程在保修范围和保修期限内发生质量问题的，施工单位应当履行保修义务，并对造成的损失承担赔偿责任。

《最高人民法院关于审理建设工程施工合同纠纷案件适用法律问题的解释（一）》规定，因保修人未及时履行保修义务，导致建筑物损毁或者造成人身、财产损害的，保修人应当承担赔偿责任。保修人与建筑物所有人或者发包人对建筑物毁损均有过错的，各自承担相应的责任。

建设工程保修的质量问题是指在保修范围和保修期限内的质量问题。对于保修义务的承担和维修的经济责任承担应当按下述原则处理。

①施工单位未按照国家有关标准规范和设计要求施工所造成的质量缺陷，由施工单位负责返修并承担经济责任。

②由于设计问题造成的质量缺陷，先由施工单位负责维修，其经济责任按有关规定通过建设单位向设计单位索赔。

③因建筑材料、构配件和设备质量不合格引起的质量缺陷，先由施工单位负责维修，属于施工单位采购的或经其验收同意的，由施工单位承担经济责任；属于建设单位采购的，由建设单位承担经济责任。

④因建设单位（含监理单位）错误管理而造成的质量缺陷，先由施工单位负责维修，其经济责任由建设单位承担；如属监理单位责任，则由建设单位向监理单位索赔。

⑤因使用单位使用不当造成的损坏问题，先由施工单位负责维修，其经济责任由使用单位自行负责。

⑥因地震、台风、洪水等自然灾害或其他不可抗拒原因造成的损坏问题，先由施工单位负责维修，建设参与各方再根据国家具体政策分担经济责任。

三、建设工程质量保证金

《建设工程质量保证金管理暂行办法》规定,建设工程质量保证金(以下简称保证金)是指发包人与承包人在建设工程承包合同中约定,从应付的工程款中预留,用以保证承包人在缺陷责任期内对建设工程出现的缺陷进行维修的资金。

1. 缺陷责任期的确定

缺陷是指建设工程质量不符合工程建设强制性标准、设计文件,以及承包合同的约定。缺陷责任期一般为1年,最长2年,由发、承包双方在合同中约定。

缺陷责任期从工程通过竣工验收之日起计算。由于承包人原因导致工程无法按规定期限进行竣工验收的,缺陷责任期从实际通过竣工验收之日起计算。由于发包人原因导致工程无法按规定期限进行竣工验收的,在承包人提交竣工验收报告90天后,工程自动进入缺陷责任期。

2. 预留保证金的比例

全部或者部分使用政府投资的建设项目,按工程价款结算总额3%左右的比例预留保证金。社会投资项目采用预留保证金方式的,预留保证金的比例可参照执行。

3. 质量保证金的返还

缺陷责任期内,承包人认真履行合同约定的责任,到期后,承包人向发包人申请返还保证金。

发包人在接到承包人返还保证金申请后,应于14日内会同承包人按照合同约定的内容进行核实。如无异议,发包人应当在核实后14日内将保证金返还给承包人,逾期未返还的,从逾期之日起,按照同期银行贷款利率计付利息,并承担违约责任。发包人在接到承包人返还保证金申请后14日内不予答复,经催告后14日内仍不予答复,视同认可承包人的返还保证金申请。

四、质量保修违法行为应承担的法律责任

《中华人民共和国建筑法》规定,建筑施工企业违反本法规定,不履行保修义务的责令改正,可以处以罚款,并对在保修期内因屋顶、墙面渗漏、开裂等质量缺陷造成的损失,承担赔偿责任。

《建设工程质量管理条例》规定,施工单位不履行保修义务或者拖延履行保修义务的,责令改正,处10万元以上20万元以下的罚款,并对在保修期内因质量缺陷造成的损失承担赔偿责任。

《建设工程质量保证金管理暂行办法》规定,缺陷责任期内,由承包人原因造成的缺陷,承包人应负责维修,并承担鉴定及维修费用。如承包人不维修也不承担费用,发包人可按合同约定扣除保证金,并由承包人承担违约责任。承包人维修并承担相应费用后,不免除对工

程的一般损失赔偿责任。

练习题

1.【单选题】根据《中华人民共和国标准化法》，强制性国家标准应由(　　)批准发布或者授权批准发布。

A.国务院 　　　　　　　　　　　B.国务院标准化行政主管部门

C.国务院有关行政主管部门 　　　　D.国家发展和改革委员会

2.【单选题】根据《中华人民共和国标准化法》，关于团体标准的说法，错误的是(　　)。

A.国家鼓励学会、协会、商会、联合会、产业技术联盟等社会团体协调相关市场主体共同制定满足市场和创新需要的团体标准

B.制定团体标准，应当遵循开放、透明、公平的原则

C.国家支持在重要行业、战略性新兴产业、关键共性技术等领域利用自主创新技术制定团体标准、企业标准

D.团体标准的技术要求不得低于强制性和推荐性国家标准以及行业标准的相关技术要求

3.【单选题】根据《中华人民共和国标准化法》，下列说法正确的是(　　)。

A.行业标准、地方标准是强制性标准

B.强制性标准国家鼓励采用

C.推荐性国家标准由各行业主管部门制定

D.对没有推荐性国家标准、需要在全国某个行业范围内统一的技术要求，可以制定行业标准

4.【多选题】某建设单位发包时，对承包商提出了若干要求，下列属于发包单位不合理干预行为的有(　　)。

A.迫使承包方以低于成本的价格竞标

B.商议承包方尽可能缩短工期

C.建议承包方采用建设单位采购的不合格材料设备

D.要求承包商违反工程建设强制性标准以降低建设工程质量

E.暗示承包商违反工程建设强制性标准以降低建设工程质量

5.【多选题】某建设单位发包时，对承包商提出了若干要求，下列属于发包单位不合理干预行为的有(　　)。

A.迫使承包方以低于成本的价格竞标

B.商议承包方尽可能缩短工期

C.建议承包方采用建设单位采购的不合格材料设备

D.要求承包商违反工程建设强制性标准以降低建设工程质量

E.暗示承包商违反工程建设强制性标准以降低建设工程质量

6.【单选题】某建设单位不按合同约定，要求施工单位压缩工期。为此，该建设单位应担的法律责任是：限期改正，并处(　　)的罚款。

A.10万元以下 　　　　　　　　　B.10万元以上20万元以下

C. 50万元以上   D. 20万元以上50万元以下

7.【单选题·真题】关于总分包单位的质量责任的说法,正确的是( )。

A. 分包工程质量由分包单位自行向建设单位负责

B. 分包单位应当接受总承包单位的质量管理

C. 总承包单位与分包单位对分包工程的质量各自向建设单位承担相应的责任

D. 分包工程发生质量问题,建设单位只能向总承包单位请求赔偿

8.【单选题·真题】根据《房屋建筑工程和市政基础设施工程实行见证取样和送检的规定》,必须实施见证取样和送检的试块、试件或材料,不包括( )。

A. 用于非承重结构的钢筋连接接头试件

B. 地下使用的防水材料

C. 用于砌筑砂浆的水泥

D. 用于承重结构的混凝土中使用的掺加剂

9.【单选题·真题】关于建设工程返修的说法,正确的是( )。

A. 施工企业只对自己原因造成的质量问题负责返修,费用由建设单位承担

B. 施工企业对所有的质量问题均应当负责返修,费用由建设单位承担

C. 施工企业对非自己原因造成的质量问题负责返修,费用由责任人承担

D. 施工企业只对竣工验收时发现的质量问题负责返修并承担费用

10.【单选题·真题】某工程竣工验收时发现隐蔽工程检查质量不合格,经查是由于设计缺陷造成的。下列说法中,正确的是( )。

A. 承包人应负责返修,费用由发包人先行承担

B. 设计人应负责返修,费用由设计方先行承担

C. 承包人应负责返修,费用由承包人先行承担

D. 由设计缺陷造成质量不合格的,承包人不负责返修

11.【多选题】下列属于发包人应当承担赔偿损失责任的情形有( )。

A. 偷工减料造成的损失   B. 未及时检查隐蔽工程造成的损失

C. 验收违法行为造成的损失   D. 中途变更承揽工作要求造成的损失

E. 提供图纸或者技术要求不合理且怠于答复等造成的损失

12.【单选题】某建设工程发生了工程质量事故,经鉴定,事故是由于设计方的原因造成的。对此,设计单位应当履行的法定义务是提出相应的( )。

A. 技术处理方案   B. 损失赔偿方案

C. 责任认定方案   D. 规划方案

13.【单选题·真题】施工人员对涉及结构安全的试块、试件以及有关材料,应当在( )监督下现场取样,并送具有相应资质等级的质量检测单位进行检测。

A. 施工企业质量管理部门   B. 建设单位或者工程监理单位

C. 设计单位或者工程监理单位   D. 建设工程质量监督机构

14.【单选题】根据《建设工程质量管理条例》,建设工程发生质量事故,有关单位应当在( )小时内向上级建设行政主管部门和其他有关部门报告。

A. 6   B. 12   C. 24   D. 48

15.【单选题】根据《建设工程质量管理条例》,对涉及建筑主体和( )的装修工程,建

设单位应在施工前委托原设计单位或具有相应资质等级的设计单位提出设计方案。

A.增加工程造价总额   B.承重结构变动

C.增加工程内部装修   D.改变建筑工程局部使用功能

16.【单选题·真题】关于工程质量争议处理的说法，正确的是( )。

A.建设单位直接指定分包人分包专业工程的，应当承担无过错责任

B.施工企业对施工中出现的施工质量问题应当负责返修

C.建设工程未经竣工验收，建设单位擅自使用后，以部分质量不符合约定为由主张权利的，应予支持

D.建设工程竣工时发现的质量缺陷是建设单位的责任，施工企业不承担返修义务

17.【单选题】建设单位向工程所在地的县级以上地方人民政府建设主管部门办理工程竣工验收备案，应当提交的文件中不包括( )。

A.工程竣工验收报告

B.法律、行政法规规定应当由规划、环保等部门出具的认可文件或者准许使用文件

C.工程质量监督机构提供的工程质量监督报告

D.施工单位签署的工程质量保修书

18.【单选题·真题】建设工程未经竣工验收，发包人擅自使用的，该工程竣工日期应为( )。

A.提交验收报告之日   B.建设工程完工之日

C.转移占有建设工程之日   D.竣工验收合格之日

19.【多选题·真题】建设工程承包单位应当向建设单位出具质量保修书，其内容包括建设工程的( )。

A.保修范围   B.工程简况和施工管理要求

C.保修期限   D.保修责任

E.超过合理使用年限继续使用的条件

20.【多选题·真题】在正常使用条件下，关于建设工程各保修项目法定最低保修期限的说法，正确的有( )。

A.屋面防水工程为 5 年

B.给排水管道为 2 年

C.供热与供冷系统为 2 个采暖期、供冷期

D.基础设施工程为设计文件规定的该工程的合理使用年限

E.设备安装和装修工程为 5 年

21.【多选题·真题】根据《建设工程质量管理条例》，法定质量保修范围有( )。

A.土石方工程   B.地基基础工程

C.电气管线工程   D.景观绿化工程

E.屋面防水工程

✦ 思考题

1. 什么是工程建设标准？
2. 如有偷工减料等违法行为应承担什么法律责任？
3. 建设工程竣工验收应当具备哪些条件？
4. 简述建筑工程的保修范围。
5. 建设工程的最低保修期限是什么？
6. 施工单位应承担哪些工程质量管理的责任和义务？

✦ 案例分析题

案例一 某工程项目，建设单位与施工总承包单位按《建设工程施工合同》（示范文本）签订了施工承包合同，并委托某监理公司承担施工阶段的监理任务。施工总承包单位将桩基工程分包给一家专业施工单位。

开工前：①总监理工程师组织监理人员熟悉设计文件时，发现部分图纸设计不当，即通过计算修改了该部分图纸，并直接签发给施工总承包单位；②在工程定位放线期间，总监理工程师又指派测量监理员复核施工总承包单位报送的原始基准点、基准线和测量控制点；③总监理工程师审查了分包单位直接报送的资格报审表等相关资料；④在合同约定开工日期的前5天，施工总承包单位书面提交了延期10天开工的申请，总监理工程师不予批准。

钢筋混凝土施工过程中监理人员发现：①按合同约定由建设单位负责采购的一批钢筋虽供货方提供了质量合格证，但在使用前的抽检试验中材料检验不合格；②在钢筋绑扎完毕后，施工总承包单位未通知监理人员检查就准备浇筑混凝土；③该部位施工完毕后，混凝土浇筑时留置的混凝土试块试验结果没有达到设计要求的强度。

竣工验收时：总承包单位完成了自查、自评工作，填写了工程竣工报验单，并将全部竣工资料报送项目监理机构，申请竣工验收。总监理工程师认为施工过程中均按要求进行了验收，即签署了竣工报验单，并向建设单位提交了质量评估报告。建设单位收到监理单位提交的质量评估报告后，即将该工程正式投入使用。

问题：

（1）对总监理工程师在开工前所处理的几项工作是否妥当进行评价。并说明理由。如果有不妥当之处写出正确做法。

（2）对施工过程中出现的问题，监理人员应分别如何处理？

案例二 绵阳市某大型企业甲建设附属中学，委托一设计院为其设计了6层砖混结构的教学楼、运动场、实验楼项目。项目监理招标公告发布以后，众程建设监理有限公司参与监理投标（以下简称众程），弘正建设工程有限公司参与了施工投标（以下简称弘正）。

中标结束后，惊喜地发现，弘正公司法人代表王总是众程公司法人代表的哥哥并持有众程公司30%的股份。在工程实施过程中，施工单位对承重结构的混凝土试块、承重结构的钢筋及连接接头试件、承重墙的砖和混凝土小型砌块、地下、屋面、厕浴间使用的防水材料进行了见证取样，监理单位也在工程竣工验收时对以上见证取样报告单签字。

经过施工、监理极其密切的配合，该工程经竣工验收合格，交付建设单位使用。在工程投入使用7个月时，教学楼的外墙瓷砖大面积脱落，给在校学生造成极大的安全隐患。随后企业甲向利比公司提出交涉。

问题：

(1)根据上述材料的说明，你认为该项目是否存在违法行为？并说明理由。

(2)假如你是甲企业的代表人，就该工程的质量问题如何向利比公司提出交涉？

案例三 2019年1月5日，江南某公司与某施工单位签订了一份建设工程施工承包合同，双方约定由该施工单位承包该公司提取车间一万多平方米的建筑工程土建及配套附属工程。之后，施工单位不严格按设计图纸施工，且偷工减料。为此，该公司曾多次向施工单位提出，对于工程质量不符合要求的部位要求返工处理。施工单位只是口头上承诺，但没有实际行动。2019年8月25日，经质量监督机构检查并做出了"关于江南某公司提取车间的工程质量报告"。该报告称，经现场随机抽查，施工单位有明显的偷工减料行为，以上问题的存在影响了设备工艺的使用功能。

问题：

(1)施工单位有哪些违法行为？

(2)对施工单位的违法行为应该怎样处理？

案例四 2006年1月5日，江南某制药公司与某施工单位签订了一份建设工程施工承包合同，双方约定由该施工单位承包制药公司提取车间约1万平方米的建筑工程土建及配套附属工程。之后，在施工过程中，对于配套的排水工程管道经过开挖、安装管道并经过测量复核，证实误差在允许的范围之内，随后就进行了回填夯实。施工单位在施工期间聘用了大量对于管道施工缺乏经验的工人，工人根据以往其他工程的经验进行施工。在主体工程施工时，施工单位发现设计图设计的边柱尺寸过大，于是根据施工经验将施工图设计的900×900的柱子变更为600×600的柱子，柱子的钢筋配置也做了合理的调整，由原来的8根变更为6根，按照计划，该工程于2007年8月完工并投入使用。在2007年6月5日，王某找到该施工单位，打算以该施工单位的名义承揽一项乡政府办公楼的工程，根据王某和施工单位负责人的洽谈，双方达成一致并签订了协议书，该施工单位同意王某以自己公司的名义参与乡政府办公楼工程的投标活动。在2008年1月，制药公司发现局部墙体开裂，制药公司找到这家施工单位要求返修。施工单位认为此工程质量问题不属于自身造成的，拒绝承担维修责任。

问题：根据案例的叙述，施工单位存在哪些违法行为？请逐一列出并说明理由。

案例五 某化工厂位于城市市区与郊区交界处，随着经济社会的发展，为扩大再生产，厂区领导管理层决定在同一厂区建设第二个大型厂房。按照该市城市总体及局部详细的规划，已经批准该化工厂扩大建设用地。经厂房建设指挥部察看第一个厂房的勘察成果及第二个厂区的地质状况商讨决定，不做勘察，将四年前为第一个厂房所做的勘察成果提供给设计院作为设计依据，不仅节省了投资，也加快了工程进度，设计院根据指挥部的要求和设计资料、规范等文件进行设计。建设单位将该工程的施工任务委托给李某所带的施工队进行施工，经过紧张施工，在 2009 年 2 月份竣工完成，4 月份投入使用。厂房建成后使用一年就发现北墙地基沉陷明显，北墙墙体多处开裂，根据质量保修书的规定，化工厂建设指挥部与李某交涉，李某认为不是自身原因造成的，不予返修。该化工厂指挥部一纸诉状将李某告上法庭，请求判定李某按照施工质量保修的有关规定承担质量责任。李某不服，最终该案件进行了开庭审理。假如你是该案例的审判法官，请就以下问题做出判定。

问题：

(1)本案中的质量责任应当由谁承担？并说明依据。

(2)建设单位的做法存在哪些不妥？并说明理由。

案例六 某国家机关新建一办公楼，建筑面 50000 m²，通过招投标手续，确定了由某建筑公司进行施工，并及时签署了施工合同。双方签订施工合同后，该建筑公司又进行了劳务招标，最终确定江苏某劳务公司为中标单位，并与其签订了劳务分包合同，在合同中明确了双方的权利和义务。该工程由本市某监理单位实施监理任务。该建筑公司为了承揽该项施工任务，采取了低报价策略而获得中标，在施工中，为了降低成本，施工单位采用了一个小砖厂的价格便宜的砖，在砖进场前未向管理单位申报。在施工过程中，屋面带挂板大挑檐发生悬挑部分根部突然断裂。建设单位未按规定办理工程质量监督手续。经事故调查、原因分析，发现造成该质量事故的主要原因是施工队伍素质差，致使受力钢筋反向，构件厚度控制不严而导致事故发生。

问题：

(1)该建筑公司对砖的选择和进场的做法是否正确？

(2)如果不正确，施工单位应如何做？

(3)施工单位的现场质量检查的内容有哪些？

(4)施工单位为了降低成本，对材料的选择应如何去做才能保证其质量？

(5)对该起质量事故该市监理公司是否应承担责任？原因是什么？

(6)政府对建设工程质量监督的职能是什么？

第十章
建设工程安全生产法律制度

学习目标

1. 掌握建设工程安全生产管理的概念、意义和体制。

2. 明确施工安全生产许可证制度。

3. 掌握建设工程安全生产管理中涉及的安全生产责任制度、群防群治制度、安全生产教育培训制度、安全生产监督检查制度、伤亡事故处理报告制度、安全责任追究制度等基本制度。

4. 掌握施工单位的安全生产责任制度。

5. 明确施工现场安全与防护制度。

6. 了解施工安全事故的应急救援和调查处理的相关规定。

7. 熟悉建设单位和施工单位，勘察、设计单位，监理单位，机械设备单位和政府部门等建设工程相关单位的安全生产责任制度。

第一节 建设工程安全生产管理基本制度

建设行业的特点是多为露天、高处作业，施工环境和作业条件复杂，不安全因素较多，极易发生事故。建设工程行业作为国民经济增长的支柱产业之一，从业人员队伍庞大，属于高风险行业。在建设工程施工中，安全问题成为制约行业发展的主要因素。

《中共中央 国务院关于推进安全生产领域改革发展的意见》(中发〔2016〕32 号)中指出，安全生产是关系人民群众生命财产安全的大事，是经济社会协调健康发展的标志，是党和政府对人民利益高度负责的要求。当前我国正处在工业化、城镇化持续推进过程中，生产经营规模不断扩大，传统和新型生产经营方式并存，各类事故隐患和安全风险交织叠加，安全生产基础薄弱、监管体制机制和法律制度不完善、企业主体责任落实不力等问题依然突出，生产安全事故易发多发，尤其是重特大安全事故频发势头尚未得到有效遏制，一些事故发生呈现由高危行业领域向其他行业领域蔓延趋势，直接危及生产安全和公共安全。

贯彻以人民为中心的发展思想，始终把人民的生命安全放在首位，正确处理安全与发展的关系，大力实施安全发展战略，为经济社会发展提供强有力的安全保障。安全生产是关系人民群众生命财产安全的大事,是经济社会协调健康发展的标志,是党和政府对人民利益高度负责的要求。建立建设工程安全生产管理基本制度尤其重要。

一、建设工程安全生产管理概述

1.建设工程安全生产管理的概念

建设工程安全生产管理是指建设行政主管部门、建设安全监督管理机构、建筑施工企业及有关单位对建设生产过程中的安全工作进行计划、组织、指挥、控制、监督等一系列的管理活动。其目的在于保证建设工程的安全和建设活动人员的人身安全。

2.建设工程安全生产管理的内容

建设工程安全生产管理可概括为纵向、横向和施工现场三个方面的管理。

①纵向方面的管理主要是指建设行政主管部门及其授权的建筑安全监督管理机构对建设安全生产行业的监督管理。

②横向方面的管理主要是指建设生产有关各方如建设单位、设计单位、监理单位和建筑施工企业等的安全责任和义务(企业管理)。

③施工现场的管理主要是指控制人的不安全行为和物的不安全状态,是建筑安全生产管理的关键和集中体现。

3.建设工程安全生产管理的相关法律法规

我国建设工程安全生产管理的法律法规主要有《中华人民共和国建筑法》《中华人民共和国安全生产法》《建设工程安全生产管理条例》《安全生产许可证条例》和《生产安全事故报告和调查处理条例》等。

二、建设工程安全生产管理基本制度

建设工程安全生产管理基本制度主要有安全生产责任制度、群防群治制度、安全生产教育培训制度、安全生产监督检查制度、伤亡事故处理报告制度、安全责任追究制度。

1.安全生产责任制度

安全生产责任制度是建筑生产中最基本的安全管理制度,是所有安全规章制度的核心。安全生产责任制度是指将各种不同的安全责任落实到有安全管理责任的人员和具体岗位人员上的一种制度。这一制度是建设安全生产的基本制度之一。

2.群防群治制度

群防群治制度是职工群众进行预防和治理安全的一种制度。这一制度也是建设安全生产的基本制度之一。

3.安全生产教育培训制度

《中华人民共和国建筑法》第四十六条规定："建筑施工企业应当建立健全劳动安全生产教育培训制度，加强对职工安全生产的教育培训；未经安全生产教育培训的人员，不得上岗作业。"

《中华人民共和国安全生产法》第二十八条明确规定："生产经营单位应当对从业人员进行安全生产教育和培训，保证从业人员具备必要的安全生产知识，熟悉有关的安全生产规章制度和安全操作规程，掌握本岗位的安全操作技能，了解事故应急处理措施，知悉自身在安全生产方面的权利和义务。未经安全生产教育和培训合格的从业人员，不得上岗作业。"

4.安全生产监督检查制度

安全生产监督检查制度是上级管理部门或企业自身对安全生产状况进行定期和不定期检查的制度。通过检查可以发现问题，查出隐患，从而采取有效措施，堵塞漏洞，把事故消灭在生产之前，做到防患于未然，是"预防为主"的具体体现。通过检查，还可总结出好的经验加以推广，为进一步做好安全工作打下基础。安全生产监督检查制度是安全生产的保障。

安全生产监督检查制度的主要形式一般可分为定期安全检查、经常性安全检查、季节性安全检查、节假日安全检查、开工复工安全检查、专业性安全检查、设备设施安全验收检查等。

5.伤亡事故处理报告制度

伤亡事故处理报告制度是指施工中发生事故时，建筑企业应当采取紧急措施减少人员伤亡和事故损失，并按照国家有关规定及时向有关部门报告的制度。

事故处理必须做到"四不放过"：①原因不查清不放过；②不采取改正措施不放过；③责任人和广大群众不受到教育不放过；④与事故有关领导和责任人不受到查处不放过。

6.安全责任追究制度

《中华人民共和国安全生产法》第十六条规定："国家实行生产安全事故责任追究制度，依照本法和有关法律、法规的规定，追究生产安全事故责任单位和责任人员的法律责任。"

建设单位、设计单位、施工单位、监理单位由于没有履行职责造成人员伤亡和事故损失的，视情节给予相应处理；情节严重的，责令停业整顿，降低资质等级或吊销资质证书；构成犯罪的，依法追究刑事责任。

三、施工安全生产许可制度

2014年修订的《安全生产许可证条例》第二条规定："国家对矿山企业、建筑施工企业和危险化学品、烟花爆竹、民用爆炸物品生产企业（以下统称企业）实行安全生产许可制度。企业未取得安全生产许可证的，不得从事生产活动。"

新修订的《建筑施工企业安全生产许可证管理规定》中规定，建筑施工企业未取得安全生产许可证的，不得从事建筑施工活动。这里所称建筑施工企业，是指从事土木工程、建筑工程、线路管道和设备安装工程及装修工程的新建、扩建、改建和拆除等有关活动的企业。

1.申请领取安全生产许可证的条件

《建筑施工企业安全生产许可证管理规定》第四条规定："建筑施工企业取得安全生产许可证,应当具备12项安全生产条件。"

2.安全生产许可证的申请、有效期和政府监管的规定

(1)安全生产许可证的申请

建筑施工企业向企业注册所在地省、自治区、直辖市人民政府建设主管部门申请领取安全生产许可证。中央管理的建筑施工企业(集团公司、总公司)向国务院建设行政主管部门申请领取安全生产许可证。

(2)安全生产许可证的有效期

根据《安全生产许可证条例》的规定:①安全生产许可证的有效期为3年;②安全生产许可证有效期满需要延期的,企业应当于期满前3个月向原安全生产许可证颁发管理机关办理延期手续;③企业在安全生产许可证有效期内,严格遵守有关安全生产的法律法规,未发生死亡事故的,安全生产许可证有效期届满时,经原安全生产许可证颁发管理机关同意,不再审查,安全生产许可证有效期延期3年。

但是,建筑施工企业变更名称、地址、法定代表人等,应当在变更后10日内,到原安全生产许可证颁发管理机关办理变更手续。建筑施工企业破产、倒闭、撤销的,应当将安全生产许可证交回原安全生产许可证颁发管理机关并予以注销。建筑施工企业遗失安全生产许可证的,应当立即向原安全生产许可证颁发管理机关报告,并在公共媒体上声明作废后,方可申请补办。

(3)政府监管

建设主管部门在审核发放施工许可证时,应当对已经确定的建筑施工企业是否有安全生产许可证进行审查,对没有取得安全生产许可证的,不得颁发施工许可证。企业不得转让、冒用安全生产许可证或者使用伪造的安全生产许可证。企业取得安全生产许可证后,不得降低安全生产条件,并应当加强日常安全生产管理,接受安全生产许可证颁发管理机关的监督检查。安全生产许可证颁发管理机关发现企业不再具备安全生产条件的,应当暂扣或者吊销安全生产许可证。

安全生产许可证颁发管理机关或者其上级行政机关发现有违法情形的,可以撤销已经颁发的安全生产许可证。

3.建筑生产企业的其他安全认证

(1)特殊专业队伍的安全认证

人工挖孔桩、地基基础、护壁支撑、塔式起重机装拆、井字架(龙门架)、特种脚手架搭设等施工队伍,资格审查合格后颁发专业施工安全许可证。

(2)专职安全人员资格认证

建筑施工单位应当设置安全生产管理机构和配备专职安全生产管理人员。对主要负责人和安全生产管理人员,应当由有关部门对其安全生产知识和管理能力考核合格后方可任职。

4.违法行为应承担的法律责任

(1)未取得安全生产许可证擅自从事施工活动应承担的法律责任

建筑施工企业未取得安全生产许可证擅自从事建筑施工活动的,责令其在建项目停止施工,没收违法所得,并处 10 万元以上 50 万元以下的罚款;造成重大安全事故或者其他严重后果,构成犯罪的,依法追究刑事责任。

(2)安全生产许可证有效期满未办理延期手续继续从事施工活动应承担的法律责任

安全生产许可证有效期满未办理延期手续,继续从事建筑施工活动的,责令其在建项目停止施工,限期补办延期手续,没收违法所得,并处 5 万元以上 10 万元以下的罚款;逾期仍不办理延期手续,继续从事建筑施工活动的,依照未取得安全生产许可证擅自从事建筑施工活动的规定处罚。

(3)转让安全生产许可证等应承担的法律责任

建筑施工企业转让安全生产许可证的,没收违法所得,处 10 万元以上 50 万元以下的罚款,并吊销安全生产许可证;构成犯罪的,依法追究刑事责任;接受转让的,依照未取得安全生产许可证擅自从事建筑施工活动的规定处罚。冒用安全生产许可证或者使用伪造的安全生产许可证的,依照未取得安全生产许可证擅自从事建筑施工活动的规定处罚。

(4)以不正当手段取得安全生产许可证应承担的法律责任

建筑施工企业隐瞒有关情况或者提供虚假材料申请安全生产许可证的,不予受理或者不予颁发安全生产许可证,并给予警告,1 年内不得申请安全生产许可证。

建筑施工企业以欺骗、贿赂等不正当手段取得安全生产许可证的,撤销安全生产许可证,3 年内不得再次申请安全生产许可证;构成犯罪的,依法追究刑事责任。

(5)暂扣安全生产许可证并限期整改的规定

取得安全生产许可证的建筑施工企业,发生重大安全事故的,暂扣安全生产许可证并限期整改。建筑施工企业不再具备安全生产条件的,暂扣安全生产许可证并限期整改;情节严重的,吊销安全生产许可证。

(6)颁证机关工作人员有违法行为应承担的法律责任

《安全生产许可证条例》规定,安全生产许可证颁发管理机关工作人员有违反规定、有违法行为的,可以给予降级或者撤职的行政处分;构成犯罪的,依法追究刑事责任。

第二节　施工单位的安全生产责任制度

施工单位是建设工程施工活动的主体,是企业生产经营的主体,在施工安全生产中处于核心地位。必须加强对施工安全生产的管理,落实施工安全生产的主体责任。

《中华人民共和国安全生产法》规定,安全生产工作应当以人为本,坚持安全发展,坚持"安全第一、预防为主、综合治理"的方针。

一、施工单位的安全生产责任制度

安全生产责任制度是施工单位最基本的安全管理制度，是施工单位安全生产的核心和中心环节。

《建设工程安全生产管理条例》进一步规定，施工单位应当建立健全安全生产责任制度和安全生产教育培训制度，制定安全生产规章制度和操作规程，保证本单位安全生产条件所需资金的投入，对所承担的建设工程进行定期和专项安全检查，并做好安全检查记录。

1.施工单位主要负责人对安全生产工作全面负责

《建设工程安全生产管理条例》规定，施工单位主要负责人依法对本单位的安全生产工作全面负责。

安全生产责任制是贯彻"安全第一、预防为主、综合治理"方针的基本要求，也是被实践证明行之有效的"管生产必须同时管安全"原则的具体体现。

《国务院关于坚持科学发展安全发展促进安全生产形势持续稳定好转的意见》（国发〔2011〕40号）进一步指出，企业主要负责人、实际控制人要切实承担安全生产第一责任人的责任，带头执行现场带班制度，加强现场安全管理。住房和城乡建设部印发的《建筑施工企业主要负责人、项目负责人和专职安全生产管理人员安全生产管理规定实施意见》（建质〔2015〕206号）中规定，企业主要负责人的范围包括法定代表人、总经理（总裁）、分管安全生产的副总经理（副总裁）、分管生产经营的副总经理（副总裁）、技术负责人、安全总监等。

2.施工单位安全生产管理机构及专职安全生产管理人员的责任

《建设工程安全生产管理条例》规定，施工单位应当设立安全生产管理机构，配备专职安全生产管理人员。专职安全生产管理人员负责对安全生产进行现场监督检查。发现安全事故隐患，应当及时向项目负责人和安全生产管理机构报告；对违章指挥、违章操作的，应当立即制止。

安全生产管理机构是指施工单位设置的负责安全生产管理工作的独立职能部门。

专职安全生产管理人员是指经建设主管部门或者其他有关部门安全生产考核合格，并取得安全生产考核合格证书，在企业从事安全生产管理工作的专职人员。

《建筑施工企业安全生产管理机构设置及专职安全生产管理人员配备办法》规定，建筑施工企业安全生产管理机构专职生产管理人员的配备应满足下列要求，并应根据企业经营规模、设备管理和生产需要予以增加：①建筑施工总承包资质序列企业：特级资质不少于6人；一级资质不少于4人；二级和二级以下资质不少于3人；②建筑施工专业承包资质序列企业：一级资质不少于3人；二级和二级以下资质不少于2人；③建筑施工劳务分包资质序列企业：不少于2人；④建筑施工企业的分公司、区域公司等较大的分支机构：不少于2人。

总承包单位配备项目专职安全生产管理人员应当满足下列要求。

（1）建筑工程、装修工程按照建筑面积配备：①1万平方米以下的工程不少于1人；②1万~5万平方米的工程不少于2人；③5万平方米及以上的工程不少于3人，且按专业配备专职安全生产管理人员。

（2）土木工程、线路管道、设备安装工程按照工程合同价配备：①5000万元以下的工程不少于1人；②5000万～1亿元的工程不少于2人；③1亿元及以上的工程不少于3人，且按专业配备专职安全生产管理人员。

分包单位配备项目专职安全生产管理人员应当满足下列要求。

①专业承包单位应当配置至少1人，并根据所承担的分部分项工程的工程量和施工危险程度增加。

②劳务分包单位施工人员在50人以下的，应当配备1名专职安全生产管理人员；50～200人的，应当配备2名专职安全生产管理人员；200人及以上的，应当配备3名及以上专职安全生产管理人员，并根据所承担的分部分项工程施工危险实际情况增加，不得少于工程施工人员总人数的5‰。

二、施工项目负责人的安全生产责任制度

《建设工程安全生产管理条例》第二十一条规定："施工单位的项目负责人应当由取得相应执业资格的人员担任，对建设工程项目的安全施工负责，落实安全生产责任制度、安全生产规章制度和操作规程，确保安全生产费用的有效使用，并根据工程的特点组织制定安全施工措施，消除安全事故隐患，及时、如实报告生产安全事故。"

施工项目负责人是指建设工程项目的项目经理。施工单位不同于一般的生产经营单位，通常会同时承揽若干项建设工程，而且异地施工的情况很普遍。针对这种特殊性，为了加强施工现场管理，施工单位都要对每个建设工程项目委派一名项目负责人，即项目经理，由项目经理对该项目的施工过程全面负责。项目负责人经施工单位法定代表人授权，选调技术、生产、材料、成本等管理人员组成项目管理班子，代表施工单位在本工程项目上履行管理职责。

1.施工单位项目负责人的安全生产责任

《建设工程安全生产管理条例》还规定，建设工程施工前，施工单位负责项目管理的技术人员应当对有关安全施工的技术要求向施工作业班组、作业人员做详细说明，并由双方签字确认。这就是通常所说的交底制度。在施工前，施工单位负责项目管理的技术负责人要将工程概况、施工方法、安全技术措施等向作业班组、作业人员进行详细讲解和说明。这有助于作业班组和作业人员尽快了解将要进行施工的具体情况，掌握有关操作方法和注意事项，保护作业人员的人身安全，减少因伤亡事故而导致的经济损失。

2.施工单位项目负责人施工现场带班制度

《住房城乡建设部办公厅关于进一步加强危险性较大的分部分项工程安全管理的通知》（建办质〔2017〕39号）中规定，施工单位项目经理是危大工程安全管控第一责任人，必须在危大工程施工期间现场带班，超过一定规模的危大工程施工时，施工单位负责人应当带班检查。监理单位对危大工程安全生产承担监理责任，项目总监理工程师或其委托的专业监理工程师必须对危大工程实施旁站监理。

《建筑施工企业负责人及项目负责人施工现场带班暂行办法》中第三条规定："建筑施工

企业应当建立企业负责人及项目负责人施工现场带班制度，并严格考核。施工现场带班制度应明确其工作内容、职责权限和考核奖惩等要求。"

第九条规定："项目负责人是工程项目质量安全管理的第一责任人，应对工程项目落实带班制度负责。项目负责人在同一时期只能承担一个工程项目的管理工作。"

第十一条规定："项目负责人每月带班生产时间不得少于本月施工时间的80%。因其他事务需离开施工现场时，应向工程项目的建设单位请假，经批准后方可离开。离开期间应委托项目相关负责人负责其外出时的日常工作。"

三、施工总承包和分包单位的安全生产责任

《中华人民共和国建筑法》规定，施工现场安全由建筑施工企业负责。实行施工总承包的，由总承包单位负责。分包单位向总承包单位负责，服从总承包单位对施工现场的安全生产管理。

1. 总承包单位应当承担的法定安全生产责任

建设工程实行施工总承包的，由总承包单位对施工现场的安全生产负总责。由于施工总承包是由一个施工单位对建设工程的施工全面负责，总承包单位不仅要负责建设工程质量、建设工期、造价控制，还要对施工现场的施工组织和安全生产进行统一管理和全面负责。

①分包合同应当明确总分包双方的安全生产责任。《建设工程安全生产管理条例》规定，总承包单位依法将建设工程分包给其他单位的，分包合同中应当明确各自的安全生产方面的权利、义务。施工总承包单位与分包单位的安全生产责任，可以分为法定责任和约定责任两种表现形式。法定的安全生产责任，即法律、法规中明确规定的总承包单位、分包单位各自的安全生产责任。约定的安全生产责任，即总承包单位与分包单位在分包合同中通过协商约定各自应当承担的安全生产责任。

②统一组织编制建设工程生产安全事故应急救援预案。《建设工程安全生产管理条例》规定，施工单位应当根据建设工程施工的特点、范围，对施工现场易发生重大事故的部位、环节进行监控，制定施工现场生产安全事故应急救援预案。实行施工总承包的，由总承包单位统一组织编制建设工程生产安全事故应急救援预案，工程总承包单位和分包单位按照应急救援预案，各自建立应急救援组织或者配备应急救援人员，配备救援器材、设备，并定期组织演练。

③负责向有关部门上报生产安全事故。《建设工程安全生产管理条例》规定，实行施工总承包的建设工程，由总承包单位负责上报事故。据此，一旦发生施工安全事故，施工总承包单位应当依法担负起及时报告的义务。

④自行完成建设工程主体结构的施工。

⑤总承包单位和分包单位对分包工程的安全生产承担连带责任。

2. 分包单位应当承担的法定安全生产责任

《中华人民共和国建筑法》规定，分包单位向总承包单位负责，服从总承包单位对施工现场的安全生产管理。《建设工程安全生产管理条例》进一步规定，分包单位应当服从总承包单

位的安全生产管理，分包单位不服从管理导致发生生产安全事故的，由分包单位承担主要责任。

四、施工作业人员安全生产的权利和义务

施工作业人员应当依法享受安全生产的权利，也应依法履行安全生产的义务。

1.施工作业人员应当享有的安全生产权利

①施工安全生产的知情权、建议权。
②施工安全防护用品的获得权。
③批评、检举、控告权，拒绝违章指挥权。
④紧急避险权。
⑤获得工伤保险和意外伤害保险赔偿的权利。
⑥请求民事赔偿权。
⑦依靠工会维权和被派遣劳动者的权利。

2.施工作业人员应当履行的安全生产义务

①守法遵章和正确使用安全防护用具等的义务。
②接受安全生产教育培训的义务。
③报告安全事故隐患的义务。
④被派遣劳动者的义务。

五、施工单位安全生产教育培训的规定

安全生产教育培训制度，是指对从业人员进行安全生产的教育和安全生产技能的培训，并将这种教育和培训制度化、规范化，以提高全体人员的安全意识和安全生产的管理水平，减少和防止生产安全事故的发生。

1.施工单位安全管理人员的培训考核

施工单位的主要负责人、项目负责人、专职安全生产管理人员（合称"安管人员"）应当经建设行政主管部门或者其他部门考核合格后方可任职。

施工单位的主要负责人要对本单位的安全生产工作全面负责，项目负责人要对所负责的建设工程项目的安全生产工作全面负责，安全生产管理人员直接、具体地承担本单位日常的安全生产管理工作。这三类人员在施工安全方面的知识水平和管理能力直接关系到本单位、本项目的安全生产管理水平。因此，这三类人员必须经安全生产知识和管理能力考核合格后方可任职。

2.每年至少进行一次全员安全生产教育培训

《建设工程安全生产管理条例》规定，施工单位应当对管理人员和作业人员每年至少进行

一次安全生产教育培训,其教育培训情况记入个人工作档案。安全生产教育培训考核不合格的人员,不得上岗。

3.进入新的岗位或者新的施工现场前的安全生产教育培训

《建设工程安全生产管理条例》规定,作业人员进入新的岗位或者新的施工现场前,应当接受安全生产教育培训。未经教育培训或者教育培训考核不合格的人员,不得上岗作业。

4.采用新技术、新工艺、新设备、新材料前的安全生产教育培训

《建设工程安全生产管理条例》规定,施工单位在采用新技术、新工艺、新设备、新材料时,应当对作业人员进行相应的安全生产教育培训。

5.特种作业人员的安全培训考核

《建设工程安全生产管理条例》第二十五条规定:"垂直运输机械作业人员、安装拆卸工、爆破作业人员、起重信号工、登高架设作业人员等特种作业人员,必须按照国家有关规定经过专门的安全作业培训,并取得特种作业操作资格证书后,方可上岗作业。

特种作业是指容易发生事故,对操作者本人、他人的安全健康及设备、设施的安全可能造成重大危害的作业。特种作业人员是指直接从事特种作业的从业人员。"

《建筑施工特种作业人员管理规定》规定建筑施工特种作业包括:①建筑电工;②建筑架子工;③建筑起重信号司索工;④建筑起重机械司机;⑤建筑起重机械安装拆卸工;⑥高处作业吊篮安装拆卸工;⑦经省级以上人民政府建设主管部门认定的其他特种作业。

6.消防安全教育培训

《社会消防安全教育培训规定》第二十四条规定:"在建工程的施工单位应当开展下列消防安全教育工作:①建设工程施工前应当对施工人员进行消防安全教育;②在建设工地醒目位置、施工人员集中住宿场所设置消防安全宣传栏,悬挂消防安全挂图和消防安全警示标志;③对明火作业人员进行经常性的消防安全教育;④组织灭火和应急疏散演练。"

六、违法行为应承担的法律责任

1.施工单位违法行为应承担的法律责任

《中华人民共和国建筑法》第七十一条规定:"建筑施工企业违反本法规定,对建筑安全事故隐患不采取措施予以消除的,责令改正,可以处以罚款;情节严重的,责令停业整顿,降低资质等级或者吊销资质证书;构成犯罪的,依法追究刑事责任。"

《建设工程安全生产管理条例》第六十二条规定:"违反本条例的规定,施工单位有下列行为之一的,责令限期改正;逾期未改正的,责令停业整顿,依照《中华人民共和国安全生产法》的有关规定处以罚款;造成重大安全事故,构成犯罪的,对直接责任人员,依照刑法有关规定追究刑事责任:

①未设立安全生产管理机构、配备专职安全生产管理人员或者分部分项工程施工时无专

职安全生产管理人员现场监督的。

②施工单位的主要负责人、项目负责人、专职安全生产管理人员、作业人员或者特种作业人员，未经安全教育培训或者经考核不合格即从事相关工作的。

③未在施工现场的危险部位设置明显的安全警示标志，或者未按照国家有关规定在施工现场设置消防通道、消防水源、配备消防设施和灭火器材的。

④未向作业人员提供安全防护用具和安全防护服装的。

⑤未按照规定在施工起重机械和整体提升脚手架、模板等自升式架设设施验收合格后登记的。

⑥使用国家明令淘汰、禁止使用的危及施工安全的工艺、设备、材料的。"

《建设工程安全生产管理条例》第六十七条规定："施工单位取得资质证书后，降低安全生产条件的，责令限期改正；经整改仍未达到与其资质等级相适应的安全生产条件的，责令停业整顿，降低其资质等级直至吊销资质证书。"

《建设工程安全生产管理条例》第六十三条规定："施工单位挪用列入建设工程概算的安全生产作业环境及安全施工措施所需费用的，责令限期改正，处挪用费用20%以上50%以下的罚款；造成损失的，依法承担赔偿责任。"

《中华人民共和国刑法》第一百三十七条规定："建设单位、设计单位、施工单位、工程监理单位违反国家规定，降低工程质量标准，造成重大安全事故的，对直接责任人员，处五年以下有期徒刑或者拘役，并处罚金；后果特别严重的，处五年以上十年以下有期徒刑，并处罚金。"

2. 施工管理人员违法行为应承担的法律责任

《中华人民共和国建筑法》第七十一条规定："建筑施工企业的管理人员违章指挥、强令职工冒险作业，因而发生重大伤亡事故或者造成其他严重后果的，依法追究刑事责任。"

《建设工程安全生产管理条例》第六十六条规定："施工单位的主要负责人、项目负责人未履行安全生产管理职责的，责令限期改正；逾期未改正的，责令施工单位停业整顿；造成重大安全事故、重大伤亡事故或者其他严重后果，构成犯罪的，依照刑法有关规定追究刑事责任。

施工单位的主要负责人、项目负责人有前款违法行为，尚不够刑事处罚的，处2万元以上20万元以下的罚款或者按照管理权限给予撤职处分；自刑罚执行完毕或者受处分之日起，5年内不得担任任何施工单位的主要负责人、项目负责人。"

《建设工程安全生产管理条例》第五十八条规定："注册执业人员未执行法律、法规和工程建设强制性标准的，责令停止执业3个月以上1年以下；情节严重的，吊销执业资格证书，5年内不予注册；造成重大安全事故的，终身不予注册；构成犯罪的，依照刑法有关规定追究刑事责任。"

《中华人民共和国刑法》第一百三十四条规定："强令他人违章冒险作业，或者明知存在重大事故隐患而不排除，仍冒险组织作业，因而发生重大伤亡事故或者造成其他严重后果的，处五年以下有期徒刑或者拘役；情节特别恶劣的，处五年以上有期徒刑。"

《中华人民共和国刑法》第一百三十五条规定："安全生产设施或者安全生产条件不符合国家规定，因而发生重大伤亡事故或者造成其他严重后果的，对直接负责的主管人员和其他直接责任人员，处三年以下有期徒刑或者拘役；情节特别恶劣的，处三年以上七年以下有期徒刑。"

3. 施工作业人员违法行为应承担的法律责任

《建设工程安全生产管理条例》六十六条规定："作业人员不服管理、违反规章制度和操作规程冒险作业造成重大伤亡事故或者其他严重后果，构成犯罪的，依照刑法有关规定追究刑事责任。"

4. 特种作业违法行为应承担的法律责任

《特种设备安全监察条例》第八十六条规定："特种设备使用单位有下列情形之一的，由特种设备安全监督管理部门责令限期改正；逾期未改正的，责令停止使用或者停产停业整顿，处2000元以上2万元以下罚款：

①未依照本条例规定设置特种设备安全管理机构或者配备专职、兼职的安全管理人员的。

②从事特种设备作业的人员，未取得相应特种作业人员证书，上岗作业的。

③未对特种设备作业人员进行特种设备安全教育和培训的。"根据《特种作业人员安全技术培训考核管理规定》，生产经营单位未建立健全特种作业人员档案的，给予警告，并处1万元以下的罚款。

生产经营单位使用未取得特种作业操作证的特种作业人员上岗作业的，责令限期改正，可以处5万元以下的罚款；逾期未改正的，责令停产停业整顿，并处5万元以上10万元以下的罚款，对直接负责的主管人员和其他直接负责人员处1万元以上2万元以下的罚款。

生产经营单位非法印制、伪造、倒卖特种作业操作证，或者使用非法印制、伪造、倒卖的特种作业操作证的，给予警告，并处1万元以上3万元以下的罚款；构成犯罪的，依法追究刑事责任。

特种作业人员伪造、涂改特种作业操作证或者使用伪造的特种作业操作证的，给予警告，并处1000元以上5000元以下的罚款。特种作业人员转借、转让、冒用特种作业操作证的，给予警告，并处2000元以上1万元以下的罚款。

第三节　施工现场安全防护制度

保障建设工程施工安全生产，除了要建立、健全施工安全生产责任和安全生产教育培训制度外，还应当针对建设工程施工的特点，加强安全技术管理工作。

一、编制安全技术措施、专项施工方案和安全技术交底的规定

《中华人民共和国建筑法》第三十八条规定："建筑施工企业在编制施工组织设计时，应当根据建筑工程的特点制定相应的安全技术措施；对专业性较强的工程项目，应当编制专项安全施工组织设计，并采取安全技术措施。"

1.编制安全技术措施和施工现场临时用电方案

《建设工程安全生产管理条例》规定，施工单位应当在施工组织设计中编制安全技术措施和施工现场临时用电方案。

（1）安全技术措施

安全技术措施是为了实现安全生产，在防护上、技术上和管理上采取的措施。具体来说，就是在工程施工中，针对工程的特点、施工现场环境、施工方法、劳动组织、作业方法、使用的机械、动力设备、变配电设施、架设工具及各项安全防护设施等制定的确保安全施工的措施。

安全技术措施通常包括以下内容：根据基坑、地下室深度和地质资料，保证土石方边坡稳定的措施；脚手架、吊篮、安全网、各类洞口防止人员坠落的技术措施；外用电梯、井架及塔吊等垂直运输机具的拉结要求及防塌陷的措施；安全用电和机电防短路、防触电的措施；有毒有害、易燃易爆作业的技术措施；施工现场周围通行道路及居民防护隔离等措施。

安全技术措施可分为防止事故发生的安全技术措施和减少事故损失的安全技术措施。防止事故发生的安全技术措施有：消除危险源、限制能量或危险物质、隔离、故障-安全设计、减少故障和失误等。减少事故损失的安全技术措施是在事故发生后，迅速控制局面，防止事故扩大，避免引起二次事故发生，从而减少事故造成的损失。常用的减少事故损失的安全技术措施主要包括隔离、个体防护、设置薄弱环节（如锅炉上的易熔塞、电路中的熔断器等）、避难与救援等。

（2）施工现场临时用电方案

施工组织设计中还应包括施工现场临时用电方案，防止施工现场人员触电和电气火灾事故发生。临时用电方案不仅直接关系到用电人员的安全，也关系到施工进度和工程质量。

施工现场临时用电组织设计应包括以下内容：现场勘测，确定电源进线、变电所或配电室、配电装置、用电设备位置及线路走向，进行负荷计算，选择变压器，设计配电系统，设计防雷装置，确定防护措施，制定安全用电措施和电气防火措施。

临时用电组织设计及变更时，必须履行"编制、审核、批准"程序，由电气工程技术人员组织编制，经相关部门审核及具有法人资格企业的技术负责人批准后实施。变更用电组织设计时应补充有关图纸资料。临时用电工程必须经编制、审核、批准部门和使用单位共同验收，合格后方可投入使用。

2.编制安全专项施工方案

《建设工程安全生产管理条例》规定，对下列达到一定规模的危险性较大的分部分项工程编制专项施工方案，并附具安全验算结果，经施工单位技术负责人、总监理工程师签字后实施，由专职安全生产管理人员进行现场监督：①基坑支护与降水工程；②土方开挖工程；③模板工程；④起重吊装工程；⑤脚手架工程；⑥拆除、爆破工程；⑦国务院建设行政主管部门或者其他有关部门规定的其他危险性较大的工程。对以上所列工程中涉及深基坑、地下暗挖工程、高大模板工程的专项施工方案，施工单位还应当组织专家进行论证、审查。

危险性较大的分部分项工程是指房屋建筑和市政基础设施工程在施工过程中，容易导致人员群死群伤或造成重大经济损失的分部分项工程。危险性较大的分部分项工程安全专项施工方案是指施工单位在编制施工组织(总)设计方案的基础上,针对危险性较大的分部分项工程单独编制的安全技术措施文件。

(1)安全专项施工方案的编制

《危险性较大的分部分项工程安全管理规定》(中华人民共和国住建部令第37号)中规定,施工单位应当在危险性较大的分部分项工程施工前编制专项方案;对于超过一定规模的危险性较大的分部分项工程,施工单位应当组织专家对专项方案进行论证。

建筑工程实行施工总承包的,专项方案应当由施工总承包单位组织编制。其中,起重机械安装拆卸工程、深基坑工程、附着式升降脚手架等专业工程实行分包的,其专项方案可由专业承包单位组织编制。

专项方案编制应当包括以下内容:①工程概况,危险性较大的分部分项工程概况、施工平面布置、施工要求和技术保证条件。②编制依据,相关法律、法规、规范性文件、标准、规范及图纸(国标图集)、施工组织设计等。③施工计划,包括施工进度计划、材料与设备计划。④施工工艺技术,技术参数、工艺流程、施工方法、检查验收等。⑤施工安全保证措施,组织保障、技术措施、应急预案、监测监控等。⑥劳动力计划,专职安全生产管理人员、特种作业人员等。⑦计算书及相关图纸。

(2)安全专项施工方案的审核

专项方案应当由施工单位技术部门组织本单位施工技术、安全、质量等部门的专业技术人员进行审核。经审核合格的,由施工单位技术负责人签字。实行施工总承包的,专项方案应当由总承包单位技术负责人及相关专业承包单位技术负责人签字。无须专家论证的专项方案,经施工单位审核合格后报监理单位,由项目总监理工程师审核签字。

超过一定规模的危险性较大的分部分项工程专项方案,应当由施工单位组织召开专家论证会。实行施工总承包的,由施工总承包单位组织召开专家论证会。专家应当从地方人民政府住房城乡建设主管部门建立的专家库中选取,符合专业要求且人数不得少于5名。与本工程有利害关系的人员不得以专家身份参加专家论证会。

施工单位应当根据论证报告修改完善专项方案,并经施工单位技术负责人、项目总监理工程师、建设单位项目负责人签字后,方可组织实施。实行施工总承包的,应当由施工总承包单位、相关专业承包单位技术负责人签字。

专项方案经论证后须做重大修改的,施工单位应当按照论证报告修改,并重新组织专家进行论证。

(3)安全专项施工方案的实施

施工单位应当严格按照专项方案组织施工,不得擅自修改、调整专项方案。如因设计、结构、外部环境等因素发生变化确需修改的,修改后的专项方案应当按规定重新审核。对于超过一定规模的危险性较大工程的专项方案,施工单位应当重新组织专家进行论证。

施工单位应当指定专人对专项方案实施情况进行现场监督和按规定进行监测,发现不按照专项方案施工的,应当要求其立即整改;发现有危及人身安全紧急情况的,应当立即组织作业人员撤离危险区域。施工单位技术负责人应当定期巡查专项方案实施情况。

对于按规定需要验收的危险性较大的分部分项工程,施工单位、监理单位应当组织有关人员进行验收。验收合格的,经施工单位项目技术负责人及项目总监理工程师签字后,方可进入下一道工序。

3.安全施工技术交底

《建设工程安全生产管理条例》规定,建设工程施工前,施工单位负责项目管理的技术人员应当对有关安全施工的技术要求向施工作业班组、作业人员做出详细说明,并由双方签字确认。

安全技术交底通常分为施工工种安全技术交底,分部分项工程施工安全技术交底,大型特殊工程单项安全技术交底,设备安装工程技术交底以及采用新工艺、新技术、新材料施工的安全技术交底等。

施工单位负责项目管理的技术人员与作业班组、作业人员进行安全技术交底后,应当由双方确认。确认的方式是填写安全技术措施交底单,并按规定签字。

二、施工现场安全防护的规定

《中华人民共和国建筑法》第三十九条规定:"建筑施工企业应当在施工现场采取维护安全、防范危险、预防火灾等措施;有条件的,应当对施工现场实行封闭管理。施工现场对毗邻的建筑物、构筑物和特殊作业环境可能造成损害的,建筑施工企业应当采取安全防护措施。

1.危险部位设置安全警示标志

《建筑工程安全生产管理条例》规定,施工单位应当在施工现场入口处、施工起重机械、临时用电设施、脚手架、出入通道口、楼梯口、电梯井口、孔洞口、桥梁口、隧道口、基坑边沿、爆破物及有害危险气体和液体存放处等危险部位,设置明显安全警示标志。安全警示标志必须符合国家标准。

安全警示标志是指提醒人们注意的各种标牌、文字、符号及灯光等,一般由安全色、几何图形和图形符号构成。

2.根据不同施工阶段采取相应的安全施工措施

《建设工程安全生产管理条例》规定,施工单位应当根据不同施工阶段和周围环境及季节、气候的变化,在施工现场采取相应的安全施工措施。施工现场暂时停止施工的,施工单位应当做好现场防护,所需费用由责任方承担,或者按照合同约定执行。

3.施工现场临时设施的安全卫生要求

《建设工程安全生产管理条例》规定,施工单位应当将施工现场的办公、生活区与作业区分开设置,并保持安全距离;办公、生活区的选址应当符合安全性要求。职工的膳食、饮水、休息场所等应当符合卫生标准。施工单位不得在尚未竣工的建筑物内设置员工集体宿舍。施工现场临时搭建的建筑物应当符合安全使用要求。施工现场使用的装配式活动房屋应当具有产品合格证。

由于施工是流动作业,为了保障职工身体健康,职工的膳食、饮水、休息场所等,都应当符合卫生安全标准。

未竣工的建筑物内不得设置员工集体宿舍，主要原因是这类建筑物尚在施工过程中，条件较差，不宜居住，如将员工集体宿舍设在其中，将有很大的安全事故隐患。施工现场临时搭建的建筑物，如办公用房、宿舍、食堂、仓库、卫生间、淋浴室等，也必须稳固、安全、整洁，并满足消防要求。

4.施工现场周边的安全防护措施

《建设工程安全生产管理条例》规定，施工单位对因建设工程施工可能造成损害的毗邻建筑物、构筑物和地下管线等，应当采取专项防护措施。在城市区内的建设工程，施工单位应当对施工现场实行封闭围挡。位于一般路段的围挡应高于1.8 m，在市区主要路段的围挡应高于2.5 m。施工现场应采用密目式安全网、围墙、围栏等封闭起来。

5.危险作业的施工现场安全管理

《中华人民共和国安全生产法》规定，生产经营单位进行爆破、吊装等危险作业，应当安排专门人员进行现场安全管理，确保操作规程的遵守和安全措施的落实。

爆破、吊装等作业具有较大危险性，容易发生事故。因此，作业人员必须严格按照操作规程进行操作，施工单位也应当采取必要的防范措施，安排专门人员进行作业现场的安全管理。

6.安全防护设备、机械设备等的安全管理

《建设工程安全生产管理条例》规定，施工单位采购、租赁的安全防护用具、机械设备、施工机具及配件，应当具有生产（制造）许可证、产品合格证，并在进入施工现场前进行查验。施工现场的安全防护用具、机械设备、施工机具及配件必须由专人管理，定期进行检查、维修和保养，建立相应的资料档案，并按照国家有关规定及时报废。

7.施工起重机械设备等的安全使用管理

《建设工程安全生产管理条例》规定，施工单位在使用施工起重机械和整体提升脚手架、模板等自升式架设设施前，应当组织有关单位进行验收，也可以委托具有相应资质的检验检测机构进行验收；使用承租的机械设备和施工机具及配件的，由施工总承包单位、分包单位、出租单位和安装单位共同进行验收。验收合格的方可使用。

三、危险性较大的分部分项工程施工安全要点

根据《危险性较大的分部分项工程安全管理规定》（2018年3月8日中华人民共和国住房和城乡建设部令第37号公布，自2018年6月1日起施行），《关于印发起重机械、基坑工程等五项危险性较大的分部分项工程施工安全要点的通知》（建安办函〔2017〕12号）要求，为加强房屋建筑和市政基础设施工程中起重机械、基坑工程等危险性较大的分部分项工程安全管理，有效遏制建筑施工群死群伤事故的发生，根据有关规章制度和标准规范，需制定起重机械安装拆卸作业、起重机械使用、基坑工程、脚手架、模板支架等危险性较大的分部分项工程施工安全要点。

四、施工现场消防安全职责和应采取的消防安全措施

近年来，施工现场的火灾时有发生，甚至出现了特大恶性火灾事故。因此，施工单位必须建立、健全消防安全责任制，加强消防安全教育培训，严格消防安全管理，确保施工现场消防安全。

1. 在施工现场建立消防安全责任制，确定消防安全责任人

《国务院关于加强和改进消防工作的意见》（国发〔2011〕46 号）规定，机关、团体、企业事业单位法定代表人是本单位消防第一责任人。

《中华人民共和国消防法》第十六条规定："机关、团体、企业、事业等单位应当履行下列消防安全职责：（1）落实消防安全责任制，制定本单位的消防安全制度、消防安全操作规程，制定灭火和应急疏散预案；（2）按照国家标准、行业标准配置消防设施、器材，设置消防安全标志，并定期组织检验、维修，确保完好有效；（3）对建筑消防设施每年至少进行一次全面检测，确保完好有效，检测记录应当完整准确，存档备查；（4）保障疏散通道、安全出口、消防车通道畅通，保证防火防烟分区、防火间距符合消防技术标准；（5）组织防火检查，及时消除火灾隐患；（6）组织进行有针对性的消防演练；（7）法律、法规规定的其他消防安全职责。单位的主要负责人是本单位的消防安全责任人。"

重点工程的施工现场多定为消防安全重点单位，按照《中华人民共和国消防法》第十七条规定："消防安全重点单位除应当履行本法第十六条规定的职责外，还应当履行下列消防安全职责：（1）确定消防安全管理人，组织实施本单位的消防安全管理工作；（2）建立消防档案，确定消防安全重点部位，设置防火标志，实行严格管理；（3）实行每日防火巡查，并建立巡查记录；（4）对职工进行岗前消防安全培训，定期组织消防安全培训和消防演练。"

《建设工程安全生产管理条例》第三十一条规定："施工单位应当在施工现场建立消防安全责任制度，确定消防安全责任人，制定用火、用电、使用易燃易爆材料等各项消防安全管理制度和操作规程，设置消防通道、消防水源，配备消防设施和灭火器材，并在施工现场入口处设置明显标志。"

2. 制定各项消防安全管理制度和操作规程

施工现场大都存在可燃物和火源、电源，稍有不慎就会发生火灾。为此，要制定严格的用火用电制度。如禁止在具有火灾、爆炸危险的场所使用明火；需要进行明火作业的，动火部门和人员应当按照用火管理制度办理审批手续，落实现场监护人，在确认无火灾、爆炸危险后方可动火施工；动火施工人员应当遵守消防安全规定，并落实相应的消防安全措施；易燃易爆危险物品和场所应有具体防火防爆措施；电焊、气焊、电工等特殊工种人员必须持证上岗；将容易发生火灾、一旦发生火灾后果严重的部位确定为重点防火部位，实行严格管理。

易燃易爆危险物品，包括易燃易爆化学物品和民用爆炸物品。对于现场的这些物品，必须制定严格的安全管理制度和操作规程，作业人员要严格按照安全管理制度和操作规程的要求进行作业，保证安全施工。

3.设置消防通道、消防水源,配备消防设施和灭火器材

施工现场要设置消防通道并确保畅通。建筑工地要满足消防车通行、停靠和作业要求。在建建筑内应设置标明楼梯间和出入口的临时醒目标志,视实际情况安装楼梯间和出入口的临时照明,及时清理建筑垃圾和障碍物,规范材料堆放,保证发生火灾时,现场施工人员疏散和消防人员扑救快捷畅通。

施工现场要按有关规定设置消防水源。应当在建设工程平地阶段按照总平面设计设置室外消火栓系统,并保持充足的管网压力和流量。根据在建工程施工进度,同步安装室内消火栓系统或设置临时消火栓,配备水枪水带,消防干管设置水泵接合器,满足施工现场火灾扑救的消防供水要求。施工现场应当配备必要的消防设施和灭火器材。施工现场的重点防火部位和在建高层建筑的各个楼层,应在明显和方便取用的地方配置适当数量的手提式灭火器、消防沙袋等消防器材。

《中华人民共和国消防法》第十八条规定:"同一建筑物由两个以上单位管理或者使用的,应当明确各方的消防安全责任,并确定责任人对共用的疏散通道、安全出口、建筑消防设施和消防车通道进行统一管理。"

五、办理意外伤害保险的规定

《中华人民共和国建筑法》第四十八条规定:"建筑施工企业应当依法为职工参加工伤保险缴纳工伤保险费。鼓励企业为从事危险作业的职工办理意外伤害保险,支付保险费。"《建设工程安全生产管理条例》第三十八条规定:"施工单位应当为施工现场从事危险作业的人员办理意外伤害保险。意外伤害保险费由施工单位支付。实行施工总承包的,由总承包单位支付意外伤害保险费。意外伤害保险期限自建设工程开工之日起至竣工验收合格止。"

1.建筑职工意外伤害保险是法定的强制性保险

《中华人民共和国安全生产法》规定,生产经营单位必须依法参加工伤社会保险,为从业人员缴纳保险费。国家鼓励生产经营单位投保安全生产责任保险。

施工单位为施工现场从事危险作业的人员办理意外伤害保险,是由施工单位作为投保人直接或者通过保险经纪公司与保险公司订立保险合同,支付保险费,以本单位从事危险作业的人员作为被保险人,当被保险人在施工作业中发生意外伤害事故时,保险公司须依照合同约定向被保险人或者受益人支付保险金。

施工现场从事危险作业的人员是指在施工现场从事如高处作业、深基坑作业、爆破作业等危险性较大的岗位的作业人员。

2.意外伤害保险的保险期限和最低保险金额

保险期限指工程项目开工之日到工程竣工验收合格日止。提前竣工的,保险责任自行终止。延长工期的,应当办理保险顺延手续。

各地建设行政主管部门要结合本地区实际情况,确定合理的最低保险金额。最低保险金额要能够保障施工伤亡人员得到有效的经济补偿。施工企业办理建筑意外伤害保险时,投保

的保险金额不得低于此标准。

3.意外伤害保险的保险费及费率

保险费应当列入建筑安装工程费用。保险费由施工企业支付，施工企业不得向职工摊派。

施工企业和保险公司双方应本着平等协商的原则，根据各类风险因素商定建筑意外伤害保险费率，提倡差别费率和浮动费率。差别费率可与工程规模、类型、工程项目风险程度和施工现场环境等因素挂钩。浮动费率可与施工企业安全生产业绩、安全生产管理状况等因素挂钩。对重视安全生产管理、安全业绩好的企业可采用下浮费率；对安全生产业绩差、安全管理不善的企业可采用上浮费率。通过浮动费率机制，激励投保企业提高安全生产的积极性。

4.意外伤害保险的投保

各级建设行政主管部门要强化监督管理，把在建工程项目开工前是否投保建筑意外伤害保险情况作为审查企业安全生产条件的重要内容之一；未投保的工程项目，不予发放施工许可证。

投保人办理投保手续后，应将投保有关信息以布告形式张贴于施工现场，告知被保险人。

5.意外伤害保险的索赔

建筑意外伤害保险应规范和简化索赔程序，做好索赔服务。各地建设行政主管部门要积极创造条件，引导投保企业在发生意外事故后即向保险公司提出索赔，使施工伤亡人员能够得到及时、足额的赔付。各级建设行政主管部门应设置专门电话接受举报，凡被保险人发生意外伤害事故，企业和工程项目负责人隐瞒不报、不索赔的，要严肃查处。

6.意外伤害保险的安全服务

施工企业应当选择能提供建筑安全生产风险管理、事故防范等安全服务和有保险能力的保险公司，以保证事故后能及时补偿与事故前能主动防范。目前还不能提供安全风险管理和事故预防的保险公司，应通过建筑安全服务中介组织向施工企业提供与建筑意外伤害保险相关的安全服务。建筑安全服务中介组织必须拥有一定数量、专业配套、具备建筑安全知识和管理经验的专业技术人员。

安全服务内容可包括施工现场风险评估、安全技术咨询、人员培训、防灾防损设备配置、安全技术研究等。施工企业在投保时可与保险机构商定具体服务内容。

六、违法行为应承担的法律责任

施工现场安全生产违法行为应承担的法律责任如下。《中华人民共和国建筑法》第七十条规定："违反本法规定，涉及建筑主体或者承重结构变动的装修工程擅自施工的，责令改正，处以罚款；造成损失的，承担赔偿责任；构成犯罪的，依法追究刑事责任。"

《中华人民共和国建筑法》第七十一条规定："建筑施工企业违反本法规定，对建筑安全事故隐患不采取措施予以消除的，责令改正，可以处以罚款；情节严重的，责令停业整顿，降低资质等级或者吊销资质证书；构成犯罪的，依法追究刑事责任。

建筑施工企业的管理人员违章指挥、强令职工冒险作业，因而发生重大伤亡事故或者造成其他严重后果的，依法追究刑事责任。"

第四节 施工安全事故的应急救援和调查处理

建设行业是安全事故多发行业之地。安全事故人命关天，施工现场一旦发生生产安全事故，应当立即实施抢险救援，特别是抢救遇险人员，迅速控制事态，防止伤亡事故进一步扩大，并依法向有关部门报告事故。事故调查处理应当坚持实事求是、尊重科学的原则，及时准确地查清事故经过、事故原因和事故损失，查明事故性质，认定事故责任，总结事故教训，提出整改措施，并对事故责任者依法追究责任。

一、生产安全事故的等级划分标准

明确生产安全事故的分级，区分不同事故级别所规定的报告和调查处理要求，是顺利开展生产安全事故报告和调查处理工作的前提，也是规范生产安全事故报告和调查处理的必然要求。

1. 生产安全事故的等级划分标准

《生产安全事故报告和调查处理条例》规定，根据生产安全事故（以下简称事故）造成的人员伤亡或者直接经济损失，事故一般分为以下等级。

①特别重大事故，是指造成30人以上死亡，或者100人以上重伤（包括急性工业中毒，下同），或者1亿元以上直接经济损失的事故。

②重大事故，是指造成10人以上30人以下死亡，或者50人以上100人以下重伤，或者5000万元以上1亿元以下直接经济损失的事故。

③较大事故，是指造成3人以上10人以下死亡，或者10人以上50人以下重伤，或者1000万元以上5000万元以下直接经济损失的事故。

④一般事故，是指造成3人以下死亡，或者10人以下重伤，或者1000万元以下直接经济损失的事故。

（注：上述所称的"以上"包括本数，所称的"以下"不包括本数。）

2. 事故等级划分的要素

根据《生产安全事故报告和调查处理条例》规定，影响事故等级的要素有人身要素，经济要素和社会要素，可以单独适用。

①人员伤亡的数量（人身要素）。安全生产和事故调查处理都要以人为本，最大限度地保护人的生命安全，生产安全事故最严重的后果，就是造成人员的死亡、重伤（中毒）。因此，

人员伤亡数量应当列为影响事故等级的第一要素。

②直接经济损失的数额(经济要素)。要保护国家、单位和人民群众的财产权,还应根据造成的直接经济损失的多少来划分事故等级。

③社会影响(社会要素)。有些生产安全事故的伤亡人数、直接经济损失数额虽然达不到法定标准,但是造成了恶劣的社会影响、政治影响和国际影响,也应当列为特殊事故进行调查处理,这是维护社会稳定的需要。

3.事故等级划分的补充性规定

《生产安全事故报告和调查处理条例》规定,国务院安全生产监督管理部门可以会同国务院有关部门,制定事故等级划分的补充性规定。

针对一些特殊行业或者领域的实际情况,授权国务院安全生产监督管理部门可以会同国务院有关部门,除了执行对事故等级划分的一般性规定之外,还可以根据行业或者领域的特殊性,制定事故等级划分的补充性规定。

二、施工生产安全事故应急救援预案的规定

《中华人民共和国安全生产法》第七十九条规定:"国家加强生产安全事故应急能力建设,在重点行业、领域建立应急救援基地和应急救援队伍,并由国家安全生产应急救援机构统一协调指挥;鼓励生产经营单位和其他社会力量建立应急救援队伍,配备相应的应急救援装备和物资,提高应急救援的专业化水平。

《中华人民共和国安全生产法》第八十条规定:"县级以上地方各级人民政府应当组织有关部门制定本行政区域内生产安全事故应急救援预案,建立应急救援体系。"

《中华人民共和国安全生产法》第八十一条规定:"生产经营单位应当制定本单位生产安全事故应急救援预案,与所在地县级以上地方人民政府组织制定的生产安全事故应急救援预案相衔接,并定期组织演练。"

《建设工程安全生产管理条例》第四十八条规定:"施工单位应当制定本单位生产安全事故应急救援预案,建立应急救援组织或者配备应急救援人员,配备必要的应急救援器材、设备,并定期组织演练。"

1.制定施工生产安全事故应急救援预案的基本要求

施工生产安全事故多具有突发性、紧迫性的特点,如果事先做好充分的应急准备工作,就可以在短时间内组织起有效抢救,防止事故扩大,减少人员伤亡和财产损失。

(1)施工生产安全事故应急救援预案的主要作用

施工生产安全事故应急救援预案的主要作用主要体现在3个方面:①事故预防。通过危险辨识、事故后果分析,采用技术和管理手段降低事故发生的可能性,将可能发生的事故控制在局部,防止事故蔓延。②应急处理。一旦发生事故,有应急处理程序和方法,能快速反应处理故障或将事故消除在萌芽状态。③抢险救援。采用预定现场抢险和抢救的方式,控制或减少事故造成的损失。

（2）施工生产安全事故应急救援预案的类型

施工生产安全事故应急救援预案分为施工单位的生产安全事故应急救援预案和施工现场生产安全事故应急救援预案两大类。

（3）应急救援组织和应急救援器材、设备

施工单位应当建立应急救援组织或者配备应急救援人员，配备必要的应急救援器材、设备，进行经常性维护、保养，保证正常运转，并定期组织演练。

（4）总分包单位的职责分工

实行施工总承包的，由总承包单位统一组织编制建设工程生产安全事故应急救援预案，工程总承包单位和分包单位按照应急救援预案，各自建立应急救援组织或者配备应急救援人员，配备救援器材、设备，并定期组织演练。

《中华人民共和国安全生产法》还规定，生产经营单位的主要负责人具有组织制定并实施本单位的生产安全事故应急救援预案的职责。

2. 生产安全事故应急预案的编制、评审等

（1）应急预案的编制

《生产安全事故应急预案管理办法》规定，生产经营单位的应急预案按照针对情况的不同，分为综合应急预案、专项应急预案和现场处置方案。综合应急预案，应当包括本单位的应急组织机构及其职责、预案体系及响应程序、事故预防及应急保障、应急培训及预案演练等内容；专项应急预案，应当包括危险性分析、可能发生的事故特征、应急组织机构与职责、预防措施、应急处置程序和应急保障等内容；现场处置方案，应当包括危险性分析、可能发生的事故特征、应急处置程序、应急处置要点和注意事项等内容。

（2）应急预案的评审

《生产安全事故应急预案管理办法》规定；建筑施工单位应当组织专家对本单位编制的应急预案进行评审。评审应当形成书面纪要并附有专家名单。

（3）应急预案的备案

中央管理的总公司（总厂、集团公司、上市公司）的综合应急预案和专项应急预案，报国务院国有资产监督管理部门、国务院安全生产监督管理部门和国务院有关主管部门备案，并抄送应急管理部；其所属单位的应急预案分别报送所在地的省、自治区、直辖市或者设区的市人民政府安全生产监督管理部门和有关主管部门备案，并抄送同级人民政府应急管理部门。

其他生产经营单位中涉及实行安全生产许可的，其综合应急预案和专项应急预案，按照隶属关系报所在地县级以上地方人民政府安全生产监督管理部门和有关主管部门备案。

（4）应急预案的培训

生产经营单位应当采取多种形式开展应急预案的宣传教育，普及生产安全事故预防、避险、自救和互救知识，提高从业人员安全意识和应急处置技能。

生产经营单位应当组织开展本单位的应急预案培训活动，使有关人员了解应急预案内容，熟悉应急职责、应急程序和岗位应急处置方案。应急预案的要点和程序应当张贴在应急地点和应急指挥场所，并设有明显的标志。

（5）应急预案的演练

生产经营单位应当制订本单位的应急预案演练计划，根据本单位的事故预防重点，每年至少组织一次综合应急预案演练或者专项应急预案演练，每半年至少组织一次现场处置方案演练。

应急预案演练结束后，应急预案演练组织单位应当对应急预案演练效果进行评估，撰写应急预案演练评估报告，分析存在的问题，并对应急预案提出修订意见。

（6）应急预案的修订

生产经营单位制定的应急预案应当至少每3年修订一次，预案修订情况应有记录并归档。还应根据有关规定的情形，及时修订应急预案。

三、施工生产安全事故报告及采取相应措施的规定

1. 事故报告的基本要求

《中华人民共和国安全生产法》第八十三条规定："生产经营单位发生生产安全事故后，事故现场有关人员应当立即报告本单位负责人。单位负责人接到事故报告后，应当迅速采取有效措施，组织抢救，防止事故扩大，减少人员伤亡和财产损失，并按照国家有关规定立即如实报告当地负有安全生产监督管理职责的部门，不得隐瞒不报、谎报或者迟报，不得故意破坏事故现场、毁灭有关证据。"

《建设工程安全生产管理条例》第五十条规定："施工单位发生生产安全事故，应当按照国家有关伤亡事故报告和调查处理的规定，及时、如实地向负责安全生产监督管理的部门、建设行政主管部门或者其他有关部门报告；特种设备发生事故的，还应当同时向特种设备安全监督管理部门报告。接到报告的部门应当按照国家有关规定，如实上报。实行施工总承包的建设工程，由总承包单位负责上报事故。"

（1）事故报告的时间要求

《生产安全事故报告和调查处理条例》第九条规定："事故发生后，事故现场有关人员应当立即向本单位负责人报告；单位负责人接到报告后，应当于1小时内向事故发生地县级以上人民政府安全生产监督管理部门和负有安全生产监督管理职责的有关部门报告。情况紧急时，事故现场有关人员可以直接向事故发生地县级以上人民政府安全生产监督管理部门和负有安全生产监督管理职责的有关部门报告。"

（2）事故报告的内容要求

《生产安全事故报告和调查处理条例》第十二条规定："报告事故应当包括下列内容：①事故发生单位概况；②事故发生的时间、地点以及事故现场情况；③事故的简要经过；④事故已经造成或者可能造成的伤亡人数（包括下落不明的人数）和初步估计的直接经济损失；⑤已经采取的措施；⑥其他应当报告的情况。"

（3）事故补报的要求

《生产安全事故报告和调查处理条例》第十三条规定："事故报告后出现新情况的，应当及时补报。自事故发生之日起30日内，事故造成的伤亡人数发生变化的，应当及时补报。道路交通事故、火灾事故发生之日起7日内，事故造成的伤亡人数发生变化的，应当及时补报。"

2.发生事故后应采取的措施

《建设工程安全生产管理条例》第五十一条规定："发生生产安全事故后，施工单位应当采取措施防止事故扩大，保护事故现场。需要移动现场物品时，应当做出标记和书面记录，妥善保管有关证物。"

3.事故的调查

《中华人民共和国安全生产法》第八十六条规定："事故调查处理应当按照科学严谨、依法依规、实事求是、注重实效的原则，及时、准确地查清事故原因，查明事故性质和责任，评估应急处置工作，总结事故教训，提出整改措施，并对事故责任单位和人员提出处理建议。事故调查报告应当依法及时向社会公布。事故调查和处理的具体办法由国务院制定。

事故发生单位应当及时全面落实整改措施，负有安全生产监督管理职责的部门应当加强监督检查。

负责事故调查处理的国务院有关部门和地方人民政府应当在批复事故调查报告后一年内，组织有关部门对事故整改和防范措施落实情况进行评估，并及时向社会公开评估结果；对不履行职责导致事故整改和防范措施没有落实的有关单位和人员，应当按照有关规定追究责任。"

（1）事故调查的管辖

①特别重大事故由国务院或者国务院授权有关部门组织事故调查组进行调查。

②重大事故、较大事故、一般事故分别由事故所在地省级人民政府、设区的市级人民政府、县级人民政府负责调查。省级人民政府、设区的市级人民政府、县级人民政府可以直接组织事故调查组进行调查，也可以授权或者委托有关部门组织事故调查组进行调查。

③未发生人员伤亡的一般事故，县级人民政府也可以委托事故发生单位组织事故调查组进行调查。上级人民政府认为必要时，可以调查由下级人民政府负责调查的事故。

④自事故发生之日起30日内（道路交通事故、火灾事故自发生之日起7日内），事故造成的伤亡人数发生变化，依照规定应当由上级人民政府负责调查的，上级人民政府可以另行组织事故调查组进行调查。

⑤特别重大事故以下等级事故，事故发生地与事故发生单位不在同一个县级以上行政区域的，由事故发生地人民政府负责调查，事故发生单位所在地人民政府应当派人参加。

（2）事故调查组的组成和职责

根据事故的具体情况，事故调查组由有关人民政府、安全生产监督管理部门、负有安全生产监督管理职责的有关部门、监察机关、公安机关及工会派人组成，并应当邀请人民检察院派人参加。事故调查组可以聘请有关专家参与调查。

事故调查组履行下列职责：①查明事故发生的经过、原因、人员伤亡情况及直接经济损失；②认定事故的性质和事故责任；③提出对事故责任者的处理建议；④总结事故教训，提出防范和整改措施；⑤提交事故调查报告。

（3）事故调查组的权利和纪律

事故调查组有权向有关单位和个人了解与事故有关的情况，并要求其提供相关文件资料，有关单位和个人不得拒绝。事故发生单位的负责人和有关人员在事故调查期间不得擅离职守，并应当随时接受事故调查组的询问，如实提供有关情况或者资料。事故调查中发现涉嫌犯罪的，事故调查组应当及时将有关材料或者其复印件移交司法机关处理。

事故调查中需要进行技术鉴定的，事故调查组应当委托具有国家规定资质的单位进行技术鉴定。必要时，事故调查组可以直接组织专家进行技术鉴定。技术鉴定所需时间不计入事故调查期限。

（4）事故调查报告的期限与内容

事故调查组应当自事故发生之日起60日内提交事故调查报告；特殊情况下，经负责事故调查的人民政府批准，提交事故报告的期限可以适当延长，但延长的期限最长不超过60日。

事故调查报告应当包括下列内容：①事故发生单位概况；②事故发生经过和事故救援情况；③事故造成的人员伤亡和直接经济损失；④事故发生的原因和事故性质；⑤事故责任的认定以及对事故责任者的处理建议；⑥事故防范和整改措施。

4.事故的处理

（1）事故处理时限

《生产安全事故报告和调查处理条例》第三十二条规定："重大事故、较大事故、一般事故，负责事故调查的人民政府应当自收到调查报告之日起15日内做出批复；特别重大事故，30日内做出批复，特殊情况下，批复时间可以适当延长，但延长的时间最长不超过30日。"

（2）对事故调查报告批复的落实

有关机构应当按照人民政府的批复，依照法律、行政法规的权限和程序，对事故发生单位和有关人员进行行政处罚，对负有事故责任的国家工作人员进行处分。

事故发生单位应当按照负责事故调查的人民政府的批复，对本单位负有事故责任的人员进行处理。负有事故责任的人员涉嫌犯罪的，依法追究刑事责任。

（3）事故发生单位落实防范和整改措施

事故发生单位应当认真吸取事故教训，落实防范和整改措施，防止事故再次发生。防范和整改措施的落实情况应当接受工会和职工的监督。

安全生产监督管理部门和负有安全生产监督管理职责的有关部门应当对事故发生单位落实防范和整改措施的情况进行监督检查。

（4）处理结果的公布

事故处理的情况由负责事故调查的人民政府或者其授权的有关部门、机构向社会公布，依法应当保密的除外。

四、违法行为应承担的法律责任

施工安全事故应急救援与调查处理违法行为应承担的主要法律责任如下。

（1）制定事故应急救援预案违法行为应承担的法律责任

《特种设备安全监察条例》第八十三条规定："特种设备使用单位有下列情形之一的，由特种设备安全监督管理部门责令限期改正；逾期未改正的，处2000元以上2万元以下罚款；情节严重的，责令停止使用或者停产停业整顿。"

《生产安全事故应急预案管理办法》规定，生产经营单位应急预案未按照本办法规定备案的，由县级以上安全生产监督管理部门给予警告，并处 3 万元以下罚款。

（2）事故报告及采取相应措施违法行为应承担的法律责任

《中华人民共和国安全生产法》规定，生产经营单位主要负责人在本单位发生重大生产安全事故时，不立即组织抢救或者在事故调查处理期间擅离职守或者逃匿的，给予降职、撤职的处分，对逃匿的处 15 日以下拘留；构成犯罪的，依照刑法有关规定追究刑事责任。生产经营单位主要负责人对生产安全事故隐瞒不报、谎报或者拖延不报的，依照以上规定处罚。

第五节　建设单位及相关单位的建设工程安全责任制度

《建设工程安全生产管理条例》第四条规定："建设单位、勘察单位、设计单位、施工单位、工程监理单位及其他与建设工程安全生产有关的单位，必须遵守安全生产法律，法规的规定，保证建设工程安全生产，依法承担建设工程安全生产责任。"

一、建设单位的安全责任

建设单位是建设工程项目的投资主体或管理主体，在整个工程建设中居于主导地位。因此《建设工程安全生产管理条例》规定，建设单位必须遵守安全生产法律、法规的规定，保证建设工程安全生产，依法承担建设工程安全生产责任。具体内容如下。

①依法办理有关批准手续。

②向施工单位提供真实、准确和完整的有关资料。

③不得提出违法要求和随意压缩合同工期。

④确定建设工程安全作业环境及安全施工措施所需费用。

⑤不得要求购买、租赁和使用不符合安全施工要求的用具设备等。

⑥申领施工许可证时应当提供有关安全施工措施的资料。

《建设工程安全生产管理条例》第十条规定："建设单位在申请领取施工许可证时，应当提供建设工程有关安全施工措施的资料。

依法批准开工报告的建设工程，建设单位应当自开工报告批准之日起 15 日内，将保证安全施工的措施报送建设工程所在地的县级以上地方人民政府建设行政主管部门或者其他有关部门备案。"

⑦依法实施的装修工程和拆除工程规定如下。

《中华人民共和国建筑法》规定，涉及建筑主体和承重结构变动的装修工程，建设单位应当在施工前委托原设计单位或者具有相应资质条件的设计单位提出设计方案；没有设计方案的，不得施工。《中华人民共和国建筑法》还规定，房屋拆除应当由具备保证安全条件的建筑施工单位承担。

《建设工程安全生产管理条例》第十一条规定："建设单位应当将拆除工程发包给具有相应资质等级的施工单位。建设单位应当在拆除工程施工 15 日前，将下列资料报送建设工程所在地的县级以上地方人民政府建设行政主管部门或者其他有关部门备案：①施工单位资质等级证明；②拟拆除建筑物、构筑物及可能危及毗邻建筑的说明；③拆除施工组织方案；

④堆放、清除废弃物的措施。"

实施爆破作业的,应当遵守国家有关民用爆破物品管理的规定。

⑧建设单位违法行为应承担的法律责任规定如下。

《建设工程安全生产管理条例》第五十四条规定:"违反本条例的规定,建设单位未提供建设工程安全生产作业环境及安全施工措施所需费用的,责令限期改正;逾期未改正的,责令该建设工程停止施工。

建设单位未将保证安全施工的措施或者拆除工程的有关资料报送有关部门备案的,责令限期改正,给予警告。"

《建设工程安全生产管理条例》第五十五条规定:"违反本条例的规定,建设单位有下列行为之一的,责令限期改正,处 20 万元以上 50 万元以下的罚款;造成重大安全事故,构成犯罪的,对直接责任人员,依照刑法有关规定追究刑事责任;造成损失的,依法承担赔偿责任:①对勘察、设计、施工、工程监理等单位提出不符合安全生产法律、法规和强制性标准规定的要求的;②要求施工单位压缩合同约定的工期的;③将拆除工程发包给不具有相应资质等级的施工单位的。"

二、勘察、设计单位的安全责任

建设工程安全生产是一个系统工程。工程的勘察、设计作为工程建设的重要环节,对于保障安全施工有着重要影响。

1. 勘察单位的安全责任

《建设工程安全生产管理条例》第十二条规定:"勘察单位应当按照法律、法规和工程建设强制性标准进行勘察,提供的勘察文件应当真实、准确,满足建设工程安全生产的需要。

勘察单位在勘察作业时,应当严格执行操作规程,采取措施保证各类管线、设施和周边建筑物、构筑物的安全。"

2. 设计单位的安全责任

(1)按照法律、法规和工程建设强制性标准进行设计

《建设工程安全生产管理条例》第十三条规定:"设计单位应当按照法律、法规和工程建设强制性标准进行设计,防止因设计不合理导致生产安全事故的发生。"

工程建设强制性标准是工程建设技术和经验的总结与积累,对保证建设工程质量和安全起着至关重要的作用。因此,设计单位在设计过程中必须考虑施工生产安全,严格执行强制性标准。

(2)提出防范生产安全事故的指导意见和措施建议

《建设工程安全生产管理条例》第十三条还规定:"设计单位应当考虑施工安全操作和防护的需要,对涉及施工安全的重点部位和环节在设计文件中注明,并对防范生产安全事故提出指导意见。

采用新结构、新材料、新工艺的建设工程和特殊结构的建设工程,设计单位应当在设计中提出保障施工作业人员安全和预防生产安全事故的措施建议。"

设计单位的工程设计文件对保证建设工程结构安全非常重要。在施工单位作业前，设计单位还应当就设计意图、设计文件向施工单位做出说明和技术交底，并对防范生产安全事故提出指导意见。

（3）对设计成果承担责任

《建设工程安全生产管理条例》规定，设计单位和注册建筑师等注册执业人员应当对其设计负责。

"谁设计，谁负责。"如果由于设计责任造成事故的，设计单位要承担法律责任，还要对造成的损失进行赔偿。建筑师、结构工程师等注册执业人员应当在设计文件上签字盖章，对设计文件负责，也要承担相应的法律责任。

3.勘察、设计单位应承担的法律责任

《建设工程安全生产管理条例》第五十六条规定："违反本条例的规定，勘察单位、设计单位有下列行为之一的，责令限期改正，处10万元以上30万元以下的罚款；情节严重的，责令停业整顿，降低资质等级，直至吊销资质证书；造成重大安全事故，构成犯罪的，对直接责任人员，依照刑法有关规定追究刑事责任；造成损失的，依法承担赔偿责任：①未按照法律、法规和工程建设强制性标准进行勘察、设计的；②采用新结构、新材料、新工艺的建设工程和特殊结构的建设工程，设计单位未在设计中提出保障施工作人员安全和预防生产安全事故的措施建议的。"

三、工程监理、设备检验检测单位的安全责任

1.工程监理单位的安全责任

（1）对安全技术措施和专项施工方案进行审查

《建设工程安全生产管理条例》规定，工程监理单位应当审查施工组织设计中的安全技术措施或者专项施工方案是否符合工程建设强制性标准。

（2）依法对施工安全事故隐患进行处理

工程监理单位在实施监理过程中，发现存在安全事故隐患的，应当要求施工单位整改；情节严重的，应当要求施工单位暂时停止施工，并及时报告建设单位。施工单位拒不整改或者不停止施工的，工程监理单位应当及时向有关主管部门报告。

（3）对建设工程安全生产承担监理责任

工程监理单位和监理工程师应当按照法律、法规和工程建设强制性标准实施监理，并对建设工程安全生产承担监理责任。

2.设备检验检测单位的安全责任

设备检验检测机构对检测合格的施工起重机械和整体提升脚手架、模板等自升式架设设施，应当出具安全合格证明文件，并对检测结果负责。

（1）设备检验检测单位的职责

《中华人民共和国安全生产法》第七十二条规定："承担安全评价、认证、检测、检验职责

的机构应当具备国家规定的资质条件，并对其作出的安全评价、认证、检测、检验结果的合法性、真实性负责。资质条件由国务院应急管理部门会同国务院有关部门制定。

承担安全评价、认证、检测、检验职责的机构应当建立并实施服务公开和报告公开制度，不得租借资质、挂靠、出具虚假报告。"

《特种设备安全监察条例》第四十三条规定："特种设备的监督检验、定期检验、型式试验和无损检测应当由依照本条例经核准的特种设备检验检测机构进行。

特种设备检验检测工作应当符合安全技术规范的要求。"

（2）设备检验检测单位违法行为应承担的法律责任

《中华人民共和国安全生产法》第九十二条规定："承担安全评价、认证、检测、检验职责的机构出具失实报告的，责令停业整顿，并处三万元以上十万元以下的罚款；给他人造成损害的，依法承担赔偿责任。

承担安全评价、认证、检测、检验职责的机构租借资质、挂靠、出具虚假报告的，没收违法所得；违法所得在十万元以上的，并处违法所得二倍以上五倍以下的罚款，没有违法所得或者违法所得不足十万元的，单处或者并处十万元以上二十万元以下的罚款；对其直接负责的主管人员和其他直接责任人员处五万元以上十万元以下的罚款；给他人造成损害的，与生产经营单位承担连带赔偿责任；构成犯罪的，依照刑法有关规定追究刑事责任。

对有前款违法行为的机构及其直接责任人员，吊销其相应资质和资格，五年内不得从事安全评价、认证、检测、检验等工作；情节严重的，实行终身行业和职业禁入。"

四、机械设备等单位的安全责任

1. 提供机械设备和配件单位的安全责任

《建设工程安全生产管理条例》第十五条规定"为建设工程提供机械设备和配件的单位，应当按照安全施工的要求配备齐全有效的保险、限位等安全设施和装置。"

2. 出租机械设备和施工机具及配件单位的安全责任

《建设工程安全生产管理条例》第十六条规定："出租的机械设备和施工机具及配件，应当具有生产（制造）许可证、产品合格证。

出租单位应当对出租的机械设备和施工机具及配件的安全性能进行检测，在签订租赁协议时，应当出具检测合格证明。

禁止出租检测不合格的机械设备和施工机具及配件。"

3. 施工起重机械和自升式架设设施安装、拆卸单位的安全责任

施工起重机械是指施工中用于垂直升降或者垂直升降并水平移动重物的机械设备，如塔式起重机、施工外用电梯、物料提升机等。自升式架设设施是指通过自有装置可将自身升高的架设设施，如整体提升脚手架、模板等。施工起重机械和自升式架设设施安装、拆卸单位的安全责任如下。

①安装、拆卸施工起重机械和自升式架设设施必须具备相应的资质。

②编制拆装方案、制定安全措施和现场监督。

③出具自检合格证明，进行安全使用说明，办理验收手续。

④依法对施工起重机械和自升式架设设施进行检测。

五、政府部门安全监督管理的相关规定

1. 建设工程安全生产的监督管理体制

《建设工程安全生产管理条例》第四十条规定："国务院建设行政主管部门对全国的建设工程安全生产实施监督管理。国务院铁路、交通、水利等有关部门按照国务院规定的职责分工，负责有关专业建设工程安全生产的监督管理。

县级以上地方人民政府建设行政主管部门对本行政区域内的建设工程安全生产实施监督管理。县级以上地方人民政府交通、水利等有关部门在各自的职责范围内，负责本行政区域内的专业建设工程安全生产的监督管理。"

2. 审核发放施工许可证应当对安全施工措施进行审查

《建设工程安全生产管理条例》第四十二条规定："建设行政主管部门在审核发放施工许可证时，应当对建设工程是否有安全施工措施进行审查，对没有安全施工措施的，不得颁发施工许可证。

建设行政主管部门或者其他有关部门对建设工程是否有安全施工措施进行审查时，不得收取费用。"

✦ 练习题

1.【单选题·真题】根据《建筑施工企业安全生产许可证管理规定》，下列施工企业的违法行为中，属于应当撤销安全生产许可证的是(   )。

A. 冒用安全生产许可证的

B. 安全生产许可证未办理延期手续继续从事施工活动的

C. 使用伪造的安全生产许可证的

D. 以贿赂手段取得安全生产许可证的

2.【单选题】某建筑施工企业的安全生产许可证遗失，其正确做法是(   )。

A. 向原发证机关声明作废并申请补办

B. 在公众媒体上声明作废，并申请补办

C. 向原发证机关通报原件作废，补交罚款后补办

D. 向原发证机关报告，并在公众媒体上声明作废后，申请补办

3.【单选题·真题】企业安全生产许可证办理延期手续的时间为有效期满前(   )个月。

A. 1   B. 2   C. 3   D. 6

4.【单选题】根据《安全生产许可证条例)，企业在安全生产许可证有效期内，严格遵守有关安全生产法律法规，未发生(   )的，安全生产许可证有效期满时，经原安全生产许可证

颁发管理机关同意，不再审查，安全生产许可证有效期延期3年。

    A. 较大事故   B. 重大事故   C. 死亡事故   D. 伤亡事故

5.【单选题·真题】施工企业主要负责人对安全生产的责任包括(　　)。

    A. 工程项目实行总承包的，定期考核分包企业安全生产管理情况

    B. 督促落实本单位重大危险源的安全管理措施

    C. 在施工现场组织协调工程项目质量安全生产活动

    D. 保证本单位安全生产投入的有效实施

6.【单选题·真题】关于专职安全生产管理人员配备要求的说法，正确的是(　　)。

    A. 按建筑施工总承包企业资质管理要求，资质等级越高则专职安全生产管理人员配备越多

    B. 建筑施工企业经营规模较小的，可以不配备专职安全生产管理人员

    C. 建筑施工企业的分支机构不必配备专职安全生产管理人员

    D. 作业难度大的施工作业班组必须配备专职安全生产管理人员

7.【单选题】根据《建设工程安全生产管理条例》，依法对建筑施工单位的安全生产工作全面负责的是(　　)。

    A. 施工单位的主要负责人   B. 施工单位的法定代表人

    C. 施工单位的专职安全管理员   D. 施工单位的项目经理

8.【单选题·真题】关于施工企业专职安全生产管理人员职责的说法，正确的是(　　)。

    A. 组织制定本单位安全生产操作规程   B. 编制安全专项施工方案

    C. 如实记录安全生产教育和培训情况   D. 建立健全本单位安全生产责任制

9.【单选题·真题】下列安全生产责任中，属于施工单位安全生产管理机构专职安全生产管理人员责任的是(　　)。

    A. 落实制定安全生产规章制度和操作规程

    B. 确保安全生产费用的有效使用

    C. 检查危险性较大工程安全专项施工方案的落实情况

    D. 组织制定安全施工措施

10.【单选题·真题】关于施工企业项目负责人安全生产责任的说法，正确的是(　　)。

    A. 应当监控分部分项工程的安全生产情况

    B. 每月带班生产时间不得少于本月施工时间的60%

    C. 应当对工程项目落实带班制度负责

    D. 每月带班检查时间不得少于其工作时的25%

11.【多选题·真题】根据《建设工程安全生产管理条例》，施工企业的项目负责人在安全生产方面的主要职责有(　　)。

    A. 对建设工程项目的安全施工负责   B. 落实安全生产责任制

    C. 制定安全生产规章制度和操作规程   D. 确保安全生产费用的有效使用

    E. 根据工作特点组织制定安全施工措施

12.【单选题·真题】根据《建筑施工企业负责人及项目负责人施工现场带班暂行办法》，属于建筑施工企业负责人的是(　　)。

    A. 实际控制人   B. 副总工程师

C. 主管经营的副总经理　　　　　　　　　D. 项目经理

13.【多选题·真题】总承包单位依法将建设工程分包给其他单位施工,若分包工程出现质量问题时,应当由(　　)。

A. 总承包单位单独向建设单位承担责任

B. 分包单位单独向建设单位承担责任

C. 总承包单位与分包单位向建设单位承担连带责任

D. 总承包单位与分包单位分别向建设单位承担责任

E. 分包单位向总承包单位承担责任

14.【单选题·真题】施工作业人员张某在作业过程中,发现吊装预制构件未绑扎牢固而失衡摆动,即将脱落直接危及人身安全,随即停止作业并迅速躲避,该情形属于张某行使(　　)。

A. 紧急避险权　　　　　　　　　　　　　B. 知情权

C. 拒绝违章指挥权　　　　　　　　　　　D. 正当防卫权

15.【单选题·真题】根据《国务院安委会关于进一步加强安全培训工作的决定》,高危企业新职工安全培训合格后,要在经验丰富的工人师傅带领下,实习至少(　　)后方可独立上岗。

A. 6个月　　　　　B. 3个月　　　　　C. 2个月　　　　　　D. 1个月

16.【多选题】关于建设工程安全生产教育培训的说法,正确的有(　　)。

A. 施工单位的主要负责人、项目负责人、专职安全生产管理人员应当经建设行政主管部门或者其他部门考核合格后方可任职

B. 施工单位应当对管理人员和作业人员每年至少进行两次安全生产教育培训

C. 作业人员进入新的岗位前,应当接受安全生产教育培训

D. 作业人员进入新的施工现场前,不需要接受安全生产教育培训

E。施工单位在采用新技术、新工艺、新设备、新材料时,应当对作业人员进行相应的安全生产教育培训

17.【单选题】某施工单位挪用了列入建设工程概算的安全生产作业环境及安全施工措施所需费用,应当被要求限期改正,并处挪用费用(　　)的罚款。

A. 10%以上20%以下　　　　　　　　　　B. 20%以上30%以下

C. 20%以上50%以下　　　　　　　　　　D. 30%以上50%以下

18.【单选题·真题】根据《中华人民共和国安全生产法》,对于未如实记录安全生产教育和培训情况的生产经营单位可以(　　)。

A. 给予警告　　　　　　　　　　　　　　B. 吊销营业执照

C. 责令限期改正　　　　　　　　　　　　D. 降低资质等级

19.【单选题·真题】施工企业项目经理未履行安全生产管理职责,被施以刑罚,依法5年内不得担任任何施工企业的主要负责人、项目负责人,该期间的起算时间为(　　)。

A. 犯罪行为发生之日　　　　　　　　　　B. 刑罚执行完毕之日

C. 案件移送审查之日　　　　　　　　　　D. 刑事判决生效之日

20.【单选题·真题】根据《建设工程安全生产管理条例》,施工单位的相关人员未经安全教育培训或经考核不合格即从事相关工作的,应责令限期改正,逾期未改正的,责令停业整

顿。下列人员中,属于"相关人员"范围的是( )。

    A. 安全员   B. 资料员   C. 材料员   D. 标准员

21.【单选题·真题】超过一定规模的危险性较大的分部分项工程专项方案应当召开专家论证会,实行施工总承包的,由( )组织召开。

    A. 监理单位   B. 施工总承包单位

    C. 建设单位   D. 相关专业承包单位

22.【单选题】根据《建设工程安全生产管理条例》,建设工程施工前,施工单位负责项目管理的技术人员应当对有关安全施工的技术要求向( )做出详细说明,并由双方签字确认。

    A. 监理人员   B. 建设单位工作人员

    C. 施工作业班组、作业人员   D. 专职安全生产管理人员

23.【单选题·真题】基坑支护工程专项施工方案须经( )签字后实施。

    A. 施工企业项目经理和现场监理工程师

    B. 施工企业负责人和建设单位负责人

    C. 建设单位负责人和总监理工程师

    D. 施工企业技术负责人和总监理工程师

24.【多选题】根据《建设工程安全生产管理条例》,施工单位应当在( )等危险部位,设置明显的安全警示标志。

    A. 施工现场入口处   B. 电梯井口

    C. 脚手架   D. 预留洞口

    E. 孔洞口

25.【单选题】根据《建设工程安全生产管理条例》,施工现场暂时停止施工的,施工单位应当做好现场防护,所需费用由( )承担。

    A. 责任方   B. 建设单位

    C. 施工单位   D. 建设单位和施工单位共同

26.【多选题】关于施工现场消防安全管理的说法,正确的有( )。

    A. 公共建筑在使用期间不得进行外保温材料施工作业

    B. 进行节能改造作业期间在施工建筑内安排人员住宿须经项目经理批准

    C. 新建工程的外保温材料不得使用易燃材料

    D. 改建、扩建工程的外保温材料一律不得使用可燃材料

    E. 居住建筑进行节能改造作业期间应撤离居住人员

27.【单选题】消防安全重点单位应当每( )自行或委托有资质的机构对本单位进行一次消防安全检查评估,做到安全自查、隐患自除、责任自负。

    A. 月   B. 季度   C. 半年   D. 年

28.【单选题】根据《国务院关于加强和改进消防工作的意见》,施工企业消防安全的第一责任人是( )。

    A. 专职安全员   B. 项目经理   C. 安全负责人   D. 法定代表人

29.【单选题,真题】工程实行总承包的,分包单位作业人员的意外伤害保险费由( )支付。

A. 建设单位

B. 总承包单位

C. 分包单位

D. 总承包和分包单位共同

30.【单选题】根据《建设工程安全生产管理条例》，关于意外伤害保险的说法，正确的是（　　）。

A. 工程提前竣工时，保险责任期限仍按合同约定时间确定

B. 被保险人为从事危险作业人员

C. 保险期限由施工企业根据实际自行确定

D. 保险费由分包单位支付

31.【单选题·真题】某起生产安全事故造成 9 人死亡 51 人重伤，直接经济损失为 2000 万元，根据《生产安全事故报告和调查处理条例》，该事故为（　　）。

A. 特别重大事故

B. 重大事故

C. 较大事故

D. 一般事故

32.【多选题·真题】下列生产安全事故情形中，属于《生产安全事故报告和调查处理条例》规定的重大事故的有（　　）。

A. 重伤 80 人

B. 直接经济损失 5000 万元

C. 死亡 20 人

D. 直接经济损失 8000 万元

E. 死亡 30 人

33.【多选题·真题】生产安全事故等级划分的主要因素有（　　）。

A. 政治

B. 心理

C. 人身

D. 主观恶意

E. 经济

34.【单选题·真题】根据《生产安全事故应急预案管理办法》，关于应急预案评审的说法，正确的是（　　）。

A. 建设单位应当对施工企业编制的应急预案进行评审

B. 评审人员由经济、技术方面的专家组成

C. 施工企业专职安全管理人员可作为评审人员

D. 评审活动应当形成书面评审纪要

35.【单选题】根据《生产安全事故应急预案管理办法》，专项应急预案应当包括的内容是（　　）。

A. 应急组织机构及其职责、预案体系及响应程序、危险性分析、应急培训及预案演练

B. 应急组织机构及其职责、应急预案体系、事故风险描述、预警及信息报告、应急响应、保障措施、应急预案管理

C. 应急工作职责、应急处置措施和注意事项

D. 应急指挥机构与职责、处置程序和措施

36.【单选题·真题】关于施工生产安全事故报告的说法，正确的是（　　）。

A. 事故造成的伤亡人数发生变化的，应当及时补报

B. 报告事故发生地点不包括具体发生地点以外的波及区域

C. 单位负责人接到报告后，应立即向县级以上人民政府报告

D. 立即报告是指在事故发生 1 小时内报告

37.【单选题·真题】根据《生产安全事故报告和调查处理条例》，事故发生后，下列说法

正确的是(　　)。

  A.单位负责人接到报告后,应当于2小时内向有关部门报告

  B.单位负责人应当向单位所在地的有关部门报告

  C.事故现场有关人员应当立即向本单位负责人报告

  D.情况紧急时,事故现场有关人员应当直接向建设单位报告

38.【单选题·真题】根据《生产安全事故报告和调查处理条例》,事故发生后,因特殊情况需要移动安全事故现场物件,应当符合的条件是(　　)。

  A.经现场物件所有权人同意   B.记忆现场物件的位置信息

  C.防止事故扩大的需要   D.不造成任何其他损失

39.【单选题】生产安全事故发生后,生产经营单位主要负责人谎报或者瞒报事故的,应当受到的处罚是(　　)。

  A.处10万元以上50万元以下的罚款

  B.处5万元以上20万元以下的罚款

  C.处上一年年收入50%至80%的罚款

  D.处上一年年收入60%至100%的罚款

40.【单选题:真题】根据《中华人民共和国安全生产法》,生产经营单位发生生产安全事故造成人员伤亡和他人财产损失,应当依法承担赔偿责任,拒不承担的,由(　　)依法强制执行。

  A.人民法院   B.人民政府

  C.建设行政主管部门   D.应急管理部门

41.【单选题·真题】根据《建设工程安全生产管理条例》,下列关于建设单位安全责任的说法中,错误的是(　　)。

  A.建设单位应当向施工企业提供地下管线资料,并对资料的真实性、正确性、完整性负责

  B.建设单位应当依法履行合同,不得压缩合同约定的日期

  C.建设单位应当进行安全施工技术交底

  D.建设单位应当对拆除工程进行备案

42.【单选题】根据《建设工程安全生产管理条例》的规定,建设单位在编制(　　)时,应当确定建设工程安全作业环境及安全施工措施所需费用。

  A.工程预算 B.工程估算 C.工程决算   D.工程概算

43.【多选题】下列属于设计单位的安全责任的有(　　)。

  A.按照法律、法规和工程建设强制性标准进行设计

  B.提出防范安全生产事故的指导意见和措施建议

  C.对安全技术措施或专项施工方案进行审查

  D.对设计成果的实施承担责任

  E.依法对施工安全事故隐患进行处理

44.【单选题·真题】根据《建设工程安全生产管理条例》,施工起重机械和整体提升脚手架、模板等自升式架设设施安装完毕后,应当由(　　),并出具合格证明。

  A.安装单位自检   B.建设单位检查验收

C. 建设行政主管部门检查验收　　　　　　D. 监理单位检查验收

45.【多选题·真题】根据《建筑起重机械安全监督管理规定》，建筑起重机械不得出租、使用的情形有(　　)。

A. 经检验未达到安全技术标准规定的　　　B. 属于国家不鼓励使用的

C. 没有完整安全技术档案的　　　　　　　D. 安全保护装置齐全有效的

E. 超过安全技术标准或者制造厂家规定的使用年限的

46.【多选题】根据《建设工程安全生产管理条例》，出租的机械设备和施工机具及配件，应当具有(　　)。

A. 生产许可证　　　B. 产品合格证　　　　C. 出租许可证

D. 质量保修卡　　　E. 生产日期

47.【单选题·真题】关于安全生产监督检查人员执法的说法，正确的是(　　)。

A. 安全生产监督检查人员不得接触施工企业的商业秘密

B. 不同部门的安全生产监督检查人员应当独立检查

C. 安全生产监督检查人员无权将存在的安全问题移送其他部门处理

D. 安全生产监督检查人员必须出示有效执法证件

思考题

1. 简述建设工程安全生产管理的概念。

2. 简述施工作业人员应当依法享受安全生产的权利和义务。

3. 简述生产安全事故的等级划分标准。

4. 如何处理安全与生产的关系？

5. 建设单位应承担哪些安全责任？

6. 如何申请安全生产许可证？安全生产许可证的有效期是多久？

7. 总承包单位和分包单位的安全生产责任是如何界定。

8. 施工单位应该建立哪些安全制度？采取哪些措施保障安全生产？

案例分析题

案例一　2019 年 8 月，某建筑公司按合同约定对其施工并已完工的路面进行维护，路面经铲挖后形成凹凸和小沟，路边堆有砂石料，但在施工路面和路两头均未设置任何提示过往行人及车辆注意安全的警示标志。2019 年 8 月 16 日，张某骑摩托车经过此路段时，因不明路况，摩托车碰到路面上的施工材料而翻倒，造成 10 级伤残。张某受伤后多次要求该建筑公司赔偿，但建筑公司认为张某受伤与己方无关。张某将建筑公司起诉至人民法院。

问题：

(1)本案例中的建筑公司是否存在违法施工行为？

(2)该建筑公司是否应承担赔偿的民事法律责任？

案例二　某商务中心高层建筑，总建筑面积约 15 万平方米，地下 2 层，地上 22 层。业主与施工单位签订了施工总承包合同，并委托监理单位进行工程监理。开工前，施工单位进行了三级安全教育。在地下桩基施工中，由于是深基坑工程，项目经理部按照设计文件和施工技术标准编制了基坑支护及降水工程专项施工组织方案，经项目经理签字后组织施工。同时，项目经理安排负责质量检查的人员兼任安全工作。当土方开挖至坑底设计标高时，监理工程师发现基坑四周地表出现大量裂纹，坑边部分土石有滑落现象，立即向现场作业人员发出口头通知，要求停止施工，撤离相关作业人员。但施工作业人员担心拖延施工进度，对监理通知不予理睬，继续施工。随后，基坑发生大面积坍塌，基坑下6名作业人员被埋，造成3人死亡、2人重伤、1人轻伤的事故。

　　问题： 本案例中，施工单位有哪些违法行为？应该如何处理？

第十一章

建设工程合同管理法律制度

学习目标

1. 了解建设工程合同违约责任及争议的解决。
2. 熟悉建设工程合同的主要内容。
3. 熟悉建设工程合同的变更与终止。
4. 掌握建设工程合同的概念。
5. 掌握签订和履行合同的原则。
6. 熟悉建设工程合同管理法律法规在工程建设活动各环节的作用。

第一节 合同管理概述

合同管理是市场经济的要求，随着市场经济机制的发育和完善，要求政府管理部门转变政府职能，更多地应用法律、法规和经济手段调节和管理市场，而不是用行政命令干预市场。承包商作为建筑市场的主体，进行建筑生产与管理活动，必须按照市场规律要求，健全和完善内部各项管理制度，合同管理制度是其管理制度的关键内容之一。建设工程合同管理是调节业主和承包商经济活动关系的法律依据。加强建设工程施工建设工程合同管理，是市场经济规律的必然要求。

建设工程合同管理的重要性体现在以下几个方面：

①确保工程项目的顺利进行。合同管理包括对合同条款的严格遵守和执行，确保工程质量、进度和造价等关键目标的有效控制，从而保证项目的顺利实施。

②提高管理效率。合同管理不仅涉及合同条款的履行，还需要与其他部门协调沟通，加强对施工过程中质量、进度、成本的管理，确保合同重点条款的规范履行。

③增强风险管理能力。合同中明确了业主与承包方的权利与责任，一旦合同条款履行出现问题，或产生违反条约的行为，将会给工程带来各种风险。合同管理有助于及时辨别和防范风险，降低风险造成的损失。

④提高项目管理整体水平。合同管理是工程项目管理的重要组成部分，管理水平的提高意味着整体管理水平的提升，为企业在对外竞争中增加优势。

⑤规范市场行为。随着建筑市场对外的全面开放，合同管理有助于维护建筑市场秩序，规范各方的建设行为，是规范各方市场主体的法律依据。

⑥解决经济纠纷。施工合同作为重要的法律依据，妥善保管合同对于解决双方经济纠纷至关重要。

一、建设工程合同的概念

建设工程合同是工程建设法律关系中的当事人为了实现完成建设工程的经济目的，明确双方权利、义务关系而达成的协议。根据合同内容的不同，建设工程合同分为建设工程勘察、设计合同和建设工程施工合同。

二、建设工程合同的特征

建设工程合同除了具有一般合同共有的特征之外，还具有以下特征。

1.合同标的特殊性

建设工程合同的标的涉及建设工程的服务，而建设工程具有以下特点：产品固定，不能流动；产品多样，需要单个完成；产品耗用材料多，资金需求大；产品使用时间长；等等。

2.合同主体的特殊性

工程建设技术含量较高、社会影响大，所以法律对建设工程合同主体的资格有明确严格的要求。对合同主体的要求主要有：通过了国家规定的审核标准，具有相应的资质等级，并具有承诺的民事权利能力和民事行为能力。

3.合同形式的特殊性

工程建设过程周期性长，涉及因素广，专业技术性强。当事人之间的权利、义务关系比较复杂，不是简单的口头约定能解决的，所以我国法律规定，建设工程合同必须采用书面形式。另外，为使合同内容更加严谨，双方当事人权利与义务平等，相关国际组织及各国政府或行业协会组织专家编制了合同样本和示范文本，推荐给当事人使用。

4.合同监督管理的特殊性

国家对建设合同的监督管理比较严格，如工程发承包双方的资质要接受有关部门的审查；建设工程合同签订以后，必须报有关建设行政主管部门审查批准后才能生效；合同履行的过程要接受有关部门的监督检查；建设工程的拨款、贷款、结算要接受银行的监督；等等。

三、建设工程合同的形式

合同的形式指合同当事人合意的外在表现，是合同内容的载体。

2020 年 5 月公布的《中华人民共和国民法典》规定，当事人订立合同，可以采用书面形式、口头形式和其他形式。法律、行政法规规定要求采用书面形式的，应当采用书面形式；当事人约定采用书面形式的，应当采用书面形式。书面形式是指合同书、信件和数据电文等可以有形地表现所载内容的形式。

书面形式合同的内容明确，有据可查，对于防止和解决争议有积极意义。口头形式合同具有快捷、简单、直接的特点，但缺乏凭证，一旦发生争议，难以取证，且不易分清责任。其他形式合同可以根据当事人的行为或者特定情形推定合同的成立。

《中华人民共和国民法典》明确规定，建设工程施工合同应当采用书面形式。

第二节　建设工程合同的签订

一、建设工程合同签订的原则

1.平等、自愿原则

《中华人民共和国民法典》规定，当事人在订立、履行、变更、转让、解除、承担违约责任等涉及合同的活动中的法律地位是平等的。无论当事人是法人还是自然人，也不论其经济性质、组织形式、经济实力的大小等，都应当平等、自愿地享有自身的权利和义务。

2.公平原则

《中华人民共和国民法典》规定，当事人应当遵循公平原则确定各方的权利和义务。公平首先表现为当事人订立合同时权利与义务的确定要公平，对于失去公平的合同，当事人可以申请变更或撤销；其次，在合同履行过程中具体问题的处理要遵循公平的原则；最后，违约责任的确定也应遵循公平原则。如当事人一方违约后，对方当事人应当采取适当的措施防止损失的扩大，如果没有采取适当措施致使损失扩大，后者不得就扩大的损失要求赔偿。为防止损失扩大而支出的合理费用应由违约方承担。

3.诚实信用原则

诚实信用是道德原则在法律上的体现，是指当事人在民事活动中，应当诚实守信，善意地履行合同规定的义务和行使合同的权利。诚实信用原则要求维护当事人之间的利益平衡，以及当事人与社会之间的利益平衡。

4.依法遵守法律、维护社会公共利益的原则

当事人应当按照自由意识约定履行自己的权利与义务，但是这种自由必须以遵纪守法、不损害他人权益及社会公共利益为前提。

二、建设工程合同签订的程序

《中华人民共和国民法典》明确规定，当事人订立合同，采用要约、承诺方式，即合同的订立包括要约和承诺两个阶段，它们是订立合同的必需程序。

1. 要约

（1）要约的概念

要约是希望和他人订立合同的意思表示，也是当事人一方向对方发出的以订立合同为目的的意思表示。根据法律规定，有效要约的条件包括以下几项。

①要约人是特定当事人。特定当事人是指做出要约的人可以确定的主体。

②要约内容具体确定。要约的目的是希望得到受要约人的答复，受要约人唯有知晓内容完善的要约才能做出明确的答复。

③表明如受要约人承诺，要约人即受该要约的约束。

（2）要约邀请的概念

要约邀请是指行为人做出邀请他方向自己发出要约的意思表达。要约邀请虽然也是为订立合同而准备，但是要约邀请发生在要约前，并不是合同成立过程中的必经程序，这种表达往往不确定内容，在法律上无须承担责任。

要约和要约邀请的区别：在建设工程合同签订过程中，发包方发布的招标公告或投标邀请函是一种要约邀请；而承包方向发包方递交的投标文件就是一种要约，作为要约的投标文件对承包方具有法律约束力，表现在承包方在开标后无权修改或撤回标书及一旦中标就必须与发包方签订合同，否则就需要承担相应的责任。

（3）要约生效时间

要约生效时间对于确定要约的效力期间及要约的撤回和撤销是否有效具有重要的影响。《中华人民共和国民法典》规定，要约到达受要约人时生效。

《中华人民共和国民法典》规定，采用数据电文形式订立合同，收件人指定特定系统接收数据电文的，该数据电文进入该特定系统的时间，视为到达时间；未指定特定系统的，该数据电文进入收件人的任何系统的首次时间，视为到达时间。

（4）要约撤回和要约撤销

①要约撤回。在要约发生法律效力之前，要约人可以撤回要约。按照《中华人民共和国民法典》的规定，撤回要约的通知应当在要约到达受要约人之前或者与要约同时到达受要约人。

②要约撤销。在要约发生法律效力后，考虑要约人的利益，在不损害受要约人的利益的前提下，要约可以撤销。为了保护受要约人的利益，《中华人民共和国民法典》规定，有下列情况之一的，要约不可撤销。

确定了承诺期限或以其他形式表明要约不可撤销。

受要约人有理由认为要约是不可撤销的，并已经为履行合同做了准备时，要约不可撤销。

要约撤回和要约撤销的区别：

要约撤回必须在要约发生法律效力之前，而要约撤销则是在法律发生效力之后。

要约撤回通知应在要约到达受要约人之前或者与要约同时到达受要约人，而要约撤销通知应在受要约人发出承诺通知之前到达受要约人。

要约撤回通知按规定到达时间到达后即可生效，而要约撤销除了按规定通知受要约人以外，还要视要约发生法律效力后的具体情况而定。

（5）要约失效

要约失效是指要约丧失了法律效力。对于要约人，要约失效意味着解除了其所受要约的法律约束；对于受要约人，要约失效意味着丧失了对要约做出承诺的资格和权利。法定的要约失效情况有以下4种。

①要约被拒绝。

②要约被依法撤销。

③承诺期限届满，受要约人未做出承诺。

④受要约人对要约的内容做出实质性变更。

在建设工程合同订立过程中，招标投标程序就是典型的通过要约、承诺订立合同的过程。招标程序中的"工程招标公告"就是典型的要约邀请，而投标人向招标人递交的投标书就是典型的要约。在《中华人民共和国招标投标法》中对招标、投标行为所做的有关规定与《中华人民共和国民法典》中有关要约、承诺的规定实质上完全一致。

2.承诺

（1）承诺的概念

承诺是受要约人同意要约的意思表示，是受要约人在要约有效期限内向要约人做出的完全同意要约的意思表示。要约一经承诺，合同关系即成立。承诺的构成要件有以下4个方面。

①承诺必须是受要约人做出的，或者是受要约人委托的代理人做出的，否则无效。

②承诺必须在合理期限内做出。《中华人民共和国民法典》规定，承诺应在要约确定的有效期内到达要约人；要约没有确定承诺期限的，应在法律根据不同的要约形式而确定的合理时间到达要约人。

③承诺的内容应当与要约内容一致。关于合同标的、数量、质量、价款或报酬、履行地点和方式、违约责任和解决争议方法等实质性内容变更的，为新要约。对于非实质性内容变更的，除要约人及时表示反对或要约表明承诺不得对要约内容做出任何更改的以外，该承诺有效。

④承诺的方式必须符合要约要求。

（2）承诺的方式和期限

承诺是受要约人同意要约的意思表示。承诺应当以通知的方式做出，但是，根据交易习惯或者要约表明可以通过行为做出承诺的除外。承诺应当在要约确定的期限内到达要约人。要约没有确定承诺期限的，承诺应当依照下列规定到达：

①要约以对话方式作出的，应当即时作出承诺。

②要约以非对话方式作出的，承诺应当在合理期限内到达。

（3）承诺的生效

承诺生效时合同成立，但是法律另有规定或者当事人另有约定的除外。

三、建设工程合同的一般条款

合同主体的权利、义务通过合同条款记载于合同中，因此合同条款是合同的核心内容。根据自愿订立合同的原则，合同内容由当事人约定，同时为了指导和规范合同的订立和履行，保障合同当事人的正当权益，《中华人民共和国民法典》规定了合同的一般条款。

1. 当事人的名称或者姓名和住所

这里的住所是指当事人的主要办事机构所在地。

2. 标的

标的是民事法律关系的客体，是指当事人双方权利和义务共同指向的对象。不同的合同，标的也不同。标的分为有形物、行为、无形物和有价证券等。

3. 数量

数量是衡量标的的大小、多少、轻重的尺度，是确定标的的客观标准，也是衡量当事人权利、义务的依据。

4. 质量

质量是指合同标的的内在素质和外在形象相结合所形成的综合指标。标的的质量往往通过标的的名称、品种、规格、型号、性能、包装等来体现。当事人约定质量条款时必须符合有关规定和要求。

5. 价款或者报酬

价款或者报酬是指一方当事人向对方当事人所付代价的货币表现。

6. 履约期限、地点和方式

履约期限是当事人履行义务的时间范围，即当事人交付标的和支付价款或者报酬的日期。履约地点是当事人完成所承担义务的具体地方，即当事人约定交付标的和支付价款或者报酬的地点。履约方式指采用什么样的方式来履行合同规定的义务，合同标的不同，履约方式也有所不同，当事人只有在合同中明确约定合同的履行方式才便于合同的履行。

7. 违约责任

违约责任是指当事人一方或者双方不履行合同或者不能完全按照合同履行，按照法律规定或者合同约定应当承担的民事责任。法定的承担违约责任的形式有继续履行、采取补救措施、赔偿损失等。

8. 解决争议的方式

合同争议不可完全避免。争议一旦发生，能够尽快、公平、低成本地解决争议是合同当事人的意愿。解决争议的方式有协商、调解、仲裁、诉讼和行政复议与行政诉讼。

第三节　建设工程合同的履行

一、建设工程合同履行的原则、一般程序与规则

1. 合同履行的原则

当事人在合同履行过程中应遵循全面履行和协作履行的原则。全面履行是指双方当事人应按照合同的规定全面地履行各自的义务。协作履行是指合同当事人不仅要全面履行自己的义务，而且要给予对方当事人合同履行必要的协助的原则。建设工程合同履行过程中，施工方全面完成合同规定的施工任务，业主方应为施工方提供施工活动所必需的各种条件，就是这两项原则的体现。

2. 合同履行的一般程序

合同履行的程序会因合同种类、内容的不同而有所区别。一般来说，合同履行大致经过交付标的、验收标的、结算过程。因此，建设工程施工合同履行的一般程序是，施工方先行施工→业主按照合同规定的期限定期支付工程款→施工完成后双方以及法律法规规定内各有关部门共同参加工程的验收→结算工程款→施工方履行保修义务等。

3. 合同履行的规则

抗辩权是指在双务合同中，当事人一方有依法对抗对方要求或否认对方权利主张的权。抗辩权主要有 3 类。

（1）同时履行抗辩权

《中华人民共和国民法典》第五百二十五条规定："当事人互负债务，没有先后履行顺序的，应当同对履行。一方在对方履行之前有权拒绝其履行请求。一方在对方履行债务不符合约定时，有权拒绝其相应的履行请求。"

（2）先履行抗辩权

《中华人民共和国民法典》第五百二十六条规定："当事人互负债务。有先后履行顺序，应当先履行债务一方未履行的。后履行一方有权拒绝其履行请求。先履行一方履行债务不符合约定的，后履行一方有权拒绝其相应的履行请求。"

（3）不安抗辩权

不安抗辩权是指在双务合同中，当事人互负债务，合同约定有先后履行顺序的，先履行债务的当事人一方应当先履行其债务。但是，在应当履行债务的当事人一方，有确切证据证

明对方有丧失或者可能丧失履行债务能力的情况下可以中止履行其债务。

《中华人民共和国民法典》第五百二十七条规定："应当先履行债务的当事人，有确切证据证明对方有下列情形之一的，可以中止履行：（一）经营状况严重恶化；（二）转移财产、抽逃资金，以逃避债务；（三）丧失商业信誉；（四）有丧失或者可能丧失履行债务能力的其他情形。当事人没有确切证据中止履行的，应当承担违约责任。"

当事人行使不安抗辩权的法律结果是中止履行。中止履行，是指行使不安抗辩权当事人一方，有权暂时停止合同的履行或者延期履行合同；一旦中止履行的原因排除后，应当恢复履行合同，从而达到实现合同当事人权利的目的。

行使不安抗辩权的当事人中止履行的义务和权利

《中华人民共和国民法典》第五百二十八条规定："当事人依据前条规定中止履行的，应当及时通知对方。对方提供适当担保的，应当恢复履行。中止履行后，对方在合理期限内未恢复履行能力且未提供适当担保的，视为以自己的行为表明不履行主要债务，中止履行的一方可以解除合同并可以请求对方承担违约责任。"

二、建设工程合同履行中的担保

建设工程合同履行中的担保是以保障债权的实现为目的的担保行为。担保的形式包括保证、抵押、质押、留置和定金。提供担保的人，称为担保人；接受担保的人即债权人，又称为担保权人；债务人又称为被担保人。担保关系的发生以先于担保关系存在的合同关系为前提。担保是通过担保合同或担保条款来确定担保权利、义务关系的。主合同就是规定债权人与债务人之间权利、义务关系的协议，是担保关系存在的前提。确立担保关系的担保合同是主体合同的从合同。从合同无效，担保合同无效；主合同有效，担保合同可能有效，也可能无效。

1. 保证

保证是指保证人和债权人的约定，当债务人不履行债务时，保证人按约定履行债务或者承担责任的行为。保证人需具有一定的资格，具有代为清偿债务能力的法人、非法人组织或自然人可以做保证人。法律规定下列单位不可以担任保证人。

①国家机关不得担任保证人，但国务院批准使用外国政府或国际经济组织贷款而进行的转贷除外。

②学校、幼儿园、医院等以公益为目的的事业单位、社会团体不得担任保证人。

③企业法人的分支机构、职能部门不得担任保证人。但有法人书面授权的，可在授权范围内提供担保。

有效保证担保的要求：

①设定保证担保必须书面签署保证合同以示声明。

②保证人必须是主体合同以外的第三人，且保证人应当具备清偿债务的能力。

③保证人以自己的信用和不特定的财产为他人提供担保。保证人承担保证责任后，有权向债务人追偿。建设工程招标和投标过程中，招标人要求投标人在投标时提供的"投标保函"就是典型的保证担保。

2. 抵押

抵押是指债务人或第三人不转移对法定抵押财产的占有,将该财产作为债务的担保。债务人不履行债务时,债权人有权依法将该财产折现或拍卖。变卖该财产的价款优先受偿。其中,债务人或第三人是抵押人;债权人是抵押权人,提供担保的财产是抵押物。

抵押权的最大特点是在抵押期间不转移标的物占有的物权。抵押设定后,抵押人可以不将抵押物转移于抵押权人,仍享有对抵押物的占有、使用和收益权,但抵押人未经抵押权人同意不得处分抵押物。法律对于可以作为抵押物设定抵押担保的财产和不得作为抵押的财产具体做了明确的规定。禁止抵押的财产包括:

①土地所有权。

②耕地、宅基地、自留地、自留山等集体所有的土地使用权;抵押人依法承包并经发包方同意抵押的荒山、荒沟、荒丘、荒滩等荒地的土地所有权,以乡、镇、村企业厂房等建筑抵押的除外。

③学校、幼儿园、医院等以公益为目的的事业单位、社会团体性设施和其他社会公益设施。

④所有权、使用权不明确或者有争议的财产。

⑤依法查封、扣押、监管的财产。

⑥依法不得抵押的其他财产。

设定抵押担保必须有书面说明。由于抵押期间抵押物不得转移,为了保护抵押权人的利益,法律规定了强制性和自愿实行抵押物登记的制度。抵押物登记制度是指提供抵押担保要同时提供所抵押财产在相应管理部门办理的抵押物登记证明,这样就可以避免恶意重复抵押现象的发生。建设中或已经完成的工程项目可以作为抵押物设定抵押担保。

3. 质押

质押是指债务人或第三人将其财产移交债权人占有,以该财产作为债权的担保,债务人不履行债务时,债权人有权以该财产卖得价款优先受偿。用于质押的财产可以是动产,也可以是有价证券、无形财产所有权的权利。设定质押必须书面声明。质押合同自质押物移交于质权人占有时生效。

4. 留置

留置是指债权人按照合同的约定占有债务人的动产,债务人不按照合同约定的期限履行债务的,债权人有权依法留置该财产,以该财产折现或者以拍卖、变卖该财产所得的价款优先受偿的担保。留置担保债权范围包括主债权及利息、违约金、损害赔偿金、留置物保管费和实现留置权的费用。

法律规定留置物必须是债权人合法占有债务人的财产。可以采用留置担保的合同有保管、运输、加工承揽合同等。

建设工程合同中,如发包方不履行支付工程款义务,则承包方可以依法将占有的工程变卖,从变卖所得价款中优先受偿。

5.定金

定金是指当事人在订立主合同之后，约定在履行主合同之前，一方向对方给付一定数量的货币作为债权的担保，债务人履行债务后，该项货币抵作价款或收回；给付定金的一方不履行约定的义务，无权要求返还定金，收受定金的一方不履行约定的义务，应当双倍返还定金。

定金担保的成立不仅需要当事人书面说明，还需要给付行为。法律规定定金的数额由双方约定，但不得超过主合同标的额的 20%。

需要注意的是，在书面约定时，作为担保使用的"定金"的概念与人们日常使用的"订金"概念完全不同。"定金"是法定的担保方式，约定采用"定金"担保后，对违约方就要按照法律的规定进行惩罚，但是"订金"不适用于担保规定的处罚。在实际中，人们还很容易将"定金"与"预付款"相混淆。"预付款"虽然也是在合同订立之后、履行之前一方给付对方的货币，但因为它不是法律规定的担保形式，也不适用于担保规定的处罚。定金担保是建设工程合同中勘察合同、设计合同、采购合同等常用的担保方式。

在建设工程合同履行中，担保是确保合同各方履行其责任的一种方式。以下是一个可能的案例：

在一项大型建设工程中，甲方是一家建筑公司，乙方是一家房地产开发商。他们签订了一个建设合同，甲方负责设计和施工，乙方负责提供资金和监督工程进度。

在合同中，甲方同意在工程完工后提供一定期限的质量保修服务。为了确保乙方在工程竣工后能够获得必要的支持，甲方同意提供担保。担保的方式可以是保证金、保函或担保公司提供的担保。

在工程进行的过程中，甲方按照合同约定完成了设计和施工任务，但在竣工后，出现了一些质量问题，需要进行修复。乙方要求甲方根据合同提供质量保修服务，同时要求甲方提供担保，以确保修复工作的顺利进行。

甲方可以选择提供一定金额的保证金作为担保，或者向乙方提供保函，承诺在需要时承担修复工作的责任。乙方可以根据合同约定和双方的商业关系来决定是否接受甲方提供的担保方式。

如果甲方无法按照合同规定提供担保，乙方可能会向担保公司索赔，要求其履行担保责任。担保公司将根据合同约定和相关证据来评估索赔的合理性，并决定是否承担责任。

总之，在建设工程合同履行中，担保是确保合同各方权益的重要保障措施，可以有效地减少因合同履行不当而产生的风险和纠纷。

第四节　建设工程合同的变更与终止

一、建设工程合同的变更

1. 合同变更的概念

合同变更分为广义变更和狭义变更，广义变更包括合同主体和内容的变更；狭义变更是人依法对合同内容进行修改或者补充，如对标的的数量或质量、履行的期限、地点方式等内容进行修订。《中华人民共和国民法典》规定，当事人协商一致，可以变更合同。

2. 合同变更的条件

①已存在有效的合同关系。

②合同内容发生变化。

③经当事人对合同变更内容协商一致，或依据法律直接规定以及法院裁决对合同内容进行变更。

④法律、行政法规规定变更合同应当办理批准、登记等手续的，应遵守其规定。

以下是一个关于建设工程合同变更的案例：

甲方是一家建筑公司，与乙方签订了一份建设工程合同，合同内容包括了对一座大型商业综合体的建设。根据合同条款，甲方负责设计、施工和项目管理，而乙方则提供资金支持和监督。

在工程进行的过程中，由于施工现场发现了一些未预料到的地下管道，这对工程的进行造成了一定的影响。甲方与乙方商讨后，双方认识到需要对合同进行一些变更，以适应新的情况。

变更内容主要包括以下几点：

①增加工程范围：由于地下管道的存在，需要对原设计进行调整，并增加相关的施工任务，如管道的移除和重新铺设。

②调整工程进度：由于新增工程范围，原定的工程进度可能需要调整。甲方与乙方商议后，双方同意对工程完成时间进行适当延长。

③调整费用预算：新增的工程范围将对费用预算产生影响，甲方向乙方提出了调整费用的建议，并提供了相应的费用估算报告。

④重新签订合同文本：为了确保双方权益，甲方和乙方重新审查了合同文本，并对变更内容进行了详细记录。双方在合同中签署了变更协议，并确认了变更后的合同条款。

经过变更协商，甲方和乙方就工程变更事项达成了一致，并更新了合同内容。这有助于确保工程继续顺利进行，并保障了双方的权益。

二、建设工程合同的终止

1.合同的权利和义务终止的概念

合同的权利和义务终止是指合同权利和合同义务归于消灭，合同关系不复存在。合同的终止使合同的担保等附属于合同的权利和义务也归于消灭。

2.合同的权利和义务因解除而终止

合同的解除是指当事人在具有法律效力的合同未全部履行之前，终止该合同的效力。

意思表示一致，即是基于当事人的意愿，经双方当事人协商解除。单方解除是指当事人双方根据法律规定和合同事项约定，当出现特定情形时，以单方意思解除合同。

《中华人民共和国民法典》规定，出现以下几种情形的可以解除合同。

①因不可抗力致使不能实现合同目的。

②在履行期限届满之前，当事人一方明确表示或者以自己的行为表示不履行主要债务。

③当事人一方延迟履行主要债务，经催告后在合理期限内仍未履行。

④当事人一方延迟履行债务或者有其他违约行为致使不能实现合同目的。

⑤法律规定的其他情形。

3.合同的权利和义务因其他原因而终止

合同的权利和义务终止是由于一定的法律事实发生，使合同设定的权利和义务归于消失的法律现象。其中重要的一点是，合同终止后，负有违约责任的一方仍可能承担赔偿损失或支付违约金的义务。合同终止的其他原因归纳起来主要有：

①合同因履行而终止。

②合同因抵销而终止。

③合同因提存而终止。

④合同因免除债务而终止。

⑤合同因混同而终止等。

第五节　建设工程合同违约责任及争议的解决

合同是具有法律效力的文件，当事人违反合同义务，应当承担相应的法律责任。当事人在合同条款中已经对违约合同应承担的责任做出了决定。事先约定违约责任的意义，一方面在于明确违约的责任约定，能够警示当事人尽可能避免出现违约；另一方面，一旦出现违约行为，能对违约后果的处理、对违约者的制裁、对受害方的补偿有章可循。

违约责任是指当事人由于过错而不能履行或不能完全履行合同约定的义务所应承担的法律责任。违约责任的构成要件包括主观要件和客观要件。

主观要件是指合同当事人在履行合同中不论主观上是否有过错，即主观上有无故意或过失,只要造成违约的事实,均应当承担违约的法律责任。

客观要件是指合同依法成立、生效后,合同当事人一方或者双方未按照法定或约定全面履行应尽的义务,出现了客观违约的事实,应当承担违约的法律责任。

违约责任有以下特点。

①违约责任产生的前提是造成了违约事实,不论当事人是否有过错。

②违约责任的大小可以由当事人自由约定,这使违约责任与侵权责任有所不同。

③违约责任具有补偿性,一般情况下都是为了补偿受害方的损失。

1.承担违约责任的条件

违约责任源于违约行为,违约行为是指合同当事人不履行合同义务或履行合同义务不符合约定条件的行为。当事人违约要承担违约责任,但并不是所有的违约行为都应承担违约责任。承担违约责任要具备一定的条件。

承担违约责任的条件是,当事人要有违反合同义务的行为,该行为的后果是对对方当事人造成利益的损失;违约方具有过错,并且无论是故意过错还是过失过错都需要承担违约责任。

有些情况下,当事人有违约行为,但该违约行为不是由当事人的过错造成的,当事人可以不承担违约责任。《中华人民共和国民法典》规定,因不可抗力的发生而导致当事人违约的,当事人不承担违约责任或部分免除责任。所谓不可抗力,是指当事人不能预见、不能避免并不能克服的客观情况。必须说明的是,当导致当事人违约的不可抗力发生时,应及时将不可抗力的情况告知对方,并取得相应部门出具的不可抗力发生的证明。

2.承担违约责任的方式

(1)违约金和赔偿金

违约金是指违约方根据法律或合同的约定,向对方支付的货币金额。此金额一般是双方当事人事先在合同中约定的。实际违约行为发生后,无论违约行为是否给对方造成损失,都要支付违约金。如果约定的违约金高于实际损失,则支付违约金;若违约金数额过分高于实际损失,可以适当减小赔偿额度;如果约定的违约金不足以弥补对方的实际损失,则除了要支付违约金外,还应向对方支付赔偿金。

现实中,实际损失是由于存在直接损失和间接损失,其计算有时很难有确切的标准,当事人容易由此引发进一步的纠纷。因此,当事人在合同中约定违约责任条款时,也应同时约定实际损失的计算范围和计算方法。一般赔偿金的数额不得超过违反合同一方订立合同时预见到或应当预见的因违反合同可能造成的损失。

(2)价格制裁

《中华人民共和国民法典》规定,执行政府定价或者政府指导价的,在合同约定的交付期限内政府价格调整时,按照交付时的价格计价。逾期交付标的物的,遇价格上涨时,按照原价格执行;价格下降时,按照新价格执行。逾期提取标的物或者逾期付款的,遇到价格上涨时,按照新价格执行;价格下降时,按照原价格执行。这一规定的实质是强制执行对于违约方不利的价格,是对逾期交货、逾期付款这类违约行为进行的价格制裁。

（3）担保制裁

合同如果约定有担保条款，违约方还要承担担保（主要指定金）制裁。合同约定一方当事人给予对方一定的定金，在履行合同过程中，给付定金方不履行合同的，无权收回定金；收受定金不履行合同的，应当双倍返回定金。这实质上是对违约方进行的定金制裁。

需要注意的是，若合同既约定了定金担保，又约定了违约金的担保，守约方只可以从中选择其一适用。在建设工程合同的勘察、设计合同和各类采购合同中，定金担保的采用非常普遍。

（4）继续履行合同义务

对于履行非金钱债务的合同，违约方承担相应的法律责任后，如果对方要求继续履行合同，违约方不得以已经承担了违约责任为由而拒绝继续履行合同。当然该项责任不是无限制的，如果该项履行在法律上或者事实上不能履行，债务的标的不适于强制履行或履行费用过高，或者债权在合理期限内未要求履行时，便不能再适用继续履行义务的责任方式。

练习题

1.【单选题·真题】关于合同形式的说法，正确的是（　　）。

A.合同必须采用书面形式

B.口头形式属于合同的其他形式

C.未依法采取书面形式订立的合同无效

D.合同可以采用数据电文形式

2.【单选题·真题】下列合同各项内容中，不属于合同条款的是（　　）。

A.价款或者报酬　　　　　　　　B.保险条款

C.履行期限、地点和方式　　　　D.当事人的名称

3.【多选题】关于合同的变更与撤销的说法，正确的有（　　）。

A.当事人在合法的条件下，协商一致后可以变更合同

B.当事人对合同变更内容约定不明确的，推定为未变更

C.债务人将合同的义务全部或部分转移给第三人的，应当经债权人同意

D.具有撤销权的当事人自知道或应当知道撤销事由之日起2年内没有行使撤销权的，其撤销权消灭

E.被撤销的合同自被撤销时失去效力

4.【单选题·真题】关于建设工程施工合同变更的说法，正确的是（　　）。

A.合同变更内容约定不明确，推定为未变更

B.合同变更与工程变更的范围一致

C.合同变更协议自签字之日起生效

D.发包人可依据其单方意思变更合同

5.【单选题·真题】合同债权人免除对方的债务，可以导致合同（　　）。

A.权利义务关系终止　　　　　　B.解除

C.被追认　　　　　　　　　　　D.未成立

6.【多选题】根据《中华人民共和国民法典》，应当先履行债务的当事人，有确切证据证明

对方有下列情形之一的，可以中止履行债务(　　　)。

A. 被依法接管

B. 丧失商业信誉

C. 经营状况严重恶化

D. 转移财产、抽逃资金，以逃避债务

E. 有丧失或者可能丧失履行债务能力的其他相关情形

7.【多选题·真题】下列民事责任承担方式中，属于承担违约责任的有(　　　)。

A. 继续履行

B. 赔礼道歉

C. 赔偿损失

D. 恢复原状

E. 支付违约金

思考题

1. 阐述合同订立必备程序有哪些。

2. 阐述合同成立与合同生效有什么异同。

3. 阐述《中华人民共和国民法典》对于合同效力相关规定。

4. 代位权行使中突破了合同的相对性，谈谈这种突破对工程实践有何意义？

5. 缔约过失责任与违约责任有什么异同？

案例分析题

案例　甲公司欠乙公司货款 2000 万元已有 10 个月，其资产已不足偿债。乙公司在追债过程中发现，甲公司在一年半之前作为保证人向某银行清偿了丙公司的贷款后一直没有向其追偿，同时还将自己对丁公司享有的 30% 的股权无偿转让给了丙公司。

问题：

(1) 乙公司能否对丙公司行使代位权？

(2) 乙公司能否请求法院确认甲、丙之间无偿转让股权的合同无效？

(3) 乙公司能否请求法院撤销甲、丙之间无偿转让股权的合同？

第十二章
建设工程纠纷法律解决途径及诉讼制度

学习目标

1. 掌握建设工程纠纷的主要种类及法律解决途径。
2. 掌握和解与调解制度的概念和特点。
3. 掌握仲裁制度的概念和适用范围。
4. 掌握民事诉讼的特点、法院管辖。
5. 了解民事诉讼的审判程序。

第一节　建设工程纠纷种类及其法律解决途径

法律纠纷是指公民、法人以及其他组织之间因人身、财产或其他法律关系所发生的对抗冲突(或者争议)。法律纠纷的种类主要有民事纠纷、行政纠纷和刑事附带民事纠纷3种。

一、建设工程纠纷

建设工程纠纷主要分为建设工程民事纠纷和建设工程行政纠纷。

1. 建设工程民事纠纷

建设工程民事纠纷是指在建设工程活动中平等主体之间发生的有关人身权、财产权的纠纷。在建设工程领域,民事纠纷主要是合同纠纷、侵权纠纷。

(1)合同纠纷是指因合同的生效、解释、履行、变更、终止等行为而引起的合同当事人之间的所有争议

在建设工程领域,合同纠纷主要有工程总承包合同纠纷、工程勘察合同纠纷、工程设计纠纷、工程施工合同纠纷、工程监理合同纠纷、工程分包合同纠纷、材料设备采购合同纠纷及劳动合同纠纷等。

(2)侵权纠纷是指一方当事人对另一方侵权而产生的纠纷

在建设工程领域中,如施工单位在施工过程中未采取防范措施造成对他方损害而产生的

侵权纠纷，未经许可使用他方的专利、工法等而造成的知识产权侵权纠纷等。

发包人和承包人就有关工期、质量、造价等产生的建设工程合同纠纷是建设工程领域中最常见的民事纠纷。民事纠纷的特点表现在以下几个方面：①民事纠纷主体之间的法律地位平等；②民事纠纷的内容是对民事权利义务的争议；③民事纠纷具有可处分性。这主要是针对有关财产关系的民事纠纷，而有关人身关系的民事纠纷多具有不可处分性。

2. 建设工程行政纠纷

建设工程行政纠纷是在建设工程活动中行政机关之间或行政机关同公民、法人和其他组织之间由于行政行为而引起的纠纷，包括行政争议和行政案件。

行政机关的行政行为的特征表现在以下几个方面：①行政行为是执行法律的行为；②行政行为具有一定的裁量性；③行政主体在实施行政行为时具有单方意志性，不必与行政相对人协商或征得其同意，便可依法自主做出；④行政行为是以国家强制力保障实施的，带有强制性；⑤行政行为以无偿为原则，以有偿为例外。

在建设工程领域，行政机关易引发行政纠纷的具体行政行为主要有如下几种。

（1）行政许可

行政许可是行政机关根据公民、法人或者其他组织的申请，经依法审查，准予其从事特定活动的行政管理行为，如施工许可、专业人员执业资格注册、企业资质等级核准、安全生产许可等。行政许可易引发的行政纠纷通常是行政机关的行政不作为、违反法定程序等。

（2）行政处罚

行政处罚是行政机关或其他行政主体依照法定职权、程序对于违法但尚未构成犯罪的相对人给予行政制裁的具体行政行为。常见的行政处罚为警告、罚款、没收违法所得、取消投标资格、责令停止施工、责令停业整顿、降低资质等级、吊销资质证书等。行政处罚易导致的行政纠纷，通常是行政处罚超越职权、滥用职权、违反法定程序、事实认定错误、适用法律错误等。

（3）行政强制

行政强制包括行政强制措施和行政强制执行。行政强制措施是指行政机关在行政管理过程中，为制止违法行为、防止证据损毁、避免危害发生、控制危险扩大等情形，依法对公民的人身自由实施暂时性限制，或者对公民、法人或者其他组织的财物实施暂时性控制的行为。行政强制执行是指行政机关或者行政机关向人民法院申请，对不履行行政决定的公民、法人或者其他组织，依法强制履行义务的行为。

（4）行政裁决

行政裁决是行政机关或法定授权的组织，依照法律授权，对平等主体之间发生的与行政管理活动密切相关的、特定的民事纠纷进行审查，并做出裁决的具体行政行为，如对特定的侵权纠纷、损害赔偿纠纷、权属纠纷、国有资产产权纠纷，以及劳动工资、经济补偿纠纷等的裁决。行政裁决易引发的行政纠纷，通常是行政裁决违反法定程序、事实认定错误、适用法律错误等。

二、建设工程纠纷的法律解决途径

1.建设工程民事纠纷的法律解决途径

《中华人民共和国民法典》规定，当事人可以通过和解或者调解来解决合同争议。当事人不愿和解、调解或者和解、调解不成的，可以根据仲裁协议向仲裁机构申请仲裁。涉外合同的当事人可以根据仲裁协议向中国仲裁机构或者其他仲裁机构申请仲裁。当事人没有订立仲裁协议或者仲裁协议无效的，可以向人民法院起诉。当事人应当履行发生法律效力的判决、仲裁裁决、调解书；拒不履行的，对方可以请求人民法院执行。

由此可知，建设工程民事纠纷的法律解决途径主要有和解、调解、仲裁、民事诉讼4种。

（1）和解

和解是民事纠纷的当事人在自愿互谅的基础上，就已经发生的争议进行协商、妥协与让步并达成协议，自行(无第三方参与劝说)解决争议的一种方式。

（2）调解

调解是指双方当事人以外的第三方应纠纷当事人的请求，以法律、法规和政策或合同约定以及社会公德为依据，对纠纷双方进行疏导、劝说，促使他们相互谅解，进行协商，自愿达成协议，解决纠纷的活动。

（3）仲裁

仲裁是当事人根据在纠纷发生前或纠纷发生后达成的协议，自愿将纠纷提交第三方(仲裁机构)做出裁决，纠纷各方都有义务执行该裁决的一种解决纠纷的方式。仲裁机构和法院不同。法院行使国家所赋予的审判权，向法院起诉不需要双方当事人在诉讼前达成协议，只要一方当事人向有审判管辖权的法院起诉，经法院受理后，另一方必须应诉。仲裁机构通常是民间团体的性质《其受理案件的管辖权来自双方协议，没有协议就无权受理仲裁。但是，有效的仲裁协议可以排除法院的管辖权，纠纷发生后，一方当事人提起仲裁的，另一方应该通过仲裁程序解决纠纷。《中华人民共和国仲裁法》是解决民商事仲裁的基本法律。

（4）民事诉讼

民事诉讼是指人民法院在当事人和其他诉讼参与人的参加下，以审理、裁判、执行等方式解决民事纠纷的活动，以及由此产生的各种诉讼关系的总和。《中华人民共和国民事诉讼法》是调整和规范法院及诉讼参与人的各种民事诉讼活动的基本法律。

除上述4种解决途径外，由于建设工程活动及其纠纷的专业性、复杂性，我国在建设工程法律实践中还在探索其他解决纠纷的新方式，如争议评审机制。

2.建设工程行政纠纷的法律解决途径

建设工程行政纠纷的法律解决途径主要有两种，即行政复议和行政诉讼。

（1）行政复议

行政复议是公民、法人或其他组织(作为行政相对人)认为行政机关的具体行政行为侵犯其合法权益，依法请求法定的行政复议机关审查该具体行政行为的合法性、适当性，该复议机关依照法定程序对该具体行政行为进行审查，并做出行政复议决定的法律制度。

行政复议是公民、法人或其他组织通过行政救济途径解决行政争议的一种方法。

行政复议的基本特点如下。

①提出行政复议的，必须是认为行政机关行使职权的行为侵犯其合法权益的公民、法人和其他组织。

②当事人提出行政复议，必须是在行政机关已经做出行政决定之后，如果行政机关尚未做出决定，则不存在复议问题。复议的任务是解决行政争议，而不是解决民事或其他争议。

③当事人对行政机关的行政决定不服，只能按照法律规定向有行政复议权的行政机关申请复议。

④行政复议以书面审查为主，以不调解为原则。行政复议的结论做出后，即具有法律效力。只要法律未规定复议决定为最终裁决的，当事人对复议决定不服的，仍可以按《中华人民共和国行政诉讼法》(以下简称《行政诉讼法》)的规定，向人民法院提请诉讼。

（2）行政诉讼

行政诉讼是公民、法人或其他组织依法请求法院对行政机关具体行政行为的合法性进行审查并依法裁判的法律制度。

行政诉讼的主要特征如下。

①行政诉讼是法院解决行政机关实施具体行政行为时与公民、法人或其他组织发生的争议。

②行政诉讼为公民、法人或其他组织提供法律救济的同时，具有监督行政机关依法行政的功能。

③行政诉讼的被告与原告是恒定的，即被告只能是行政机关，原告则是作为行政行为相对人的公民、法人或其他组织，而不可能互易诉讼身份。

除法律、法规规定必须先申请行政复议的以外，行政纠纷当事人可以自主选择申请行政复议还是提起行政诉讼。行政纠纷当事人对行政复议决定不服的，除法律规定行政复议决定为最终裁决的以外，可以依照《行政诉讼法》的规定向人民法院提起行政诉讼。

第二节 和解、调解与争议评审

一、和解

1. 和解的特点

和解可以在民事纠纷的任何阶段进行，无论是否已经进入诉讼或仲裁程序，只要终审裁判未生效或者仲裁裁决未做出，当事人均可自行和解。和解的优点是无须第三方介入，成本低、效率高，可以保持良好的商事合作关系；其缺点是和解协议不具有强制履行的效力，在性质上仍属于当事人之间的约定，当事人易反悔。

和解达成的协议不具有强制执行力，在性质上仍属于当事人之间的约定。如果一方当事人不按照和解协议执行，另一方当事人不可以请求法院强制执行，但可要求对方就不执行该和解协议承担违约责任。

2.和解的类型

和解的应用很灵活，可以在多种情形下达成和解协议：诉讼前的和解、诉讼中的和解、执行中的和解和仲裁中的和解。

《中华人民共和国仲裁法》规定，当事人申请仲裁后，可以自行和解。和解是双方当事人的自愿行为，不需要仲裁庭的参与。达成和解协议的，可以请求仲裁庭根据和解协议做出裁决书，也可以撤回仲裁申请。当事人达成和解协议，撤回仲裁申请后又反悔的，可以根据原仲裁协议重新申请仲裁。

3.和解的效力

和解达成的协议不具有强制约束力，如果一方当事人不按照和解协议执行，另一方当事人不可以请求人民法院强制执行，但可以向法院提起诉讼，也可以根据仲裁协议申请仲裁。

二、调解

调解与和解的区别：和解是当事人之间自愿协商，达成协议，没有第三人参加，而调解是在第三人主持下进行疏导、劝说，使当事人双方相互谅解，自愿达成协议。

1.调解的特点

调解比和解面对的争议大，由于第三方介入，便于双方冷静、理智地考虑问题，同时看问题的视角可能客观、全面，有利于消除对立情绪，有利于争议的公平解决。调解也是以合法、自愿、平等为原则。

2.调解的方式

我国的调解方式根据调解人分为人民（民间）调解、行政调解、仲裁调解、法院（司法）调解和专业机构调解等。

（1）人民（民间）调解

根据《中华人民共和国人民调解法》规定，人民调解"是指人民调解委员会通过说服、疏导等方式，促使当事人在平等协商基础上自愿达成调解协议，解决民间纠纷的活动"。

人民调解制度作为一种司法辅助制度，是人民群众自己解决纠纷的法律制度，也是一种具有中国特色的司法制度。

人民调解的基本原则：①当事人自愿原则；②当事人平等原则；③合法原则；④尊重当事人权利原则。

人民调解的组织形式是人民调解委员会。人民调解委员会是村民委员会和居民委员会下设的调解民间纠纷的群众性自治组织，在人民政府和基层人民法院指导下进行工作。人民调解委员会由3~9人组成，设主任1人，必要时可以设副主任若干人。

（2）行政调解

行政调解是指国家行政机关应纠纷当事人的请求，依据法律、法规和政策，对属于其职权管辖范围内的纠纷，通过耐心的说服教育，纠纷的双方当事人互相谅解，在平等协商的基础上达成一致协议，促成当事人解决纠纷。

行政调解分为两种：①基层人民政府，即乡、镇人民政府对一般民间纠纷的调解；②国家行政机关依照法律规定对某些特定民事纠纷、经济纠纷或劳动纠纷等进行的调解。

行政调解属于诉讼外调解。行政调解达成的协议也不具有强制约束力。

（3）仲裁调解

仲裁调解是仲裁机构对受理的仲裁案件进行的调解。

仲裁庭在做出裁决前，可以先行调解。当事人自愿调解的，仲裁庭应当调解。调解不成的，应当及时做出裁决。调解达成协议的，仲裁庭应当制作调解书或者根据协议的结果制作裁决书。调解书与裁决书具有同等法律效力。调解书经双方当事人签收后，即发生法律效力。在调解书签收前当事人反悔的，仲裁庭应当及时做出裁决。

仲裁与调解相结合是中国仲裁制度的特点。该做法将仲裁和调解各自的优点紧密结合起来，不仅有助于解决当事人之间的争议，还有助于保持当事人的友好合作关系，具有很大的灵活性和便利性。

（4）法院（司法）调解

《中华人民共和国民事诉讼法》第九十六条规定："人民法院审理民事案件，根据当事人自愿的原则，在事实清楚的基础上，分清是非，进行调解。"

《中华人民共和国民事诉讼法》第九十七条规定："人民法院进行调解，可以由审判员一人主持，也可以由合议庭主持，并尽可能就地进行。"

人民法院进行调解，可以用简便方式通知当事人、证人到庭。

《中华人民共和国民事诉讼法》第九十八条规定："人民法院进行调解，可以邀请有关单位和个人协助。被邀请的单位和个人，应当协助人民法院进行调解。"

《中华人民共和国民事诉讼法》第九十九条规定："调解达成协议，必须双方自愿，不得强迫。调解协议的内容不得违反法律规定。"

《中华人民共和国民事诉讼法》第一百条规定："调解达成协议，人民法院应当制作调解书。调解书应当写明诉讼请求、案件的事实和调解结果。

调解书由审判人员、书记员署名，加盖人民法院印章，送达双方当事人。

调解书经双方当事人签收后，即具有法律效力。"

《中华人民共和国民事诉讼法》第一百零一条规定："下列案件调解达成协议，人民法院可以不制作调解书：

①调解和好的离婚案件。

②调解维持收养关系的案件。

③能够即时履行的案件。

④其他不需要制作调解书的案件。

对不需要制作调解书的协议，应当记入笔录，由双方当事人、审判人员、书记员签名或者盖章后，即具有法律效力。"

《中华人民共和国民事诉讼法》第一百零二条规定："调解未达成协议或者调解书送达前一方反悔的，人民法院应当及时判决。"

（5）专业机构调解

专业机构调解是当事人在发生争议前或争议后，协议约定由指定的具有独立调解规则的机构按照其调解规则进行调解。调解规则是指调解机构、调解员以及调解当事人之间在调解过程中所应遵守的程序性规范。

专业调解机构进行调解达成的调解协议对当事人双方均有约束力。

（注意：法院调解、仲裁调解以及经法院司法确认调解协议有效的人民调解具有强制约束力。）

三、争议评审

争议评审是指在工程开始时或工程进行过程中当事人选择的独立于任何一方当事人的争议评审专家组成的评审小组（通常是 3 人，小型工程 1 人），就当事人发生的争议及时提出解决问题的建议或者做出决定的争议解决方式。当事人通过协议授权评审组调查、听证、建议或者裁决。一个评审组在工程进程中可能会持续解决很多的争议。如果当事人不接受评审组的建议或者裁决，仍可通过仲裁或者诉讼的方式解决争议。

第三节　仲裁制度

一、仲裁的特点、范围和基本制度

1. 仲裁的特点

仲裁具有自愿性、专业性、独立性、保密性、快捷性的特点。

（1）自愿性

当事人的自愿性是仲裁最突出的特点。仲裁是最能充分体现当事人意思自愿原则的争议解决方式。

（2）专业性

专家裁案是民商事仲裁的重要特点之一。民商事仲裁往往涉及不同行业的专业知识，如建设工程纠纷的处理不仅涉及与工程建设有关的法律法规，还常常需要运用大量的工程造价、工程质量方面的专业知识。仲裁机构的仲裁员是来自各行业具有一定专业水平的专家，精通专业知识、熟悉行业规则，熟悉建筑业自身特有的交易习惯和行业惯例，对公正高效处理纠纷，确保仲裁结果公正准确，发挥着关键作用。

（3）独立性

仲裁委员会应与行政机关无隶属关系。在仲裁过程中，仲裁庭独立进行仲裁，不受任何行政机关、社会团体和个人的干涉，也不受其他仲裁机构的干涉，具有独立性。

（4）保密性

仲裁以不公开审理为原则。同时，当事人及其代理人、证人、翻译、仲裁员、仲裁庭咨询的专家和指定的鉴定人、仲裁委员会有关工作人员也要遵守保密义务，不得对外界透露案件实体和程序的有关情况。所以，仲裁可以有效地保护当事人的商业秘密和商业信誉。

（5）快捷性

仲裁实行一裁终局制度，仲裁裁决一经做出即发生法律效力。仲裁裁决不能上诉，这使当事人之间的纠纷能够迅速得以解决。

2. 仲裁的范围

仲裁是解决民商事纠纷的重要方式之一。根据《中华人民共和国仲裁法》的规定，该法的调整范围仅限于民商事仲裁，即"平等主体的公民、法人和其他组织之间发生的合同纠纷和其他财产权益纠纷"；劳动争议仲裁等不受《中华人民共和国仲裁法》的调整，依法应当由行政机关处理的行政争议，不能仲裁。

①平等主体的公民、法人和其他组织之间发生的合同纠纷和其他财产权益纠纷可适用于仲裁。

②下列纠纷不能仲裁：①婚姻、收养、监护、抚养、继承纠纷；②依法应当由行政机关处理的行政争议。

③劳动争议与农业集体经济组织内部的农业承包合同纠纷不受《中华人民共和国仲裁法》的调整。

3. 仲裁的基本制度

（1）协议仲裁制度

仲裁协议是当事人仲裁自愿的体现。当事人申请仲裁，仲裁委员会受理仲裁，仲裁庭对仲裁案件的审理和裁决，都必须以当事人依法订立的仲裁协议为前提。《中华人民共和国仲裁法》规定，没有仲裁协议，一方申请仲裁的，仲裁委员会不予受理。

（2）或裁或审制度（排除法院管辖制度）

仲裁和诉讼是两种不同的争议解决方式，当事人只能选用其中的一种。

《中华人民共和国仲裁法》第五条规定："当事人达成仲裁协议，一方向人民法院起诉的，人民法院不予受理，但仲裁协议无效的除外。"因此，有效的仲裁协议可以排除法院对案件的司法管辖权，只有在没有仲裁协议或者仲裁协议无效的情况下，法院才可以对当事人的纠纷予以受理。

（3）一裁终局制度

仲裁实行一裁终局的制度，即裁决做出后，当事人就同一纠纷再申请仲裁或者向人民法院起诉的，仲裁委员会或者人民法院不予受理。

二、仲裁协议的规定

在民商事仲裁中，仲裁协议是仲裁的前提，没有仲裁协议，就不存在有效的仲裁。

1. 仲裁协议的形式

仲裁协议是指当事人自愿将已经发生或者可能发生的争议通过仲裁解决的书面协议。

《中华人民共和国仲裁法》第十六条规定："仲裁协议包括合同中订立的仲裁条款和以其他书面方式在纠纷发生前或者纠纷发生后达成的请求仲裁的协议。"据此，仲裁协议应当采用书面形式，口头方式达成的仲裁意思表示无效。

《最高人民法院关于适用〈中华人民共和国仲裁法〉若干司法问题的解释》规定，仲裁法第十六条规定的"其他书面方式"的仲裁协议，包括以合同书、信件和数据电文（包括电报、电传、传真、电子数据交换和电子邮件）等形式达成的请求仲裁的协议。此外，《中华人民共和国电子签名法》还规定，能够有形地表现所载内容，并可以随时调取查用的数据电文，视为符合法律、法规要求的书面形式。可靠的电子签名与手写签名或者盖章具有同等的法律效力。

2.仲裁协议的内容

根据《中华人民共和国仲裁法》第十六条的规定，仲裁协议应当具有下列内容。

①请求仲裁的意思表示。它是指条款中应该有"仲裁"两个字，表明当事人的仲裁意愿。该意愿应当是确定的，而不是模棱两可的。

②仲裁事项。仲裁事项，可以是当事人之间合同履行过程中的或与合同有关的一切争议，也可以是合同中某一特定问题的争议；既可以是事实问题的争议，也可以是法律问题的争议，其范围取决于当事人的约定。

③选定的仲裁委员会。选定的仲裁委员会，是指仲裁委员会的名称应该准确。仲裁委员会没有级别管辖和地域管辖的规定，根据当事人双方自愿，可以选择任意一个仲裁委员会，为已经发生或者将来可能发生的争议进行仲裁。

（注：以上3项内容必须同时具备，仲裁协议才能有效。）

3.仲裁协议的效力

（1）对当事人的法律效力

仲裁协议一经有效成立，即对当事人产生法律约束力。发生纠纷后，当事人只能向仲裁协议中所约定的仲裁机构申请仲裁，而不能就该纠纷向法院提起诉讼。

（2）对法院的约束力

有效的仲裁协议排除法院的司法管辖权。《中华人民共和国仲裁法》规定，当事人达成仲裁协议，一方向人民法院起诉未声明有仲裁协议，人民法院受理后，另一方在首次开庭前提交仲裁协议的，人民法院应当驳回起诉，但仲裁协议无效的除外。

（3）对仲裁机构的法律效力

仲裁协议是仲裁委员会受理仲裁案件的基础，是仲裁庭审理和裁决案件的依据。没有有效的仲裁协议，仲裁委员会就不能获得仲裁案件的管辖权。同时，仲裁委员会只能对当事人在仲裁协议中约定的争议事项进行仲裁，对超出仲裁协议约定范围的其他争议无权仲裁。

（4）仲裁协议的独立性

仲裁协议独立存在，合同的变更、解除、终止或者无效，不影响仲裁协议的效力。

4.仲裁协议的效力的确认

当事人对仲裁协议的效力有异议，应当在仲裁庭首次开庭前提出。当事人对仲裁协议的效力有异议的，可以请求仲裁委员会做出决定或者请求人民法院做出裁定。一方请求仲裁委员会做出决定，另一方请求人民法院做出裁定的，由人民法院裁定。

当事人在仲裁庭首次开庭前没有对仲裁协议的效力提出异议，而后向人民法院申请确认仲裁协议无效的，人民法院不予受理。仲裁机构对仲裁协议的效力做出决定后，当事人向人民法院申请确认仲裁协议效力或者申请撤销仲裁机构的决定的，人民法院不予受理。

三、仲裁的申请和受理

1.申请仲裁的条件

当事人申请仲裁，应当符合下列条件：①有效的仲裁协议；②有具体的仲裁请求和事实、理由；③属于仲裁委员会的受理范围。

2.申请仲裁的文件

当事人申请仲裁，应当向仲裁委员会递交仲裁协议、仲裁申请书及副本。其中，仲裁申请书应当载明下列事项：①当事人的姓名、性别、年龄、职业、工作单位和住所，法人或者其他组织的名称、住所和法定代表人或者主要负责人的姓名、职务；②仲裁请求和所依据的事实、理由；③证据和证据来源、证人姓名和住所。

对于申请仲裁的具体文件内容，各仲裁机构在《中华人民共和国仲裁法》规定的范围内，会有不同的要求和审查标准，一般可以登录其网站进行查询。

3.审查与受理

仲裁委员会收到仲裁申请书之日起5日内，认为符合受理条件的应当受理，并通知当事人；认为不符合受理条件的，应当书面通知当事人不予受理，并说明理由。

4.财产保全和证据保全

为保证仲裁程序顺利进行、仲裁案件公正审理以及仲裁裁决有效执行，当事人有权申请财产保全和证据保全。

当事人要求采取财产保全及/或证据保全措施的，应向仲裁委员会提出书面申请，由仲裁委员会将当事人的申请转交被申请人住所地或其财产所在地及/或证据所在地有管辖权的人民法院做出裁定；当事人也可以直接向有管辖权的人民法院提出保全申请。申请人在人民法院采取保全措施后30日内不依法申请仲裁的，人民法院应当解除保全。

四、仲裁的开庭和裁决

1.仲裁庭的组成

仲裁庭的组成形式包括合议仲裁庭和独任仲裁庭两种，即仲裁庭可以由3名仲裁员或者1名仲裁员组成。

（1）合议仲裁庭

当事人约定由 3 名仲裁员组成仲裁庭的，应当各自选定或者各自委托仲裁委员会主任指定 1 名仲裁员，第 3 名仲裁员由当事人共同选定或者共同委托仲裁委员会主任指定。第 3 名仲裁员是首席仲裁员。

（2）独任仲裁庭

当事人约定 1 名仲裁员成立仲裁庭的，应当由当事人共同选定或者共同委托仲裁委员会主任指定仲裁员。但是，当事人没有在仲裁规定的期限内约定仲裁庭的组成方式或者选定仲裁员的，由仲裁委员会主任指定。

仲裁员有下列情形之一的，必须回避，当事人也有权提出回避申请：①是本案当事人或者当事人、代理人的近亲属；②与本案有利害关系；③与本案当事人、代理人有其他关系，可能影响公正仲裁的；④私自会见当事人、代理人，或者接受当事人、代理人的请客送礼的。

当事人提出回避申请，应当说明理由，在首次开庭前提出。回避事由在首次开庭后知道的，可以在最后一次开庭结束前提出。

2. 开庭和审理

仲裁审理的方式分为开庭审理和书面审理两种。仲裁应当于开庭审理做出裁决，开庭审理是仲裁审理的主要方式。当事人协议不开庭的，仲裁庭可以根据仲裁申请书、答辩书及其他材料做出裁决，这是书面审理方式。当事人应当对自己的主张提供证据。仲裁庭认为有必要收集的证据，可以自行收集。证据应当在开庭时出示，当事人可以质证。当事人在仲裁过程中有权进行辩论。

仲裁庭可以做出缺席裁决。申请人无正当理由开庭时不到庭的，或在开庭审理时未经仲裁庭许可中途退庭的，视为撤回仲裁申请；如果被申请人提出了反请求，不影响仲裁庭就反请求进行审理，并做出裁决。被申请人无正当理由开庭时不到庭的，或在开庭审理时未经仲裁庭许可中途退庭的，仲裁庭可以进行缺席审理，并做出裁决；如果被申请人提出了反请求，视为撤回反请求。

为了保护当事人的商业秘密和商业信誉，仲裁不公开进行。当事人协议公开的，可以公开进行，但涉及国家秘密的除外。

3. 仲裁中的和解与调解

当事人申请仲裁后，可以自行和解。达成和解协议的，可以请求仲裁庭根据和解协议做出裁决书，也可以撤回仲裁申请。当事人达成和解协议，撤回仲裁申请后反悔的，仍可以根据仲裁协议申请仲裁。

仲裁庭在做出裁决前，可以先行调解。当事人自愿调解的，仲裁庭应当调解。调解不成的，应当及时做出裁决。调解达成协议的，仲裁庭应当制作调解书或者根据协议的结果制作裁决书。调解书与裁决书具有同等法律效力。调解书经双方当事人签收后，即发生法律效力。在调解书签收前当事人反悔的，仲裁庭应当及时做出裁决。

4. 仲裁裁决

仲裁裁决应当按照多数仲裁员的意见做出，少数仲裁员的不同意见可以记入笔录。仲裁庭不能形成多数意见时，裁决应当按照首席仲裁员的意见做出。裁决书自做出之日起发生法律效力。

裁决书的效力体现在以下几点：①裁决书一裁终局，当事人不得就已经裁决的事项再申请仲裁，也不得就此提起诉讼；②仲裁裁决具有强制执行力，一方当事人不履行的，对方当事人可以到法院申请强制执行；③仲裁裁决在所有《承认及执行外国仲裁裁决公约》缔约国（或地区）可以得到承认和执行。

五、申请撤销裁决

1. 申请撤销仲裁裁决的法定事由

当事人提出证据证明裁决有下列情形之一的，可以向仲裁委员会所在地的中级人民法院申请撤销裁决：①没有仲裁协议的；②裁决的事项不属于仲裁协议的范围或者仲裁委员会无权仲裁的；③仲裁庭的组成或者仲裁的程序违反法定程序的；④裁决所依据的证据是伪造的；⑤对方当事人隐瞒了足以影响公正裁决的证据的；⑥仲裁员在仲裁该案时有索贿受贿，徇私舞弊，枉法裁决行为的。

当事人申请撤销裁决的，应当自收到裁决书之日起6个月内向仲裁机构所在地的中级人民法院提出。

2. 仲裁裁决被依法撤销的法律后果

仲裁裁决被人民法院依法撤销后，当事人之间的纠纷并未解决。根据《中华人民共和国仲裁法》的规定，当事人就该纠纷可以根据双方重新达成的仲裁协议申请仲裁，也可以向人民法院起诉。

六、仲裁裁决的执行和不予执行

1. 仲裁裁决的强制执行效力

《中华人民共和国仲裁法》规定，仲裁裁决做出后，当事人应当履行裁决。一方当事人不履行的，另一方当事人可以依照《中华人民共和国民事诉讼法》的有关规定，向人民法院申请执行。

仲裁裁决的强制执行应当向有管辖权的法院提出申请。被执行人在中国境内的，国内仲裁裁决由被执行人住所地或被执行人财产所在地的人民法院执行；涉外仲裁裁决，由被执行人住所地或被执行人财产所在地的中级人民法院执行。

申请仲裁裁决强制执行必须在法律规定的期限内提出。根据《民事诉讼法》第二百五十六条规定："申请执行的期间为二年。申请执行时效的中止、中断，适用法律有关诉讼时效中止、中断的规定。

前款规定的期间，从法律文书规定履行期间的最后一日起计算；法律文书规定分期履行的，从最后一期履行期限届满之日起计算；法律文书未规定履行期间的，从法律文书生效之日起计算。"

2.仲裁时效

仲裁时效是指当事人在法定申请仲裁的期限内没有将其纠纷提交仲裁机关进行仲裁的，即丧失请求仲裁机关保护其权利的权利。

《中华人民共和国仲裁法》第七十四条规定："法律对仲裁时效有规定的，适用该规定。法律对仲裁时效没有规定的，适用诉讼时效的规定。"

与工程建设有关的仲裁时效期间和诉讼时效期间规定如下。

①追索工程款、勘察费、设计费，仲裁时效期间和诉讼时效期间均为2年，从工程竣工之日起计算，双方对付款时间有约定的，从约定的付款期限届满之日起计算。

②追索材料款、劳务款，仲裁时效期间和诉讼时效期间亦为2年，从双方约定的付款期限届满之日起计算；没有约定期限的，从购方验收之日起计算，或从劳务工作完成之日起计算。

③出售质量不合格的商品未声明的，仲裁时效期间和诉讼时效期间为1年，从商品售出之日起算起。

3.仲裁裁决的不予执行

根据《中华人民共和国仲裁法》《中华人民共和国民事诉讼法》的规定，被申请人提出证据证明裁决有规定情形之一的，经人民法院组成合议庭审查核实，裁定不予执行。

仲裁裁决被法院依法裁定不予执行的，当事人就该纠纷可以重新达成仲裁协议，并依据该仲裁协议申请仲裁，也可以向法院提起诉讼。

第四节　民事诉讼

一、民事诉讼的概念和基本特征

1.民事诉讼的概念

民事诉讼是指法院在当事人和其他诉讼参与人的参加下，以审理、判决、执行等方式解决民事纠纷的活动。

诉讼参与人包括原告、被告、第三人、证人、鉴定人、勘验人等。

2.民事诉讼的基本特征

（1）公权性

民事诉讼是由人民法院代表国家意志行使司法审判权，通过司法手段解决平等民事主体之间的纠纷。在法院主导下，诉讼参与人围绕民事纠纷的解决，进行能产生法律后果的活动。它既不同于群众自治组织性质的人民调解委员会以调解方式解决纠纷，也不同于由民间性质的仲裁委员会以仲裁方式解决纠纷。

（2）程序性

民事诉讼分为一审程序、二审程序和执行程序三大诉讼阶段。并非每个案件都要经过这三个阶段，有的案件一审就终结，有的经过二审终结，有的不需要启动执行程序。如果案件要经历诉讼全过程，就要按照上述顺序依次进行。

（3）强制性

强制性是公权力的重要属性。民事诉讼的强制性既表现在案件的受理上，又反映在裁的执行上。调解、仲裁均建立在当事人自愿的基础上，只要有一方当事人不愿意进行调解、仲裁，则调解和仲裁将不会发生。但民事诉讼不同，只要原告的起诉符合法定条件，无论被告是否愿意，诉讼都会发生。此外，和解、调解协议的履行依靠当事人的自觉，不具有强制执行的效力，但法院的裁判则具有强制执行的效力，一方当事人不履行生效判决或裁定，另一方当事人可以申请法院强制执行。

3. 民事诉讼法的基本制度

①合议制度，即由 3 人以上单数人员组成合议庭，对民事案件进行集体审理和评议裁判的制度。合议庭评议案件，实行少数服从多数的原则。在民事诉讼过程中，除适用简易程序由审判员一人独任审判以外，均采用合议制度。

②回避制度，即为了保证案件的公正审判而要求与案件有一定利害关系的审判人员或其他有关人员不得参与本案的审理活动或诉讼活动的审判制度。

③公开审判制度，即人民法院审理民事案件，除法律规定的情况外，审判过程及结果应当向社会公开的制度。

④两审终审制度，即一个民事案件经过两级法院审理就宣告终结的制度。最高人民法院做出的一审判决、裁定为终审判决、裁定。另外，根据《中华人民共和国民事诉讼法》，适用特别程序、督促程序、公示催告程序和企业法人破产还债程序审理的案件，实行一审终审。

二、民事诉讼的法院管辖

1. 分类

民事诉讼的法院管辖，即各级人民法院之间和同级人民法院之间受理第一审民事案件的分工和权限，常见的有级别管辖、地域管辖、移送管辖和指定管辖等。

（1）级别管辖

级别管辖是指按照一定的标准，划分上下级法院之间受理第一审民事案件的分工和权限。2017 年修订的《中华人民共和国民事诉讼法》主要根据案件的性质、复杂程度和案件影响来确定级别管辖。（注意：各级人民法院都管辖第一审民事案件，每一级均受理一审民事案件。）

我国法院有四级，分别是基层人民法院、中级人民法院、高级人民法院和最高人民法院。

①基层人民法院。管辖第一审的民事案件，法律另有规定的除外。

②中级人民法院。管辖下列第一审民事案件：a.重大涉外案件；b.在本辖区有重大影响的民事案件；c.最高人民法院确定由中级人民法院管辖的案件。

③高级人民法院。管辖在本辖区有重大影响的第一审民事案件。

④最高人民法院。管辖下列第一审民事案件：在全国有重大影响的案件；认为应当由本院审理的案件。

在实践中，争议标的金额的大小，往往是确定级别管辖的重要依据，但各地人民法院确定的级别管辖争议标的数额标准不尽相同。具体内容可查看《最高人民法院关于调整部分高级人民法院和中级人民法院管辖第一审民商事案件标准的通知》（法发〔2018〕13 号）和《最高人民法院关于调整高级人民法院和中级人民法院管辖第一审民事案件标准的通知》（法发〔2019〕14 号）相关内容的规定。

（2）地域管辖

地域管辖是指按照各法院的辖区和民事案件的隶属关系，划分同级法院受理第一审民事案件的分工和权限。地域管辖实际上是以法院与当事人、诉讼标的以及法律事实之间的隶属关系和关联关系来确定的，主要包括如下几种情况。

①一般地域管辖。

一般地域管辖是以当事人与法院的隶属关系来确定诉讼管辖的，通常实行"原告就被告"原则，即以被告住所地作为确定管辖的标准。

《中华人民共和国民事诉讼法》第二十二条规定："对公民提起的民事诉讼，由被告住所地人民法院管辖；被告住所地与经常居住地不一致的，由经常居住地人民法院管辖。

对法人或者其他组织提起的民事诉讼，由被告住所地人民法院管辖。同一诉讼的几个被告住所地、经常居住地在两个以上人民法院辖区的，各该人民法院都有管辖权。"

②特殊地域管辖。

特殊地域管辖是指以被告住所地、诉讼标的所在地、法律事实所在地为标准确定的管辖。我国《中华人民共和国民事诉讼法》规定了九种特殊地域管辖的诉讼，其中与工程建设领域关系最为密切的是因合同纠纷提起的诉讼。

《中华人民共和国民事诉讼法》第二十四条规定："因合同纠纷提起的诉讼，由被告住所地或者合同履行地人民法院管辖。"

合同履行地是指合同约定的履行义务的地点，主要是指合同标的的交付地点。

③协议管辖。

协议管辖是指合同当事人在纠纷发生前后，在法律允许的范围内，以书面形式约定案件的管辖法院。协议管辖仅适用于合同纠纷。《中华人民共和国民事诉讼法》第三十五条规定："合同或其他财产权益纠纷的当事人可以书面协议选择被告住所地、合同履行地、合同签订地、原告住所地、标的物所在地等与争议有实际联系的地点的人民法院管辖，但不得违反本法对级别管辖和专属管辖的规定。"

④专属管辖。

专属管辖是指法律规定某些特殊类型的案件专门由特定的法院管辖。专属管辖是排他性管辖，排除了诉讼当事人协议选择管辖法院的权利。专属管辖与一般地域管辖和特殊地域管辖的关系是凡法律规定为专属管辖的诉讼，均适用专属管辖。

（3）移送管辖和指定管辖

①移送管辖。

人民法院发现受理的案件不属于本院管辖的，应当移送有管辖权的人民法院，受移送的人民法院应当受理。受移送的人民法院认为受移送的案件依照规定不属于本院管辖的,应当报请上级人民法院指定管辖,不得再自行移送。

②指定管辖。

有管辖权的人民法院由于特殊原因,不能行使管辖权的,由上级人民法院指定管辖。人民法院之间因管辖权发生争议,由争议双方协商解决;协商解决不了的,报请其共同上级人民法院指定管辖。

2. 管理权转移和管辖权异议

（1）管辖权转移

管辖权转移是指上级人民法院有权审理下级人民法院管辖的第一审民事案件;确有必要将本院管辖的第一审民事案件交下级人民法院审理的,应当报请其上级人民法院批准下级人民法院对所管辖的第一审民事案件,认为需要由上级人民法院审理的,可以报请其上级人民法院批准。

管辖权转移不同于移送管辖:①移送管辖是没有管辖权的法院把案件移送给有管辖权的法院审理,而管辖权转移是有管辖权的法院把案件转移给原来没有管辖权的法院审理;②移送管辖可能在上下级法院之间或者在同级法院之间发生,而管辖权转移仅限于上下级法院之间;③二者在程序上不完全相同。

（2）管辖权异议

管辖权异议是指当事人向受诉法院提出的该法院对案件无管辖权的主张。

《中华人民共和国民事诉讼法》规定,人民法院受理案件后,当事人对管辖权有异议的,应当在提交答辩状期间提出。人民法院对当事人提出的异议,应当审查。异议成立的,裁定将案件移交有管辖权的人民法院;异议不成立的,裁定驳回。

根据《最高人民法院关于审理民事级别管辖异议案件若干问题的规定》,受诉人民法院应当在受理异议之日起十五日内做出裁定;对人民法院就级别管辖异议做出的裁定,当事人不服提起上诉的,第二审人民法院应当依法审理并做出裁定。

三、民事诉讼的当事人和代理人的规定

诉讼当事人和诉讼代理人均为民事诉讼的诉讼参与人。他们是民事诉讼活动的主体。

1. 诉讼当事人

诉讼当事人是指因民事权利和义务发生争议,以自己的名义进行诉讼,请求人民法院进行裁判的公民、法人或其他组织。狭义的诉讼当事人包括原告和被告。广义的诉讼当事人包括原告、被告、共同诉讼人和第三人。

（1）原告和被告

原告是指维护自己的权益或自己所管理的他人权益,以自己名义起诉,从而引起民事诉讼程序的当事人。被告是指原告诉称侵犯原告民事权益而由法院通知其应诉的当事人。

《中华人民共和国民事诉讼法》第五十一条规定:"公民、法人和其他组织可以作为民事诉讼的当事人。法人由其法定代表人进行诉讼。其他组织由其主要负责人进行诉讼。"

（2）共同诉讼人

共同诉讼人是指当事人一方或双方为2人以上（含2人），诉讼标的是共同的，或者诉讼标的是同一种类、人民法院认为可以合并审理并经当事人同意，一同在人民法院进行诉讼的人。

（3）第三人

第三人是指对他人争议的诉讼标的有独立的请求权，或者虽无独立的请求权，但案件的处理结果与其有法律上的利害关系，而参加到原告、被告已经开始的诉讼中进行诉讼的人。

2.诉讼代理人

诉讼代理人是指根据法律规定或当事人的委托，在民事诉讼活动中为维护当事人的合法权益而代为进行诉讼活动的人。民事诉讼代理人可分为法定诉讼代理人与委托诉讼代理人。

①法定诉讼代理人。适用于无诉讼行为能力的当事人，依照法律规定代理当事人进行诉讼。

《中华人民共和国民事诉讼法》第六十一条规定："当事人、法定代理人可以委托一至二人作为诉讼代理人。"

②委托诉讼代理人。委托诉讼代理人是基于当事人的授权委托而行使代理权的人。根据法律规定，下列人员可以被委托为诉讼代理人：律师、基层法律服务工作者；当事人的近亲属或者工作人员；当事人所在社区、单位以及有关社会团体推荐的公民。

3.诉讼回避制度

回避制度，即为了保证案件的公正审判而要求与案件有一定利害关系的审判人员或其他有关人员不得参与本案的审理活动或诉讼活动的审判制度。

根据《中华人民共和国民事诉讼法》第四十七条规定："审判人员有下列情形之一的，应当自行回避，当事人有权用口头或者书面方式申请回避：①是本案当事人或者当事人、诉讼代理人近亲属的；②与本案有利害关系的；③与本案当事人、诉讼代理人有其他关系，可能影响对案件公正审理的。"

四、民事诉讼证据的种类、保全和应用

证据是指在诉讼中能够证明案件真实情况的各种资料。当事人要证明自己提出的主张，需要向法院提供相应的证据资料。

掌握证据的种类才能正确收集证据；掌握证据的保全才能不使对自己有利的证据灭失；掌握证据的应用才能真正发挥证据的作用。

1.证据种类

根据《中华人民共和国民事诉讼法》的规定，证据根据表现形式的不同有以下几种：书证、物证、视听资料、证人证言、当事人的陈述、鉴定结论、勘验笔录。

2.证据保全

（1）证据保全的概念

证据保全是指在证据可能灭失或以后难以取得的情况下，法院根据申请人的申请或依职权，对证据加以固定和保护的制度。

（2）证据保全的申请

《最高人民法院关于民事诉讼证据的若干规定》第二十五条规定："当事人或利害关系人依据民事诉讼法第八十一条的规定申请证据保全的，申请书应当载明需要保全的证据的基本情况、申请保全的理由以及采取何种保全措施等内容。"

3.证据应用

（1）举证时限

举证时限是指法律规定或法院、仲裁机构指定的当事人能够有效举证的期限。

《最高人民法院关于适用〈关于民事诉讼证据的若干规定〉中有关举证时限规定的通知》还规定，在适用一审普通程序审理民事案件时，人民法院指定当事人提供证据证明其主张的基础事实的期限，该期限不得少于30日。但是人民法院在征得双方当事人同意后，指定的举证期限可以少于30日。

（2）证据交换

证据交换是指在诉讼答辩期届满后开庭审理前，在法院的主持下，当事人之间相互明示其持有证据的过程。

（3）质证

质证是指当事人在法庭的主持下，围绕证据的真实性、合法性、关联性，针对证据证明力有无以及证明力大小，进行质疑、说明与辩驳的过程。

（4）认证

认证，即证据的审核认定，是指法院对经过质证或当事人在证据交换中认可的各种证据材料做出审查判断，确认其能否作为认定案件事实的根据。

五、民事诉讼时效的规定

1.民事诉讼时效的概念

诉讼时效是指权利人在法定的时效期间内，未向法院提起诉讼请求保护其权利时，依据法律规定消灭其胜诉的制度，或指权利人在法定期间内不行使权利，诉讼时效期间届满后，义务人可以提出不履行义务抗辩（即丧失请求人民法院保护）的权利。

《中华人民共和国民法典》规定，人民法院不得主动适用诉讼时效的规定。诉讼时效的期间、计算方法以及中止、中断的事由法律规定，当事人约定无效。当事人对诉讼时效利益的预先放弃无效。诉讼时效期间届满的，义务人可以提出不履行义务的抗辩。诉讼时效期间届满后，义务人同意履行的，不得以诉讼时效期间届满为由抗辩；义务人已经自愿履行的，不得请求返还。

2.诉讼时效期间的种类

根据《中华人民共和国民法典》及有关法律的规定，诉讼时效期间通常可划分为四类。

①普通诉讼时效。向人民法院请求保护民事权利的诉讼时效期间为三年。法律另有规定的，依照其规定。

②短期诉讼时效。下列诉讼时效期间为一年：身体受到伤害要求赔偿的；延付或拒付租金的；出售质量不合格的商品未声明的；寄存财物被丢失或损毁的。

③特殊诉讼时效。特殊诉讼时效不是由民法规定的，而是由特别法规定的诉讼时效。例如，因国际货物买卖合同和技术进出口合同争议的诉讼时效期间为四年。《中华人民共和国海商法》第二百五十七条规定："就海上货物运输向承运人要求赔偿的请求权，时效期间为一年，自承运人交付或者应当交付货物之日起计算。"

④权利的最长保护期限。《中华人民共和国民法典》中规定民事权利最长保护期限是二十年。自权利受到损害之日起超过二十年的，人民法院不予保护，有特殊情况的，人民法院可以根据权利人的申请决定延长。

3.诉讼时效期间的起算

《中华人民共和国民法典》规定，诉讼时效期间自权利人知道或者应当知道权利受到侵害以及义务人之日起计算。法律另有规定的，依照其规定。

当事人约定同一债务分期履行的，诉讼时效期间自最后一期履行期限届满之日起计算。

4.诉讼时效中止和中断

诉讼时效中止是指诉讼时效期间的最后6个月内，因法定事由而使权利人不能行使请求权的，诉讼时效期间的计算暂时停止。

诉讼时效中断是指权利人怠于行使权利相反的事实，使已经经过的时效期间失去效力，而须重新起算时效期间的制度。

六、民事诉讼的审判程序

审判程序是民事诉讼规定的最为重要的内容，它是人民法院审理案件适用的程序，可以分为一审程序、二审程序和审判监督程序。

1.一审程序

一审程序包括普通程序和简易程序。普通程序是《中华人民共和国民事诉讼法》规定的民事诉讼当事人进行第一审民事诉讼和人民法院审理第一审民事案件所通常适用的诉讼程序。简易程序是指《中华人民共和国民事诉讼法》规定，基层人民法院和他派出的法庭适用简易程序审理事实清楚、权利义务关系明确、争议不大的简单民事案件，标的额为各省、自治区、直辖市上年度就业人员年平均工资30%以下的，实行一审终审。

适用普通程序审理的案件，根据《中华人民共和国民事诉讼法》的规定，应当在立案之日起6个月内审结。有特殊情况需要延长的，由本院院长批准，可以延长6个月；还需要延长的，报请上级法院批准。

适用简易程序审理的案件，由审判员一人独任审理，可以用简便方式传唤当事人和证人、送达诉讼文书、审理案件，但应当保障当事人陈述意见的权利。

普通程序可分为4个阶段：起诉、审查与受理、审理前的准备和开庭审理。

开庭审理是指人民法院在当事人和其他诉讼参与人参加下，对案件进行实体审理的诉讼活动。开庭审理主要有以下几个步骤：法庭调查、法庭辩论、法庭笔录和宣判。

2. 二审程序

二审程序，又称上诉程序或终审程序，是指由于民事诉讼当事人不服地方各级人民法院尚未生效的第一审判决或裁定，在法定上诉期间内，向上一级人民法院提起上诉而引起的诉讼程序。由于我国实行两审终审制，上诉案件经二审法院审理后做出的判决、裁定为终审的判决、裁定，诉讼程序即告终结。

3. 审判监督程序

（1）审判监督程序的概念

审判监督程序即再审程序，是指由有审判监督权的法定机关和人员提起，或由当事人申请，由人民法院对发生法律效力的判决、裁定、调解书再次审理的程序。

（2）审判监督程序的提起

①人民法院提起再审的程序。

人民法院提起再审，必须是已经发生法律效力的判决裁定确有错误。最高人民法院对地方各级人民法院已经生效的判决、裁定，上级人民法院对下级人民法院已生效的判决、裁定，发现确有错误的，有权提审或指令下级人民法院再审。

②当事人申请再审的程序。

当事人对已经发生法律效力的判决、裁定，认为有错误的，可以向上一级人民法院申请再审，但不停止判决、裁定的执行。

对违反法定程序可能影响案件正确判决、裁定的情形，或者审判人员在审理该案件时有贪污受贿、徇私舞弊、枉法裁判行为的，人民法院应当再审。

③人民检察院抗诉提起再审的程序。

抗诉是指人民检察院对人民法院发生法律效力的判决、裁定，发现有提起抗诉的法定情形，提请人民法院对案件重新审理的活动。

最高人民检察院对各级人民法院已经发生法律效力的判决、裁定，上级人民检察院对下级人民法院已经发生法律效力的判决、裁定，发现有符合当事人可以申请再审情形之一的，应当按照审判监督程序提起抗诉。地方各级人民检察院对同级人民法院已经发生法律效力的判决、裁定，发现有符合当事人可以申请再审情形之一的，应当提请上级人民检察院向同级人民法院提出抗诉。

七、民事诉讼的执行程序

审判程序与执行程序是并列的独立程序。审判程序是产生裁判书的过程，执行程序是实现裁判书内容的过程。

1. 执行程序的概念

执行程序是指人民法院的执行机构依照法定的程序，对发生法律效力并具有给付内容的法律文书，以国家强制力为后盾，依法采取强制措施，迫使具有给付义务的当事人履行其给付义务的行为。

2. 执行根据

执行根据是当事人申请执行、人民法院移交执行及人民法院采取强制措施的依据。执行根据是执行程序发生的基础，没有执行根据，当事人不能向人民法院申请执行，人民法院也不得采取强制措施。

3. 执行案件的管辖

发生法律效力的民事判决、裁定，以及刑事判决、裁定中的财产部分，由第一审人民法院或者与第一审人民法院同级的被执行的财产所在地人民法院执行。

《最高人民法院关于适用〈中华人民共和国民事诉讼法〉执行程序若干问题的解释》中规定，申请执行人向被执行的财产所在地人民法院申请执行的，应当提供该人民法院辖区有可供执行财产的证明材料。

人民法院受理执行申请后，当事人对管辖权有异议的，应当自收到执行通知书之日起10日内提出。

4. 执行程序

（1）申请

人民法院做出的判决、裁定等法律文书，当事人必须履行。如果无故不履行，另一方当事人可向有管辖权的人民法院申请强制执行。申请强制执行应提交申请强制执行书，并附作为执行根据的法律文书。申请强制执行，还须遵守申请执行期限。申请执行的期限为两年。申请执行时效的中止、中断，适用法律有关诉讼时效中止、中断的规定。这里的期间，从法律文书规定履行期间的最后1日起计算；法律文书规定分期履行的，从规定的每次履行期间的最后1日起计算；法律文书未规定履行期间的，从法律文书生效之日起计算。

（2）执行

对于具有执行内容的生效裁判文书，由审判该案的审判人员将案件直接交付执行人员，随即开始执行程序。

提交执行的案件有三类：①具有给付或者履行内容的生效民事判决、裁定（包括先予执行的抚恤金、医疗费用等）；②具有财产执行内容的刑事判决书、裁定书；③审判人员认为涉及国家、集体或公民重大利益的案件。

（3）向上一级人民法院申请执行

人民法院自收到申请执行书之日起超过6个月未执行的，申请执行人可以向上一级人民法院申请执行。上一级人民法院经审查，可以责令原人民法院在一定期限内执行，也可以决定由本院执行或者指令其他人民法院执行。

5.执行措施

执行措施是指人民法院依照法定程序强制执行生效法律文书的方法和手段。

执行措施主要如下：①查封、冻结、划拨被执行人的存款；②扣留、提取被执行人的收入；③查封、扣押、拍卖、变卖被执行人的财产；④对被执行人及其住所或财产隐匿地进行搜查；⑤强制被执行人和有关单位、公民交付法律文书指定的财物或票证；⑥强制被执行人迁出房屋或退出土地；⑦强制被执行人履行法律文书指定的行为；⑧办理财产权证照转移手续；⑨强制被执行人支付迟延履行期间的债务利息或迟延履行金；⑩依申请执行人申请，通知对被执行人负有到期债务的第三人向申请执行人履行债务。

被执行人不履行法律文书确定的义务的，人民法院可以对其采取或者通知有关单位协助采取限制出境，在征信系统记录、通过媒体公布不履行义务信息以及法律规定的其他措施。

被执行人未按执行通知书指定的期间履行生效法律文书确定的给付义务的，人民法院可以限制其高消费。

被执行人为自然人的，被限制高消费后，不得有以下以其财产支付费用的行为：乘坐交通工具时，选择飞机、列车软卧、轮船二等以上舱位；在星级以上宾馆、酒店、夜总会、高尔夫球场等场所进行高消费；购买不动产或者新建、扩建、高档装修房屋；租赁高档写字楼、宾馆、公寓等场所办公；购买非经营必需车辆；旅游、度假；子女就读高收费私立学校；支付高额保费购买保险理财产品；其他非生活和工作必需的高消费行为。

被执行人为单位的，被限制高消费后，禁止被执行人及其法定代表人、主要负责人、影响债务履行的直接责任人员以单位财产实施上述规定的行为。

6.执行中止和终结

（1）执行中止
执行中止是指在执行过程中，因发生特殊情况，需要暂时停止执行程序。
（2）执行终结
在执行过程中，由于出现某些特殊情况，执行工作无法继续进行或没有必要继续进行的，结束执行程序。

第五节　行政强制、行政复议行政诉讼制度

一、行政强制

2011年颁布的《中华人民共和国行政强制法》规定，行政强制包括行政强制措施和行政强制执行。

1.行政强制措施

行政强制措施是指行政机关在行政管理过程中，为制止违法行为、防止证据损毁、避免

危害发生、控制危险扩大等情形，依法对公民的人身自由实施暂时性限制，或者对公民、法人或者其他组织的财物实施暂时性控制的行为。

行政强制措施的种类：①限制公民人身自由；②查封场所、设施或者财物；③扣押财物；④冻结存款、汇款；⑤其他行政强制措施。

2.行政强制执行

行政强制执行是指行政机关或者行政机关申请人民法院，对不履行行政决定的公民、法人或者其他组织，依法强制履行义务的行为。

行政强制执行的种类：①加处罚款或者滞纳金；②划拨存款、汇款；③拍卖或者依法处理查封、扣押的场所、设施或者财物；④排除妨碍、恢复原状；⑤代履行；⑥其他强制执行方式。

3.行政强制的法定程序

（1）行政强制措施的实施程序

①一般规定。

实施主体：行政强制措施由法律、法规规定的行政机关在法定职权范围内实施，行政强制措施权不得委托。应由两名以上的行政执法人员依法实施，若无手续，返回行政机关后要补办批准手续。

②查封、扣押的实施。

查封、扣押由法律、法规规定的行政机关实施，其他任何行政机关和组织不得实施。查封、扣押的期限不得超过30日；情况复杂的，经行政机关负责人批准，可以延长，但延长期限不超过30日。法律、行政法规另有规定的除外。

对查封、扣押的场所、设施或者财物，行政机关应当妥善保管，不得使用或者损毁；造成损失的，应当承担赔偿责任；对查封的场所、设施或者财物，行政机关可委托第三人保管，因查封、扣押发生的保管费由行政机关承担。

行政机关采取查封、扣押措施后，应当及时查清事实，在规定的期限内做出处理决定。对违法事实清楚，依法应当没收的非法财物予以没收；法律、行政法规规定应当销毁的，依法销毁；应当解除查封、扣押的，做出解除查封、扣押的决定。

③冻结的实施。

冻结存款、汇款应当由法律规定的行政机关实施，不得委托给其他行政机关或者组织；其他任何行政机关或者组织不得冻结存款、汇款。

金融机构接到行政机关依法做出的冻结通知书后，应当立即予以冻结，不得拖延，不得在冻结前向当事人泄露信息。法律规定以外的行政机关或者组织要求冻结当事人存款、汇款的，金融机构应当拒绝。

自冻结存款、汇款之日起30日内，行政机关应当做出处理决定或者做出解除冻结决定；情况复杂的，经行政机关负责人批准，可以延长，但是延长期限不得超过30日。法律另有规定的除外。延长冻结的决定应当及时书面告知当事人，并说明理由。

（2）行政强制执行的实施程序

行政机关依法做出行政决定后，当事人在行政机关决定的期限内不履行义务的，具有行政强制执行权的行政机关依照《中华人民共和国行政强制法》的规定强制执行。

行政机关做出强制执行决定前，应当事先催告当事人履行义务。经催告，当事人逾期仍不履行行政决定，且无正当理由的，行政机关可以做出强制执行决定。在催告期间，对有证据证明有转移或者隐匿财物迹象的，行政机关可以做出立即强制执行决定。

行政机关依法做出金钱给付义务的行政决定，当事人逾期不履行的，行政机关可以依法加处罚款或者滞纳金。加处罚款或者滞纳金的标准应当告知当事人。行政机关依法实施加处罚款或者滞纳金超过 30 日，经催告当事人仍不履行的，具有行政强制执行权的行政机关可以强制执行。

行政机关依法做出要求当事人履行排除妨碍、恢复原状等义务的行政决定，当事人逾期不履行，经催告仍不履行，其后果已经或者将危害交通安全、造成环境污染或者破坏自然资源的，行政机关可以代履行，或者委托没有利害关系的第三人代履行。

（3）申请人民法院强制执行程序

当事人在法定期限内不申请行政复议或提起行政诉讼，又不履行行政决定的，没有行政强制执行权的行政机关可以自期限届满之日起 3 个月内，向人民法院申请强制执行。

行政机关申请人民法院强制执行前，应当催告当事人履行义务。催告书送达 10 日后当事人仍未履行义务的，行政机关可以向所在地有管辖权的人民法院申请强制执行；执行对象是不动产的，向不动产所在地有管辖权的人民法院申请强制执行。

人民法院接到行政机关强制执行的申请，应当在 5 日内受理，并应当自受理之日起 7 日内做出执行裁决。

二、行政复议的申请、受理

1.行政复议申请

公民、法人或者其他组织认为具体行政行为侵犯其合法权益的，可以自知道该具体行政行为之日起 60 日内提出行政复议申请；但法律规定的申请期限超过 60 日的除外。因不可抗力或者其他正当理由耽误法定申请期限的，申请期限自障碍消除之日起继续计算。

申请行政复议，凡行政复议机关已经依法受理的，或者法律、法规规定应当先向行政复议机关申请行政复议、对行政复议决定不服再向人民法院提起行政诉讼的，在法定行政复议期限内不得向人民法院提起行政诉讼。公民、法人或者其他组织向人民法院提起行政诉讼，人民法院已经依法受理的，不得申请行政复议。

2.行政复议受理

行政复议机关收到行政复议申请后，应当在 5 日内进行审查，依法决定是否受理，并书面告知申请人；对符合行政复议申请条件，但不属于本机关受理范围的，应当告知申请人向有关行政复议机关提出。

三、行政诉讼的管辖、起诉和受理

1. 行政诉讼管辖

行政诉讼管辖指不同级别和地域的人民法院之间在受理第一审行政案件的权限分工。

（1）级别管辖

行政诉讼案件一般都由基层人民法院管辖，有下列情形之一的，应当由中级人民法院管辖第一审行政案件：①确认发明专利权的案件、海关处理的案件；②对国务院各部门或者省、自治区、直辖市人民政府所做的具体行政行为提起诉讼的案件；③本辖区内重大、复杂的案件。

高级人民法院和最高人民法院只管辖本辖区范围内重大、复杂行政诉讼案件。

（2）一般地域管辖

行政案件由最初做出具体行政行为的行政机关所在地人民法院管辖。经复议的案件复议机关改变原具体行政行为的，也可以由复议机关所在地人民法院管辖。对限制人身自由的行政强制措施不服提起的诉讼，由被告所在地或者原告所在地人民法院管辖。因不动产提起的行政诉讼，由不动产所在地人民法院管辖。

两个以上人民法院都有管辖权的案件，原告可以选择其中一个人民法院提起诉讼。原告向两个以上有管辖权的人民法院提起诉讼的，由最先收到起诉状的人民法院管辖。

2. 起诉

行政争议未经行政复议，由当事人直接向法院提起行政诉讼的，除法律另有规定的外，应当在知道做出具体行政行为之日起 3 个月内起诉。经过行政复议但对行政复议决定不服而依法提起行政诉讼的，应当在收到行政复议决定书之日起 15 日内起诉；若行政复议机关逾期不作复议决定的，除法律另有规定的外，应当在行政复议期满之日起 15 日内起诉。

3. 受理

人民法院接到起诉状，经审查，应当在 7 日内立案或者做出裁定不予受理。原告对裁定不服的，可以提起上诉。

四、行政诉讼的审理、判决和执行

1. 行政诉讼的审理

《中华人民共和国行政诉讼法》规定，行政诉讼期间，除该法规定的情形外，不停止具体行政行为的执行。法院审理行政案件，不适用调解。除涉及国家秘密、个人隐私和法律另有规定的外，人民法院公开审理行政案件。

人民法院审理行政案件，以法律和行政法规、地方性法规为依据。地方性法规适用于本行政区域内发生的行政案件；审理民族自治地方的行政案件，并以该民族自治地方自治条例和单行条例为依据。

人民法院审理行政案件，参照国务院部、委根据法律和国务院的行政法规、决定、命令制定、发布的规章，以及省、自治区、直辖市和省、自治区的人民政府所在地的市和经国务院批准的较大的市的人民政府根据法律和国务院的行政法规制定、发布的规章。

经人民法院两次合法传唤，原告无正当理由拒不到庭的，视为申请撤诉；被告无正当理由拒不到庭的，可以缺席判决。

2. 行政诉讼的判决

法院对行政诉讼的一审判决有如下几种。

①认为具体行政行为证据确凿，适用法律、法规正确，符合法定程序的，判决维持。

②认为具体行政行为有下列情形之一，判决撤销或者部分撤销，并可以判决被告重新做出具体行政行为：主要证据不足的；适用法律、法规错误的；违反法定程序的；超越职权的；滥用职权的。

③认为被告不履行或拖延履行法定职责，判决其在一定限期内履行。

④认定行政处罚显失公正（即同类型的行政处罚畸轻畸重，明显的不公正）的，可以判决变更。

⑤认为原告的诉讼请求依法不能成立，直接判决否定原告的诉讼请求。

⑥通过对被诉具体行政行为的审查，确认被诉具体行政行为合法或违法的判决。

我国实行二审终审制。当事人不服人民法院第一审判决的，有权在判决书送达之日起15日内向上一级人民法院提起上诉；不服人民法院第一审裁定的，有权在裁定书送达之日起10日内向上一级人民法院提起上诉。逾期不提起上诉的，人民法院的第一审判决或者裁定发生法律效力。

第二审人民法院在二审程序中对上诉案件进行审理，并依法做出驳回上诉、维持原判，或者撤销原判、依法改判，或者裁定撤销原判，发回原审人民法院重审。

当事人对已经发生法律效力的判决、裁定，认为确有错误的，可以向原审人民法院或者上一级人民法院提出申诉，但判决、裁定不停止执行。

3. 行政诉讼的执行

当事人必须履行人民法院发生法律效力的判决、裁定的，公民、法人或者其他组织拒绝履行判决、裁定的，行政机关可以向第一审人民法院申请强制执行，或者依法强制执行。

公民、法人或者其他组织对具体行政行为在法定期间不提起诉讼又不履行的，行政机关可以申请人民法院强制执行，或者依法强制执行。

五、侵权的赔偿责任

公民、法人或者其他组织的合法权益受到行政机关或者行政机关工作人员做出的具体行政行为侵犯造成损害的，有权请求赔偿。公民、法人或者其他组织单独就损害赔偿提出请求，应当先由行政机关解决。对行政机关的处理不服，可以向人民法院提起诉讼。赔偿诉讼可以适用调解。

【知识链接】　建设工程施工合同纠纷案件的司法解释

建设工程合同履行过程中会产生大量的纠纷，有一些纠纷并不容易直接适用现有的法律条款予以解决。针对这些特殊的纠纷，可以通过相关司法解释来进行处理。2002 年最高人民法院通过了《最高人民法院关于建设工程价款优先受偿权问题的批复》；2004 年最高人民法院通过了《最高人民法院关于审理建设工程施工合同纠纷案件适用法律问题的解释》（法释〔2004〕14 号）。

为正确审理建设工程施工合同纠纷案件，依法保护当事人合法权益，维护建筑市场秩序，促进建筑市场健康发展，根据《中华人民共和国民法典》《中华人民共和国建筑法》《中华人民共和国招标投标法》《中华人民共和国民事诉讼法》等相关法律规定，结合审判实践，2020 年 12 月 25 日由最高人民法院审判委员会第 1825 次会议通过《最高人民法院关于审理建设工程施工合同纠纷案件适用法律问题的解释（一）》自 2021 年 1 月 1 日起施行。

练习题

1.【单选题·真题】以下不属于建设工程民事纠纷处理方式的是（　　　）。

A. 当事人自行和解　　　　　　　　　B. 行政复议

C. 行政机关调解　　　　　　　　　　D. 商事仲裁

2.【单选题·真题】关于行政复议的说法，正确的是（　　　）。

A. 行政复议既可以解决行政争议，也可以解决民事或者其他争议

B. 在行政复议中随时可以调解

C. 行政复议可以一并向行政复议机关提出审查抽象行政行为

D. 行政复议决定具有终局性

3.【单项选择题】下列关于行政行为特征的说法，错误的是（　　　）。

A. 行政行为具有不可裁量性　　　　　B. 行政行为的主体是法定的

C. 实施行政行为具有单方意志性　　　D. 行政行为多属于无偿行为

4.【多选题】建设工程纠纷发生后，当事人申请仲裁应当符合（　　　）。

A. 有仲裁协议　　B. 有和解协议　　　C. 有具体的仲裁请求、事实和理由

D. 属于仲裁委员会的受理范围　　　　E. 得到法院的许可

5.【多选题】下列纠纷中，应当由不动产所在地人民法院专属管辖的是（　　　）。

A. 房产买卖纠纷　　　　　　　　　　B. 装饰材料买卖纠纷

C. 工程监理合同纠纷　　　　　　　　D. 工程施工合同纠纷

E. 土地使用权转让纠纷

6.【单选题】在某建筑工地上，施工单位与周边居民产生民事纠纷，双方同意采用行政调解解决，该项调解应当由下面哪个单位主持比较合适（　　　）。

A. 施工方上级单位　　　　　　　　　B. 建设方

C. 当地政府建设主管部门　　　　　　D. 人民法院

7.【单选题·真题】某政府工程建设项目发、承包双方围绕工程结算款经多次协商也未能达成一致意见，承包人诉诸法院，此纠纷属于（　　　）。

A.行政纠纷　　　B.刑事纠纷　　　　　C.民事纠纷　　　　D.程序纠纷

8.【单选题·真题】关于和解的说法，正确的是（　　）。

A.和解只能发生在诉讼前

B.当事人申请仲裁后，不可以自行和解

C.和解达成协议，必须以书面形式做出

D.和解达成的协议具有合同效力

9.【单选题·真题】根据《中华人民共和国民事诉讼法》，关于法院调解的说法，正确的是（　　）。

A.调解书的效力低于判决书

B.人民法院进行调解，可以邀请有关单位和个人协助

C.调解达成的所有协议，人民法院均应当制作调解书

D.人民法院审理民事案件，在判决做出之前应当进行调解

10.【单选题·真题】王某在施工现场工作时不慎受伤，在监理工程师的调解下，王某与雇主达成协议，雇主一次性支付王某两万元作为补偿，王某放弃诉讼权利，这种调解方式属于（　　）。

A.行政调解　　　B.法院调解　　　　　C.仲裁调解　　　　D.人民调解

思考题

1.建设工程纠纷主要类型有哪些？

2.建设工程纠纷的法律解决途径有哪些？

案例分析题

案例一　某施工企业承接某高校实验楼的改造工程，后因工程款发生纠纷。施工企业按照合同的约定提起仲裁，索要其认为的尚欠工程款。由于期间实验楼因实施规划要求已被拆除，很难通过造价鉴定对工程款数额做出认定。仲裁庭在审理期间主持调解。双方均接受调解结果，并当庭签署调解协议。

问题：

（1）当事人不愿调解的，仲裁庭可否强制调解？

（2）仲裁庭调解不成的，应该怎么办？

（3）调解书的法律效力如何？

（4）调解书何时发生法律效力？

案例二　太阳公司经营房地产开发，在有偿取得某块土地的使用权之后，由于资金困难，与月亮公司签订了合作开发合同，约定由双方共同投资并分享该开发项目的利润。但双方未实际履行。此后，环球公司就同一块土地以更优惠的条件与太阳公司签订了一份合作开发合同并开始实际履行。三方之间由此发生纠纷。环球公司根据其与太阳公司签订的合同中的仲裁条款申请仲裁，请求裁决确认其与太阳公司签订的合同有效，并裁决太阳公司继续履

行。双方在仲裁委员会受理后自行达成了继续履行合同的和解协议，请求仲裁委员会根据和解协议制作裁决书。仲裁庭三名仲裁员中一名认为应当否定和解协议，一名认为应当制作调解书，首席仲裁员认为应当制作裁决书，最后按仲裁庭首席仲裁员的意见，根据和解协议的内容作出了裁决书并送达给了双方当事人。此后月亮公司向法院起诉，请求确认本公司与太阳公司签订的合同有效并履行该合同。

问题：

（1）月亮公司在得知环球公司申请仲裁后，能否申请参加太阳公司与环球公司正在进行的仲裁程序？为什么？

（2）环球公司在仲裁裁决书生效后，能否在太阳公司与月亮公司的诉讼中成为当事人？为什么？

案例三 甲公司开发某商业地产项目，乙建筑公司（以下简称乙公司）经过邀请招标程序中标并签订了施工总承包合同。施工中，乙公司将水电安装工程分包给丙水电设备建筑安装公司（以下简称丙公司）。丙公司又将部分水电安装的施工劳务作业违法分包给包工头蔡某。施工中，因甲公司拖欠乙公司工程款，继而乙公司拖欠丙公司工程款，丙公司拖欠蔡某的劳务费。当蔡某知道这个情况后，在起诉丙公司的同时，将甲公司也起诉到法院，要求支付被拖欠的劳务费。甲公司认为自己与蔡某没有合同关系，遂提出诉讼主体异议；丙公司认为蔡某没有劳务施工资质，不具备签约能力，合同无效，也不能成为原告。

问题：蔡某可否在起诉丙公司的同时，也起诉甲公司即发包方？

案例四 某建筑企业（甲）与建设单位（乙）在施工合同中约定：发生争议提交住所地人民法院解决。后双方因工程价款的拨付发生争议又协商不成，拟向人民法院提起诉讼以解决争议。甲向发包人所在地的人民法院起诉，法院受理了此案，并向发包人送达了应诉通知书。

问题：

（1）发包人可否提出管辖权异议？受诉人民法院应当作出移送管辖还是转移？

（2）本案中应当是哪一地、哪一级的人民法院具有管辖权？

第十三章

建设工程环境保护与节能法律制度

学习目标

1. 了解建设工程环境保护法的概念及内容。
2. 掌握建设工程中各种环境污染的防治方法。
3. 了解建筑节能的基本知识。

第一节　建设工程施工现场环境保护制度

建设工程的施工过程会给周边环境带来一定的消极影响，给工程周边居民的工作和生活带来诸多不便。因此，在建设工程的施工过程中，各参建单位必须树立生态环境可持续发展的理念，切实将建设工程施工中的污染防治与环境保护等方面的管理工作落到实处，并在建设工程的建设与施工过程中将其作为一项极为关键而重要的工作加以管理。

一、噪声污染防治

1. 工业与建筑施工噪声污染防治的规定

①在城市范围内向周围生活环境排入工业与建筑施工噪声的，应当符合国家规定的噪声排放标准。

②产生环境噪声污染的工业企业，应当采取有效措施，减轻噪声对周围环境的影响。

③国务院有关部门对产生噪声污染的工业设备，根据噪声环境保护要求和技术经济条件，逐步在国家标准和行业标准中规定噪声限值。

④在城市市区范围内，建设工程施工过程中可能产生噪声污染的，施工单位须在开工15日以前向所在地的县级以上环境行政主管部门申报该工程的环境噪声污染防治情况。

⑤在城市市区噪声敏感区域内，禁止夜间进行产生噪声污染的施工作业，个别情况必须施工的应公告附近居民。

2.噪声危害防护措施

建筑企业的噪声治理主要从 3 个方面入手。
①控制和减弱噪声源。
②控制噪声的传播。
③加强个人防护。

3.控制施工现场噪声措施

①进场前在环保部门指导下订立协议，明确各方的权利和义务。
②张贴"安民告示"，主动邀请相关单位代表开会，建立起互相理解、信任互相支持配合的良好关系。
③现场施工机具要采取有效措施，尽量降低噪声强度等级，确保在规定的噪声限值等级以内。
④中午和夜间加班使用噪声源机具施工，要遵守当地政府的规定，提前向环保部门办理申报手续。
⑤做好施工作业时间的安排，将噪声较大的施工作业安排在白天时间进行，尽量减少施工噪声，减少施工扰民，不影响周边人员的生产和生活。
⑥噪声超过 55 分贝的工程一律安排在早上 6 时至晚上 10 时进行。混凝土浇筑最迟在下午 6 时开始，保证 4 小时内浇完。
⑦在施工现场设隔声围挡。将施工区和生活区分隔开来，达到减少施工扰民、加强施工现场管理、保护原有绿地的目的。

二、水污染防治及排污许可

①禁止向水体排放油类、酸液、碱液或者剧毒废液。
②禁止在水体里清洗装储过油类或有毒污染物的车辆和容器。
③禁止将含有可渗性剧毒废渣向水体排放、倾倒或直接埋入地下。存放上述废渣的场所，必须采取防水、防渗、防流失措施。
④禁止向水体排放和倾倒工业废渣、城市垃圾和其他废弃物。
⑤禁止在江河、湖泊、运河、渠道、水库最高水位线以下滩地和岸坡堆放、存贮固体废物和其他污染物。
⑥禁止向水体排放、倾倒放射性固体废物或含有高、中放射性物质的废水，排放低放射性废水必须达标。
⑦向水体排放热水，要保证水体水温符合水环境质量标准；含病原菌体废水应消毒达标后排放。
⑧农田灌溉渠道排放污水，应保证其下游最近灌溉取水点水质符合农灌标准，并防止土壤、地下水、农产品污染。
⑨要科学、合理地施用化肥、农药，防止过量使用，储运、处置农药要加强管理，防止造成水污染。

⑩船舶排放的含油废水、生活污水，必须达到船舶污染物排放标准，禁止向水体倾倒船舶垃圾。船舶储运油类或毒物，必须有防溢液、防渗流措施。

三、大气污染防治

1. 施工现场防扬尘措施

①高层或多层建筑清理垃圾，使用封闭的专用垃圾道或采用容器吊运。严禁随意凌空抛撒造成扬尘，施工垃圾要及时清运，清运时适量洒水减少扬尘。

②拆除旧建筑物时，应配合洒水，减少扬尘污染。

③施工现场要在施工前做好施工道路的规划和设置，可利用设计中永久性的施工道路，如采用临时施工道路，主要道路和大门口要硬地化，包含基层夯实，路面铺垫焦渣、细石，并随时洒水，减少道路扬尘。

④散水泥和其他易飞扬的细颗粒散体材料，尽量安排库内存放，如露天存放，应严密遮盖，运输和卸运时防止遗撒飞扬，以减少扬尘。

2. 施工现场防大气污染措施

①施工现场主要道路及堆料场地进行硬地化处理。施工现场采取覆盖、固化、绿化、洒水等有效措施，做到不泥泞、不扬尘。

②建筑结构内的施工垃圾清运采用封闭式专用垃圾通道或封闭式容器吊运，严禁凌空抛撒。施工现场设密闭式垃圾站，施工垃圾、生活垃圾分类存放。施工垃圾清运时提前适量洒水，并按规定及时清运，减少粉尘对空气的污染。

③施工阶段对施工区域进行封闭隔离，建筑主体及装饰装修的施工，应从底层外围开始搭设防尘密目网封闭，高度高于施工作业面 1.2 m 以上。

④水泥和其他易飞扬细颗粒材料的运输及渣土和施工垃圾的运输，使用密闭式运输车辆，施工现场出入口处设置冲洗车辆的设施，出场时将车辆清理干净，不得将泥沙带出现场。

⑤严禁在施工现场熔融沥青或者焚烧油毡、油漆以及其他产生有毒有害烟尘和恶臭气体的物质，防止有毒烟尘和恶臭气体产生。

⑥遇四级风以上天气不得进行土方回填、转运以及其他可能产生扬尘污染的施工。

⑦现场使用的施工机械、车辆尾气排放符合环保要求。

⑧施工现场设专人负责环保工作，配备相应的洒水设备，及时洒水，减少扬尘污染。

⑨施工现场砂浆及零星混凝土搅拌机配备有效的防尘、降尘装置。

四、建筑垃圾控制措施

建筑垃圾按产生源分为工程渣土、装修垃圾、拆迁垃圾、工程泥浆等；按组成分为渣土、混凝土块、碎石块、砖瓦碎块、废砂浆、泥浆、沥青块、废塑料、废金属、废竹木等。

①废弃建筑混凝土和废弃砖石生产的粗、细集料，可用于生产相应强度等级的混凝土、砂浆或制备砌块、墙板、地砖等建材制品，也可用于公路路面基层。

②废砖瓦生产骨料，可用于生产再生砖、砌块、墙板、地砖等建材制品。

③渣土可用于筑路施工、桩基填料、地基基础等。

④对于废弃木材类建筑垃圾，尚未明显破坏的木材可以直接再用于重建建筑，破损严重的木质构件可作为木质再生板材的原材料或造纸等。

⑤废弃路面沥青混合料可按适当比例直接用于再生沥青混凝土。

⑥废弃道路混凝土可加工成再生骨料用于配制再生混凝土。

⑦废钢材、废钢筋及其他废金属材料可直接再利用或回炉加工。

⑧废玻璃、废塑料、废陶瓷等建筑垃圾视情况区别利用。

第二节　建筑节能及相关法律法规

一、概述

1.节约能源法规简述

我国现行的《中华人民共和国节约能源法》（以下简称《节能法》）是根据 2018 年 10 月 26 日第十三届全国人民代表大会常务委员会第六次会议《关于修改〈中华人民共和国野生动物保护法〉等十五部法律的决定》进行第二次修正的版本。

此外，与建筑节能相关的法律法规还有《中国节能产品认证管理办法》《中华人民共和国大气污染防治法》《可再生能源中长期发展规划》《全国生态环境保护纲要》等。

2.节约能源法规的意义

（1）转变经济增长方式的需要

以往长期的建设活动在资源和坏境方面付出了巨大的代价，最突出的问题是资源消耗高、浪费大、污染重。因此，必须加快促进能源资源节约，努力实现经济增长方式的根本转变。

（2）由我国基本国情决定

人口众多、资源相对不足、环境承载能力较弱是我国的基本国情。这种基本国情决定了我国经济社会发展必须特别重视节约和合理利用资源。

（3）保障经济安全和国家安全的重要举措

加快推进节约型社会建设，控制和降低对国外资源的依赖程度，对于确保经济安全和国家安全有着重要意义。

二、建筑节能

《节能法》修正后，对主要的建筑节能管理制度、重点抓的工作任务，以及政府主管部门、房地产开发商、设计施工监理单位对建筑节能应负的法律责任予以规定了。

1.民用建筑节能的有关规定

（1）民用建筑节能的含义

民用建筑节能是指在保证民用建筑使用功能和室内热环境质量的前提下，降低其使用过程中能源消耗的活动。

（2）新建建筑节能

国家推广使用民用建筑节能的新技术、新工艺、新材料和新设备，限制使用或者禁止使用能源消耗高的技术、工艺、材料和设备。建设单位、设计单位、施工单位不得在建筑活动中使用列入禁止使用目录的技术、工艺、材料和设备。

（3）既有建筑节能改造

既有建筑节能改造是指对不符合民用建筑节能强制性标准的既有建筑的围护结构、供热系统、采暖制冷系统、照明设备和热水供应设施等实施节能改造的活动。

既有建筑节能改造应当根据当地经济、社会发展水平和地理气候条件等实际情况，有计划、分步骤地实施分类改造。

国家机关办公建筑、政府投资和以政府投资为主的公共建筑的节能改造，应当制定节能改造方案，经充分论证，并按照国家有关规定办理相关审批手续方可进行。实施既有建筑节能改造，应当符合民用建筑节能强制性标准，优先采用遮阳、改善通风等低成本改造措施。既有建筑围护结构的改造和供热系统的改造应当同步进行。

2.建设工程项目节能管理

（1）建设工程项目节能管理的基本原则

①编制节能计划。

国务院和县级以上地方各级人民政府应当将节能工作纳入国民经济和社会发展规划、年度计划，并组织编制和实施节能中长期专项规划、年度节能计划。国务院和县级以上地方各级人民政府每年向本级人民代表大会或常务委员会报告节能工作。

②节能考核评价。

国家实行节能目标责任制和节能考核评价制度，将节能目标完成情况作为对地方人民政府及其负责人考核评价的内容。省、自治区、直辖市人民政府每年向国务院报告节能目标责任的履行情况。

③节能产业政策。

国家实行有利于节能和环境保护的产业政策，限制发展高耗能、高污染行业，发展节能环保型产业。国家鼓励、支持开发和利用新能源、可再生能源。

④节能技术创新。

国家鼓励、支持节能科学技术的研究、开发、示范和推广，促进节能技术创新与进步。

（2）建筑工程项目节能管理中的监督机制

国务院管理节能工作的部门主管全国的节能监督管理工作。国务院有关部门在各自的职责范围内负责节能监督管理工作，并接受国务院节能部门的指导。

县级以上地方各级人民政府管理节能工作的部门负责本行政区域内的节能监督管理工作。县级以上地方各级人民政府有关部门在各自的职责范围内负责节能监督管理工作，并接受同级管理节能部门的指导。

（3）建设主体的节能义务

建筑工程的建设、设计、施工和工程监理单位应当遵守建筑节能标准。不符合建筑节能标准的建筑工程，建设主管部门不得批准开工建设；已经开工建设的，应当责令停止施工、限期改正；已经建成的，不得销售或者使用。

建设主管部门应当加强对在建建筑工程执行建筑节能标准情况的监督检查。房地产开发企业在销售房屋时，应当向购买人明示所售房屋的节能措施、保温工程、保修期等信息，并在房屋买卖合同、质量保证书和使用说明书中载明，对其真实性、准确性负责。

（4）建筑节能制度

①室内温度控制制度。

使用空调采暖、制冷的公共建筑应当实行室内温度控制制度。

②分户计量、按照用热量收费制度。

国家采取措施，对实行集中供热的建筑分步骤实行供热分户计量、按照用热量收费的制度。新建建筑或者对既有建筑进行节能改造，应当按照规定安装用热计量装置、室内温度调控装置和供热系统调控装置。

③发展节能产品制度。

县级以上地方各级人民政府有关部门应当加强城市节约用电管理，严格控制公用设施和大型建筑物装饰性景观照明的能耗。

国家鼓励在新建建筑和既有建筑节能改造中使用新型墙体材料等节能建筑材料和节能设备，安装和使用太阳能等可再生能源利用系统。

练习题

1.【单选题】建设项目可能产生环境噪声污染的，（　　　）必须提出环境影响报告书并规定环境噪声污染的防治措施。

A. 建设单位　　　B. 施工单位　　　　　C. 监理单位　　　　　D. 设计单位

2.【单选题】下列选项中，《中华人民共和国水污染防治法》未做绝对禁止规定的是（　　）。

A. 向水体排放含低放射性物质的废水

B. 向水体排放油类、酸液、碱液

C. 向水体排放和倾倒工业废渣、城市垃圾和其他废弃物

D. 向水体排放、倾倒放射性固体废物

3.【单选题】暂时不能开工的施工工地，超过（　　　）个月的，应当进行绿化、铺装或者遮盖。

A. 1　　　　　　B. 2　　　　　　C. 3　　　　　　D. 6

4.【单选题】构筑物机械拆除前，应采取的防扬尘控制措施不包括（　　　）。

A. 清理积尘　　　B. 设置隔挡　　　C. 拆除体洒水　　　D. 屋面敷水袋

5.【单选题·真题】国家实行固定资产投资项目（　　　）评估和审查制度

A. 节地　　　　　B. 节水　　　　　C. 节能　　　　　D. 节材

6.【单选题·真题】根据《中华人民共和国节约能源法》，违反建筑节能标准的，由建设主管部门责令改正，处10万元以上50万元以下罚款的参建单位是(　　)。

A.建设、施工、监理　　　　　　　　B.建设、设计、施工

C.设计、施工、监理　　　　　　　　D.建设、设计、监理

7.【多选题】建设项目的环境噪声污染防治设施，必须与主体工程同时(　　)。

A.立项　　　　B.审批　　　　C.设计

D.施工　　　　E.投产使用

思考题

1.《环境保护法》具有哪些特点？

2.简述环境保护的基本原则。

3.与建筑节能相关的法律法规有哪些？

4.何为民用建筑节能？国家鼓励发展的节能技术材料有哪些？

5.在建设工程施工现场发现文物如何处理？

案例分析题

案例一　某房屋建筑工程施工总承包二级企业。通过招投标方式承建了城区A住宅楼工程，工程为框架-剪力墙结构，地上17层，地下1层，总建筑面积为16780平方米。该工程采取施工总承包方式，合同约定工期为20个月。工程中标后，施工企业负责人经同城区的B工程建设单位同意，选派B工程项目经理兼任A工程的项目经理工作。在施工期间，为了节约成本，项目经理安排将现场污水直接排入邻近河流。在浇筑楼板混凝土过程中，进行24小时连续浇筑作业，引起了附近居民的投诉。

问题：

(1)案例中发生了哪几种环境污染形式？工程施工中可能造成环境污染的形式还有哪些？

(2)在施工过程中项目经理应如何预防此类投诉事件的发生？

案例二　2011年4月19日夜23时，某市环境保护行政主管部门接到居民投诉称某项目工地有夜间施工噪声扰民情况。执法人员立刻赶赴施工现场，并在施工场界进行了噪声测量。经现场勘查：施工噪声源主要是推土机、挖掘机、打桩机等设备的施工作业噪声，施工场界噪声经测试为65.4 dB(A)。通过调查，执法人员核实了此次夜间施工作业不属于抢修、抢险作业，也不属于因生产工艺要求必须进行的连续作业并无有关主管部门出具的相关证明

问题：

(1)本案中，施工单位的夜间施工作业行为是否合法？如违法说明理由。

(2)对本案中施工单位的夜间施工作业行为应如何处理？

案例三　2013年3月22日，南方某市突降大雨，环保局执法人员巡查发现市区某路段

有大面积的积水，便及时上报该局。不久，市政部门派人来疏通管道，从管道中清出大量的泥沙、水泥块，还发现井口内有一个非市政部门设置的排水口，其方向紧靠某工地一侧。经执法人员调查确认，该工地的排水管道于2013年1月份打桩时铺设，工地内没有任何污水处理设施，其施工废水直接排放到工地外。工地的排污口通向该路段一侧的雨水井，但未办理任何审批手续

问题：

（1）本案中，施工单位向道路雨水井排放施工废水的行为是否构成水污染违法行为？

（2）施工单位向道路雨水井排放施工废水的行为应受到何种处罚？

案例四　2007年5月10日，某工地的1车建筑垃圾被倾倒在某市大街的道路两侧，污染面积75平方米，被该市环保局执法人员当场查获。经查，该工地已依法办理渣土消纳许可证，施工单位与某运输公司签订了建筑垃圾运输合同，约定由该运输公司按照渣土消纳许可证的要求，负责该工地的建筑垃圾渣土清运处置，在垃圾渣土清运过程中出现的问题由运输公司全权负责。但是，该运输公司没有取得从事建筑垃圾运输的核准证件。

问题：

（1）如何确定该建筑垃圾污染事件的责任主体？

（2）运输公司与施工单位分别应受到何种处罚？

参 考 文 献

［1］魏成慧，高明，陈茜.建设工程法规与案例分析［M］.哈尔滨：哈尔滨工业大学出版社，2023.

［2］全国一级建造师职业资格考试用书编写委员会.建设工程法规及相关知识［M］.北京：中国建筑工业出版社，2023.

［3］全国二级建造师职业资格考试用书编写委员会.建设工程法规及相关知识［M］.北京：中国建筑工业出版社，2023.

［4］代春泉.建设法规［M］.北京：化学工业出版社，2022.

［5］鲁正，李庭辉.建设工程法规［M］.北京：机械工程出版社，2021.

［6］赵宇晗，田春鹏.建设工程法规［M］.武汉：华中科技大学出版社，2021.

［7］全国人大常委会办公厅供稿.中华人民共和国民法典［M］.北京：中国民主法制出版社，2020.

［8］吴胜兴，宋宗宇，王岩.土木工程建设法规［M］.北京：高等教育出版社，2020.

［9］王东明.建设工程法律法规［M］.北京：清华大学出版社，2019.

［10］住房城乡建设部高等学校土建学科教学指导委员会.建设法规教程［M］.北京：中国建筑工业出版社，2018.

［11］王建立.工程建设法规［M］.上海：同济大学出版社，2015.

［12］常丽莎，洪艳.建筑法规［M］.杭州：浙江大学出版社，2013.